信息系统监理技术与方法

陶洋 著

国防工业出版社
·北京·

内 容 简 介

本书主要介绍了信息系统工程及监理概述;信息系统的专业划分和行业划分;信息系统工程监理的方法与流程;论述了信息系统工程监理关键问题的处理;讨论了信息系统工程项目文档、监理文档的管理及应用;最后根据不同项目案例的特点描述了信息工程监理中的技术与方法。

本书适合作为信息系统监理领域和系统集成领域相关工作人员在信息系统工程建设实践活动中的参考书,也可作为信息系统工程监理认证考试、相关专业人员以及爱好者的参考书籍。

图书在版编目(CIP)数据

信息系统监理技术与方法 / 陶洋著. —北京:国防工业出版社,
2014.9
ISBN 978-7-118-09643-9

Ⅰ. ①信... Ⅱ. ①陶... Ⅲ. ①信息系统 – 监管制度
Ⅳ. ①G202

中国版本图书馆 CIP 数据核字(2014)第 206465 号

※

国防工业出版社出版发行
(北京市海淀区紫竹院南路23号 邮政编码100048)
三河市腾飞印务有限公司印刷
新华书店经售
*
开本 787×1092 1/16 印张 14 字数 320 千字
2014 年 9 月第 1 版第 1 次印刷 印数 1—2000 册 定价 58.00 元

(本书如有印装错误,我社负责调换)

国防书店:(010)88540777　　　　发行邮购:(010)88540776
发行传真:(010)88540755　　　　发行业务:(010)88540717

前　言

　　信息系统工程监理在信息工程中是一个非常年轻的领域,其兴起至今也仅有十余年的时间,无论从内容、标准规范、技术方法、理论体系,以及技术与管理的有机结合等方面都还在逐步完善之中,我们从该领域的兴起就一直进行全面发展动态跟踪、理论技术研究、业务运行实践以及人才培养等工作,同时从相关专业的监理领域中获取可借鉴的知识和经验,通过实践、归纳、研究等周而复始的工作,逐步建立起了相应信息系统工程监理的技术与方法,以期为建立完善的信息系统工程监理技术和方法体系添砖加瓦。

　　目前,信息系统工程监理领域缺乏完整的系统理论、完善的监理技术与方法体系,无法满足信息系统工程建设及管理的要求,同时国内专门介绍监理技术与方法的文献和著作非常有限。本书是将监理工作实践经验和丰富的系统理论研究有机结合起来所撰写的关于信息系统工程监理技术与方法的专门著作,不但能作为从事监理工作的工程技术人员和本科及以上学习人员的学习和参考书籍,同时对监理人员结合工作实践对监理技术与方法进行总结也会有所帮助,并且能真正实现让学习者或参阅者学以致用。

　　本书的特色是,在结合实践经验的基础上,经过反复的研究提出信息系统工程监理技术与方法以及其在工程实施各个阶段中的关系。明确阐述不同信息系统项目实施过程中的监理技术与方法以及主要的流程,提出信息系统工程监理实施过程中关键问题的处理,包括监理与参建各方之间的关系等。本书尽最大可能结合理论研究成果和工程实践经验,明确描述了监理技术与方法,尽可能体现出其学术价值和技术实用价值,对高、中、低级监理技术人员以及工程项目管理者的学习和工作具有较好的指导性。

　　该书由陶洋教授负责学术定位、内容及框架的确定,撰写各章节的核心内容,且审校全书。该书分为6章,具体写作分工为:王娅负责第　章,张柯伟负责第二章,倪强负责第三章,周玄负责第四章,江彦鲤负责第五章,周坤负责第六章,前述各位同志对每章节分别进行讨论并共同完成相关研究工作的整理。

　　本书主要内容是我们实践及研究工作的总结,同时也借鉴了我们曾经出版的著作和教材等的一些内容,由于信息系统工程监理发展历史很短,正处在发展时期,新技术新理论层出不穷,许多问题需要进一步研究和应用的多次更替,才能获得更好的成果;加之自身水平和实践的局限,撰写时间仓促,书中难免存在一些不妥和错误,恳请广大同行、读者批评指正,以促我们获得更大进步。本书在撰写过程中,参考了相关文献和资料,在此向原作者们表示诚挚的感谢。

作　者
2014 年 4 月

目　录

第1章 信息系统工程及监理概述

进入 21 世纪,我国的信息化建设飞速发展,信息系统工程项目的建设涵盖多个领域,涉及多个行业。然而,信息系统工程的建设是一项庞大的系统工程,它投资大、周期长、高技术、高风险。目前,信息系统工程项目推迟及超出预算的情况屡见不鲜,最终实现预定目标的项目所占比率不高。据美国一家著名的调查公司对美英两国进行的调查显示:有 30%~50% 的信息系统工程建设项目中途放弃开发,55% 的项目其费用超过预算,68% 的项目超过了预定的开发周期,88% 的项目必须进行系统再设计。国内的情况更是不容乐观,中国信息系统工程建设项目的失败率也很高。

中国信息化建设普遍存在以下问题:

(1) 系统质量不能满足应用的基本要求。

(2) 工程进度拖后延期。

(3) 项目资金使用不合理或严重超出预算。

(4) 项目文档不全甚至严重缺失。

(5) 在项目实施过程中系统业务需求一变再变。

(6) 在项目实施过程中经常出现扯皮、推诿现象。

(7) 系统存在着安全漏洞和隐患。

(8) 重硬件轻软件,重开发轻维护,重建设轻使用。

信息系统工程建设的工程化、规范化还不够完善,信息化建设的市场急需规范管理,呼唤监理机制的出现。监理机制的引入将传统的信息工程建设由两方引申至三方的项目协调管理机制,建立健全三方机制是共同认识、理顺关系、规范各自职责和权利,从一个工程的不同方面共同加强信息工程建设实施中的管理、监督、控制与协调的过程。在信息系统工程建设中,引入监理机制成为保证工程顺利完成的一项重要手段。

本章首先介绍信息系统工程的基本概念,然后阐述信息系统工程监理的相关概念,最后比较信息系统工程监理与其他监理的区别。

1.1 信息系统工程

1.1.1 信息系统工程概念及特性

1. 信息系统工程概念

信息系统工程是指设计、表达和维护相互关联地进行信息收集、处理、存储和传递的组件集合,以支持组织决策和管理的系统架构。其涵盖了信息系统社会构成(支持组织决策和管理的相互关联的组件集合)和技术构成(收集、处理、存储和传递)两大部分。从工程的角度来看,前者是工程需求,包括顾客、社会和法律;后者是需求的技术表现形式。两者是通过设计(包括再设计,即改造)、表达(以满足需求的产品形式予以表现)和维护(在工程的生命周期内按需求运行)联系在一起而最终形成由数组功能模块组成的信息化工程。

信息系统工程是信息化工程建设中的信息网络系统、信息资源系统、信息应用系统的新建、升级、改造工程。

信息网络系统是指以信息技术为主要手段建立的信息处理、传输、交换和分发的计算机网络系统。

信息资源系统是指以信息技术为主要手段建立的信息资源采集、存储、处理的资源系统。

信息应用系统是指以信息技术为主要手段建立的各类业务管理的应用系统。

2. 信息系统工程特性

(1) 行业新颖、人员年轻,对从业人员要求高。信息系统工程集中了国内众多的高科技人才,不仅要具有丰富的实践经验和快速掌握先进技术的能力,而且还要求知识面广、熟悉国家标准和行业规范。

(2) 技术含量高,是智力、知识密集型的产业。它处于发展中的高科技领域,高新技术发展迅速,创新成分多,是多种科学技术领域的综合与交叉。

(3) 信息系统工程类型广泛,覆盖面广。信息系统工程包含的领域有计算机工程、网络工程、通信工程、结构化布线工程、智能大厦工程、软件工程、系统集成工程等;并且,信息系统工程涉及到各行各业,不仅有制造企业、商业、交通、管理机关,也有教育、金融等行业。

(4) 信息系统工程复杂程度高,不确定性因素多。用户需求复杂;工程常常因形势的发展而发生急速变化;检验复杂,维护期长;失败率高,且原因复杂。

(5) 工程项目的不可预见成分高,需要承担的风险高、责任大。

(6) 信息系统工程具有逻辑叠加性,即它可以在已完成的信息系统工程上叠加另一信息系统工程,从而形成新的信息系统工程。

(7) 信息系统工程集成性和可靠性要求高。如实施过程中处理不当,会给后期的维护和升级带来不可弥补的损失。

(8) 工程的隐蔽性与现场的不确定性。对信息系统工程来说,建造的对象包括无形的软件,是"非实体",而施工现场具有多元化、分布性和虚拟性的特点,软件开发项目可能在承建单位的本部或其他指定开发环境。

1.1.2 信息系统工程组成及结构

信息系统工程由业务架构、信息架构、应用架构、操作模型、技术架构、治理架构、安全架构七部分组成。表1-1所列为信息系统工程各组成部分的含义及作用。

表 1-1　信息系统工程各组成部分的含义及作用

架　构	含　义	构　成	作　用
业务架构	对组织的性质、主要目标、活动、流程及触发它们的事件有一个清晰的了解	映射业务流程； 关键业务职能及对技术的含义； 过程/职能的信息需求； 为每个架构制定准则	用于确保业务与信息系统之间在需求沟通、方案选择、解决方案适合性的测试方面有效沟通
信息架构	定义支持业务的信息及信息的管理	信息模型需求； 知识库支持和命名空间管理需求	用于确保支持业务是精确的、完整的、一致的，并且在需求时是可得的
应用架构	提供用于支持业务的信息系统、组件、接口的设计蓝图	应用/业务流程矩阵； 高层子系统间相互关系图； 应用/信息实体矩阵	确保应用系统以最小的重复满足业务需求
操作模型	定义信息服务的流程及相应的组织结构与管理控制	高层信息系统工程服务管理功能； 地理分布； 角色	用于确保业务所需要的信息符合要求，并且在需要时可得，因而使所有的用户都能访问其所需的信息
技术架构	定义一个支持计算环境的信息技术的统一方法	技术架构框架； 服务分类	用于确保很好地整合提供业务支持的技术(软件、硬件、网络)，并符合目标
治理架构	定义用于将架构过程、资源与组织战略、组织与目标联系起来的流程、策略、结构与关系	策略；标准复合型；管理与流程框架	通过对架构中的流程、策略、结构与关系的管理，用于确保符合内外部标准与规范的要求
安全架构	定义一个可信赖的框架，确保所有的用户根据所授权的角色、流程及信息进行安全访问	安全策略； 风险评估； 安全框架	用于保证处理过程的完整性、保护组织的信息资产并确保干系人的个人权利

1.2　信息系统工程监理

1.2.1　信息系统工程监理及相关含义

1. 监理

监理一词具有监督、管理的含义，而"管理"具有计划、组织、控制等职能。因此，该词有通过发挥这些职能的作用以督促实现目标的意思。国外的监理通常是指咨询顾问为建设单位所提供的项目管理服务。在国内，监理则更加注重对工程的监督管理，而对前期的咨询工作做的较少。

监理可表述为:具有相应资质条件的执行者或执行机构以一些准则为依据,对某些行为的有关主体提供咨询服务,并采取组织、协调、控制等方式对其行为进行监督管理,使这些行为符合准则要求,最终协助这些行为主体实现其预期的行为目标。

2. 信息系统工程监理

信息系统工程监理是指独立于信息化技术产品生产、销售与系统集成行业之外的、依法设立且具备相应资质的信息系统工程监理单位,受建设单位的委托,依据国家有关法律法规、技术标准和信息系统工程监理合同,作为独立的第三方采用科学的管理方法和相应的技术、经济及法律手段对信息系统工程项目中的招标、设计、实施、验收、评测等过程进行监督控制,提出相应的规范性要求,从而促使工程建设的质量、进度及造价按计划(合同)实现,最终达到工程的预期目标。简言之,可用公式表述如下:

信息系统工程监理 = 建设方授权 + 标准法规 + 管理方法 + 经济技术手段 + 法律及专业知识

信息系统工程监理专业分类:软件工程、通信工程、综合布线工程、自动控制、计算机工程、数据库开等。

信息系统工程监理行业分类:实时系统、非实时系统、办公系统、混合系统、辅助配套系统、通信及指挥系统、电子商务 ERP、应用类软件系统、应用适应性软件开发等。

3. 信息系统工程监理规范

信息化工程监理规范(以下简称规范)技术参考模型由五部分组成,即监理支撑要素、监理阶段、监理内容、监理对象和信息安全。这五部分的相互关系如图 1 - 1 所示。参考模型表明,信息化工程的监理工作建立在监理支撑要素的基础上,在监理工作的各阶段结合各项监理内容,对监理对象进行监督和管理,以保证信息化工程的建设达到预期的目标。

监理支撑要素包括五个方面的内容:监理合同、监理规划和监理实施细则(以下简称监理细则),监理机构,监理设施,监理人员,质量管理。监理合同是监理单位进行监理的法律性依据,监理规划是实施监理工作的指导性文件,监理机构按照监理规划中规定的监理工作范围、内容、制度和方法等编制细则,开展具体的监理工作,实现监理目标。监理机构、监理设施、监理人员和质量管理等内容是开展监理工作的必要基础。

监理阶段主要包括工程招标、工程设计、工程实施和工程验收四个阶段的监理工作。

监理对象:本规范中的监理对象是指各种类型的信息化工程,如综合布线系统工程和计算机网络系统工程等。

监理内容:监理单位根据监理合同,依据监理规划和监理细则,结合监理对象的特点实施质量控制、进度控制、投资控制、安全控制、合同管理、文档管理和资源及关系协调,实现监理目标。

信息安全系统工程是信息化工程的重要组成部分,对于不同的监理对象,有不同的安全需求。

4. 信息系统工程监理单位

从事信息系统工程监理业务的单位成为信息系统工程监理单位。从行业管理的角度讲,信息系统工程监理单位是指具有独立企业法人资格,并具备规定数量的监理工程师和注册资金、必要的软硬件设备、完善的管理制度和质量保证体系、固定的工作场所和相关

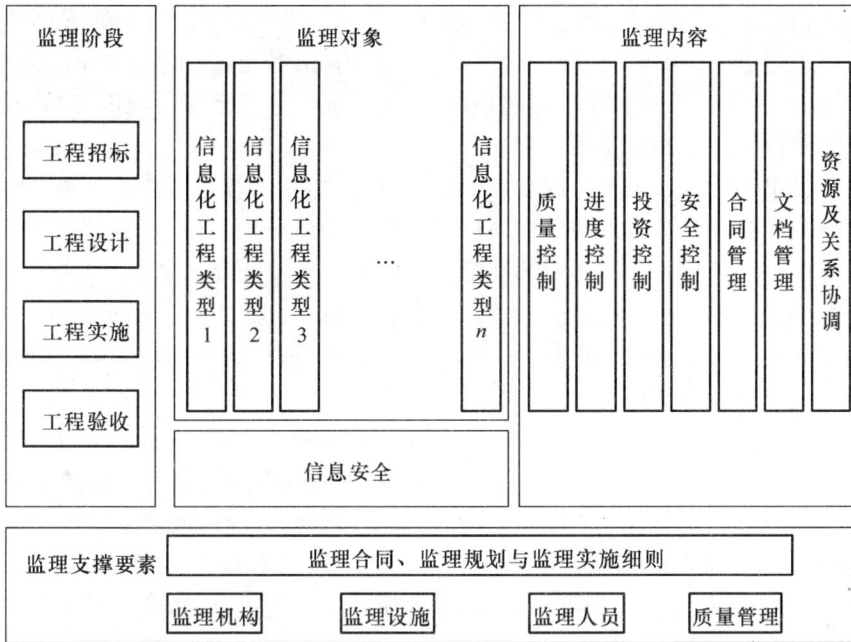

图 1-1 信息化工程监理规范技术参考模型

的监理工作业绩,取得信息产业部颁发的《信息系统工程监理资质证书》,从事信息系统工程监理业务的单位。为区别信息系统工程监理单位在实力、能力、条件、业绩等方面的差异以适应信息系统工程由于级别、规模、复杂度、难度、应用范围等方面的区别而产生的不同需求,信息系统工程监理单位分为甲、乙、丙三级。

5. 信息系统工程监理人员

从事信息系统工程监理业务的人员称为信息系统工程监理人员。

按照不同的职责信息系统监理人员可分为总监理工程师、总监理工程师代表、专家、专业监理工程师、监理员。

6. 信息系统工程监理资格证书

信息系统工程监理资格证书是信息系统工程监理从业的必要条件,而拥有相应数量的、持有信息系统工程监理资格证书的从业人员又是一个企业单位取得信息系统工程监理资质的必要条件。

信息系统工程监理资格证书包括高级监理工程师、监理工程师、监理员等。

1.2.2 监理的地位

信息系统工程项目是以信息技术为手段极大地提高特定业务的效率而建设信息系统的工程项目。由于信息系统工程项目在全部实施过程中不断出现的自我调整和重新优化,使项目各方的责任、权利和利益也因此随之调整和重新划分。这为监理方确定了在信息系统工程项目中的更具特色的角色定位,同时也注定了信息系统工程监理必须承担起超出一般监理职责范围的工作。

信息系统工程监理通常直接面对建设方和承建方,在双方之间形成一种系统的工作关系。信息系统工程监理作为独立的第三方要依据国家有关法律和相关技术标准公平对

5

待工程各方,遵循守法、公平、公正、独立的原则,对项目出现的问题及时处理,促进工程高效、健康、合理地进行,充分保护项目建设各方的合法、正当利益。它是法律法规的执行和监督者,不屈服于任何一方。在工程建设中,它既不是"包打天下",也没有"高高在上",它在工程各阶段发挥着其专业的咨询、监督与管理作用。

项目建设单位与信息工程建设监理单位是平等的主体关系,同时又是委托与被委托,授权与被授权的合同关系。监理单位通过对承建方的监督与控制,为建设方提供监理服务。同时建设方应按监理委托合同的规定支付监理费用给监理单位。监理单位和建设方之间的合同明确规定监理人员在监理中的职责和权限,只有对监理工程师进行了授权,监理工程师才能在授权范围内正常开展工作,监理工程师如果遇到超越监理权限的事项需要监理的时候,必须事先得到建设方的授权。

信息工程建设监理单位与承建单位是平等的主体关系,它们之间不存在直接的合同关系,但存在着监理与被监理的关系。监理单位依据监理合同对承建方进行监督与控制。监理单位和承建方之间无直接的合同关系,这给监理单位进行监理带来困难,但对建设方来说,则都是受雇主委托,保证提供高质量的项目建设,二者目标又是一致的。在实际工作中,监理单位与承建方应互相配合,积极促进项目按时保质的完成。

1.2.3 监理内容及范围

1. 监理内容

监理的主要内容是对信息系统工程的质量、进度、安全和投资进行监督,对项目合同和文档资料进行管理,协调有关单位间的工作关系。因此可以将其概括为"四控、两管、一协调"。

四控:信息系统工程质量控制,信息系统工程进度控制,信息系统工程投资控制,信息系统工程安全控制。

两管:信息系统工程合同管理,信息系统工程文档管理。

一协调:资源及关系协调。

1)质量控制

信息系统中的质量控制指在力求实现信息工程项目总目标的过程中,为满足信息系统项目总体质量要求所展开的有关的监督管理活动。质量控制是一个系统过程,贯穿全过程,监理单位的质量控制主要包括项目实施过程的质量控制以及项目实施结果与服务的质量控制。质量控制的原则包括:质量控制要与建设单位对工程质量监督紧密结合,质量控制是一种系统过程的控制,质量控制要实施全面控制。

质量保证体系是指为保证性能、过程或服务在质量上满足规定的要求或潜在的要求,由组织机构、责任、程序、活动、能力和资源等构成的有机整体。信息系统工程项目是由建设单位、承建单位和监理单位共同完成的,因此质量控制也应该由三方协同完成。三方协同的质量控制体系关系如图1-2所示。承建单位的质量控制体系能否有效运行是整个项目质量保证的关键;建设单位应该建立较完整的工程项目管理体系,这是项目成功的关键因素之一;监理单位是工程项目的监督管理协调方,既要按照自己的质量控制体系从事监理活动,还要对承建单位的质量控制体系以及建设单位的工程管理体系进行监督和指导。

6

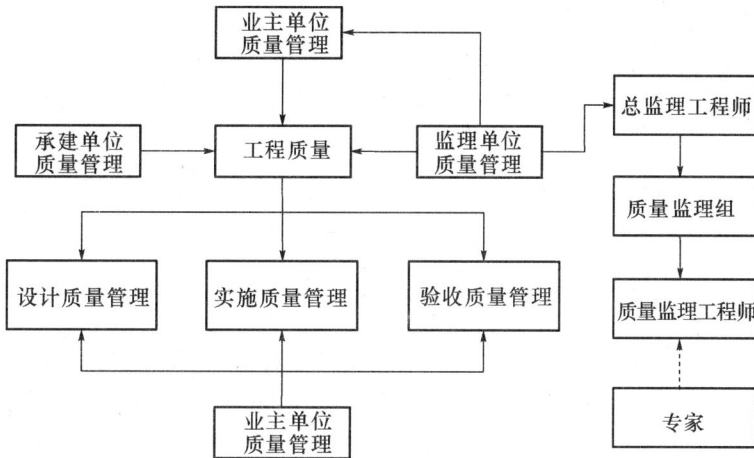

图 1-2 承建单位、建设单位和建立单位三方关系图

在质量控制过程中对质量控制点的设置显得尤为重要。所谓质量控制点,是指对信息系统工程项目的重点控制对象或重点建设进程,实施有效的质量控制而设置的一种管理模式。它的设置一般遵守以下原则:

选择的质量控制点应该突出重点,选择的质量控制点应该易于纠偏,质量控制点设置要有利于参与工程建设的三方共同从事工程质量的控制活动,保持控制点设置的灵活性和动态性。

2)进度控制

进度控制是指对工程项目的各建设阶段的工作程序和持续时间进行规划、实施、检查、调整等一系列活动的总称,即对工程项目各阶段的工作内容、工作程序、持续时间和衔接关系编制计划,将该计划付诸实施,在实施的过程中经常检查实际进度是否按要求进行,对出现的偏差分析原因,采取补救措施、修改原计划直至竣工、交付使用。图 1-3 所示为进度控制的流程图。

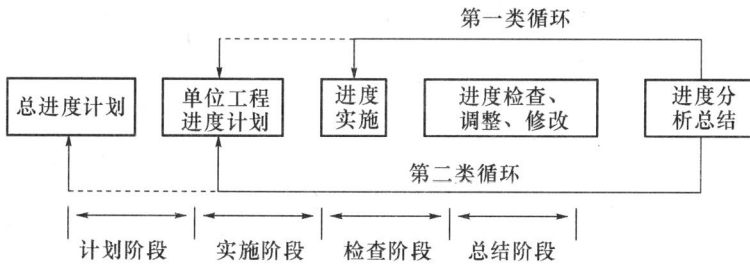

图 1-3 进度控制的流程

进度控制的基本思路是比较实际状态和计划之间的差异,并做出必要的调整使项目向有利的方向发展,其目的是确保项目的实现。进度控制可以分成四个步骤:计划(Play)、执行(Do)、检查(Check)和行动(Action),简称 PDCA。进度控制过程是一个周期性的循环过程。一个完整的进度控制过程大致可以分为四个阶段,先后顺序是:编制进度计划、实施进度计划、检查与调整进度计划、分析与总结进度计划。

影响进度控制的主要因素有以下几个方面:

7

（1）工程质量的影响。

（2）设计变更的影响。

（3）资源投入的影响。

（4）资金的影响。

（5）相关单位的影响。

（6）可见的或不可见的各种风险因素的影响。

（7）承建单位管理水平的影响。

3）投资控制

信息系统工程项目的投资控制主要是在批准的预算条件下确保项目保质按期完成。即在项目投资的形成过程中,对项目所消耗的人力资源、物质资源和费用开支,进行指导、监督、调节和限制,及时纠正即将发生和已经发生的偏差,把各项项目费用控制在计划投资范围之内,保证投资目标的实现。信息系统工程项目投资控制的目的,在于降低项目成本,提高经济效益。

投资控制过程可分为以下四个部分:

（1）资源计划,确定为完成项目各活动需要什么资源的种类,以及每种资源的需要量。

（2）成本估算,是为完成项目各项任务所需要的资源成本的近似估算,信息系统工程投资结构如图1-4所示。

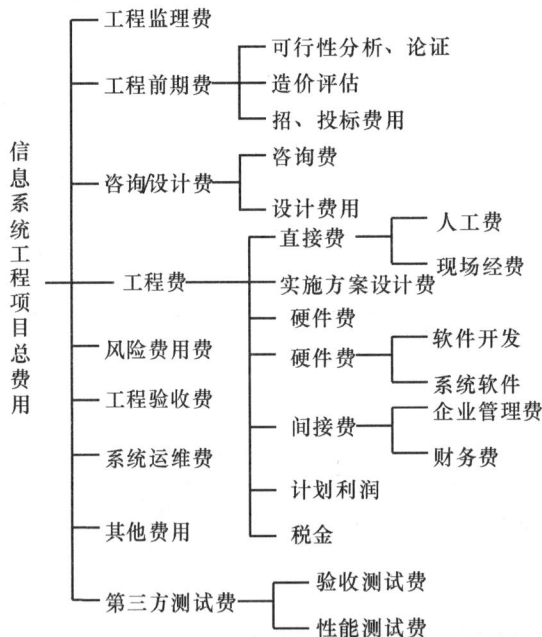

图1-4 信息系统工程投资结构

（3）成本预算,将总投资估算分配了落实到各个单项工作上。项目成本预算是进行项目成本控制的基础,它是将项目的成本估算分配到项目的各项具体工作上,以确定项目各项工作和活动的成本定额,制定项目成本的控制标准,规定项目意外成本的划分和使用规则的一项项目管理工作。

（4）成本控制,控制预算的变更,成本控制的每一部分都有输入、工具技术和输出。成本控制是根据成本基线、性能报告、需求变化和风险管理计划,采用成本变化管理系统、性能测量、挣值管理、附加计划和计算计算机化工具,得到修正的成本估计、预算变动、纠正活动和完成估计(EAC)。

以上四个过程相互影响、相互作用,有时也与外界的过程发生交互影响,根据项目的具体情况,每一过程由一人或数人或小组完成,在项目的每个阶段,上述过程至少出现一次。虽然这里各个过程是彼此独立、相互间有明确界面的,但在监理实践中,它们可能有交叉重叠,互相影响。

4）安全控制

信息系统安全是确保以电磁信号为主要形式的、在信息网络系统进行通处理和使用的信息内容,在各个物理位置、逻辑区域、存储和传输介质中,处于动态和静态过程中的保密性、完整性和可用性,以及与人、网络、环境有关的技术安全、结构安全和管理安全的总和。从技术体系、组织结构体系和管理体系共同构建系统、完整的信息系统安全体系构架。

（1）技术体系,是全面提供信息系统安全保护的技术保障系统,该系统由物理安全技术和系统安全技术构成。

① 物理安全技术,通过物理机械强度标准的控制使信息系统的建筑物、机房条件及硬件设备等条件,满足信息系统的机械防护安全;通过对电力供应设备以及信息系统组件的抗电磁辐射和电磁泄漏性能的选择性措施达到安全目的。物理安全技术运用于物理保障环境,它包括机房安全和设施安全。

② 系统安全技术,通过对信息系统安全组件的选择,使信息系统安全组件的软件工作平台达到相应的安全等级,一方面避免操作平台自身的脆弱性和漏洞引发的风险,另一方面阻塞任何形式的非授权行为对信息系统安全组件的入侵或接管系统管理权。系统安全技术包括:平台安全,泛指操作系统和通用基础服务安全。数据安全,防止数据丢失、崩溃和被非法访问。通信安全,防止系统之间通信的安全脆弱性威胁。应用安全,保障相关业务在计算机网络系统上安全运行。运行安全,保障系统的安全稳定。

（2）组织机构体系,是信息系统的组织保障系统,由以下几个模块构成。

① 机构,一个机构设置分为决策层、管理层和执行层。

② 岗位,是信息系统安全管理机关根据系统安全需要设定的负责某一个或某几个安全事务的职位。

③ 人事,人事机构是根据管理机构设定的岗位,对岗位上在职、待职和离职的员工进行素质教育、业绩考核和安全监管的机构。

（3）管理体系,是信息系统安全的灵魂。信息系统安全的管理体系由以下三部分组成。

① 法律管理,是根据相关的国家法律、法规对信息系统主体及其与外界关联行为的规范与约束。

② 制度管理,是信息系统内部依据必要的安全需求制定的一系列内部规章制度。它是法律管理的形式化、具体化,是法律、法规与管理对象的接口。

③ 培训管理,是确保系统安全的前提。在信息系统监理中可以根据信息系统有关的所有人员进行分层次培训。

5）合同管理

信息系统工程合同确立了信息系统工程实施和管理的主要目标,是合同双方在工程中各种经济活动的依据,规定了双方的经济关系,是监理工作的基本依据。信息系统工程合同按照信息系统工程范围可划分为总承包合同、单项项目承包合同和分包合同;按照项目付款方式可划分为总价合同、单价合同和成本加酬金合同。

合同管理是对依法签订的项目合同进行管理的一种活动与制度。信息系统工程监理工作的合同管理就是指对工程的设计、实施、开发有关的各类合同,从合同条件的拟定、协商、签署,到执行情况的检查和分析等环节进行组织管理的工作,以达到通过双方签署的合同实现信息系统工程的目标和任务,同时也维护建设单位与承建单位及其他关联方的正当权益。合同管理是信息系统工程监理的重要内容之一,它贯穿于信息系统工程的全过程。

合同管理的原则是指监理单位在信息系统工程监理过程中针对各类合同的管理须遵循的宗旨,贯穿合同管理的全过程,包括事前预控原则、实时纠偏原则、充分协商原则和公正处理原则。

合同管理的主要工作内容包括:

（1）拟定信息系统工程的合同管理制度,其中应包括合同草案的拟定、会签、协商、修改、审批、签署、保管等工作制度及流程。

（2）协助建设单位拟定信息系统工程合同的各类条款,参与建设单位和承建单位的谈判活动。

（3）及时分析合同的执行情况,并进行跟踪管理。

（4）协调建设单位与承建单位有关索赔及合同纠纷事宜。

归纳起来,监理工作在合同管理中的主要内容由合同的签订管理、合同的档案管理和合同的履行管理三部分组成。

6）文档管理

信息系统工程文档是对参与各方主体(如建设单位、承建单位、监理单位和供货厂商、分包公司等其他主体)从事信息系统工程项目管理(或监理)提供决策支持的一种载体,如项目建议书、可行性研究报告、设计说明书及实施标准等。

在信息系统工程建设中,能及时、标准、完善地掌握与信息系统工程有关的大量文档,处理和管理好各类工程建设的文档,是信息系统工程项目管理的重要内容,也是监理单位监督管理的重要内容。

监理文档是监理工作的重要载体,也是监理项目的工作成果之一,对监理单位和建设单位都有着重大作用,它包括文书、档案、往来信息等原始的或电子的材料。监理单位的文档管理要负责档案的收集、整理、立卷、保管工作。送档的资料应该做到格式规范、内容完备、条理清楚,所有资料必须分期、分区、分类(同行业信息、素材、样盘、合同、协议等)管理,时刻保证资料与实际情况的统一,负责文档管理人员必须遵守保密原则,确保各方技术信息不流失。做好监理日记及工程大事记;做好合同批复等各类往来文件的批复与存档;做好项目协调会、技术专题会的会议纪要;管理好实施期间的各类技术文档;提交竣工文档清单,并且检查文档的合格性。

7)资源及关系协调

协调就是联结、调和所有的活动及力量。把信息系统工程项目作为一个系统来看,协调的对象可分为系统内部的协调和系统外部的协调两大部分。

(1)系统内部协调,是指一个信息系统工程建设项目内部各种关系的协调。主要包括以下几个方面:

①系统内部人际关系的协调。

②系统内部组织关系的协调。

③系统内部需求关系的协调。

(2)系统外部协调,是指信息系统工程建设项目整个活动过程以外的关系协调,以是否具有合同关系为界限,分为以下两个方面:

①合同因素的调节,主要是协调健身单位与承建单位的关系,还包括建设单位与供应商关系的协调,以及建设单位与设计单位关系的协调。由于双方签订合同后,在整个实施与开发过程中必然会产生各种矛盾,监理工程师作为信息系统工程建设的第三方,应该本着公正原则进行协商,正确协调好各种矛盾。

②非合同因素的调节,涉及社会团体、新闻媒体、服务单位等机构,它们对项目建设的某些方面、某些场合起着一定的控制、监督和支持的作用。这方面的协调工作仅靠监理单位是难以有效进行的,需要各有关管理部门和建设单位的大力配合。

(3)监理单位在协调中的监理方法:

①监理会议,包括项目监理例会,监理专题会议。

②监理报告,包括定期的监理周报、月报,不定期监理工作报告,监理通知与回复,日常的监理文件。

③沟通。

根据信息系统工程业务过程的构成,监理内容可概括如表1-2所列(其中√部分即为信息系统监理内容)。

表1-2　监理内容

业务过程　监理职能	规划与组织	协调与沟通	控制	监督与评审
制定信息系统工程战略规划	√			
制定信息系统工程的信息体系结构	√			
确定信息系统工程技术方向	√			
定义信息系统工程组织机构 & 关系	√	√		
信息系统工程投资管理	√	√	√	√
信息系统工程管理目标 & 方向的沟通	√	√		
信息系统工程人力资源的管理	√	√		
确保信息系统工程与外部需求相一致	√	√		
信息系统工程风险管理	√	√	√	√
信息系统工程项目管理	√	√	√	√
信息系统工程质量管理	√	√	√	√

业务过程　监理职能	规划与组织	协调与沟通	控制	监督与评审
信息系统工程解决方案的识别			√	√
采购与维护应用软件			√	√
采购与维护信息基础设施			√	√
开发与维护程序			√	√
系统安装与授权			√	√
变革管理	√	√	√	√
第三方服务管理	√	√	√	√
性能与能力管理	√		√	√
保证持续服务			√	√
保证系统安全性	√		√	√
成本的确定与分配	√			√
用户培训	√	√	√	√
帮助与建议		√		√
客户				
配置管理	√			√
问题与事件处理		√		√
数据管理	√		√	√
设施管理	√		√	√
操作管理	√		√	√
过程监控			√	√
内部控制适当性评价				√
获取独立保证			√	√
提供独立审计			√	√
服务水准的定义与管理	√	√	√	√

2. 监理范围

1）专业范围

可进行监理的信息系统工程领域有计算机工程、网络工程、通信工程、结构化布线工程、智能大厦工程、软件工程、系统集成工程、自动控制、数据库开发，以及有关计算机和信息化建设的工程及项目。

2）时间范围

根据监理内容可将时间范围划分为准备阶段监理、设计阶段监理、实施阶段监理和验收阶段监理。根据工程的特点和具体情况，监理介入时机是不同的，有早有晚，可能是全过程监理，也可能只针对某一个或某几个阶段实施监理。但监理方服务内容都要包括对项目进行监督和质量控制，及时了解工程中出现的问题、跟踪问题的发展和解决过程。

1.2.4 监理的作用与成效

在信息系统工程项目中引入监理机制对项目评估、设计、施工、验收、人员培训、交付使用等各环节进行监督控制,确保了工程建设的合法性、科学性、合理性和经济性。

在信息系统建设过程中,作为监理方,主要应通过发挥监督、控制、协调和建议等方面的作用,确保项目实现质量、进度和成本三个方面的控制目标。作为建设方授权的代表,监理方是建设方的助手,辅助建设方来对项目进行控制和管理。所以,监理的功能定位应是:发现并预警问题,推动问题的解决。

监理方应在信息系统建设的每个阶段,应根据其科学的工作方法和监理经验安排各种监理活动,监督系统建设的各个阶段实施过程的状况。监理方的日常工作是监理方在项目执行过程中最主要的监理活动。监理方作为独立的第三方协调建设方和承建方之间的关系,通过对系统内部关系以及系统外部关系中的非合同因素等的协调有效保障了项目顺利实施。对日常的监理活动及时发现系统建设中存在的问题,并加以分析研究。通过监理交流机制及时向建设方汇报,同时提出监理方对上述问题的评估意见和解决方法的建议,使建设方能及时了解实际建设状况,对建设中出现的问题能有客观的认识,并能采取相应的应对措施。监理方还应在建设方授权的情况下直接向用户方和(或)承建方提出合理化建议。

信息系统工程项目都有限定的投资额度、时间范围以及质量要求,通过监理的作用可以使信息系统工程能够在计划的投资、进度和质量目标内建成,并实现其功能要求、使用要求和其他有关的质量标准。在此过程中,监理不仅规范了承建单位,也规范了建设单位。监理方从工程规划咨询、招投标咨询、中标方技术方案审核到最终项目评估与验收对工程实施监理,加大了工程管理力度,确保了工程的合理性和规范性,保证了工程实施计划的可行性以及工程实施的进度和质量。

实践证明,通过第三方监理的专业服务,对建设单位和承建单位都做出约束,并有效地对工程建设进行监督控制,为信息系统工程建设的顺利实施提供了保证。目前,第三方监理正随着信息化的进程发展规律,逐渐发展完善起来,相信其未来必将成为信息系统工程建设中的一株奇葩。

1.2.5 监理的实施组织

监理实施过程中的组织关系如图1-5所示。

1. 业主单位

具有信息化工程发包主体资格和支付工程价款能力的单位。

2. 承建单位

具有独立企业法人资格,取得相应等级资质证书,为业主单位提供信息化工程建设服务的单位。

3. 业主代理

具备专业资格的单位,将业主的需求用技术的语言翻译给承建方。

4. 专家委员会

相关领域专家组对监理的相关工作提供参考意见和技术指导,及参与对工程的重大

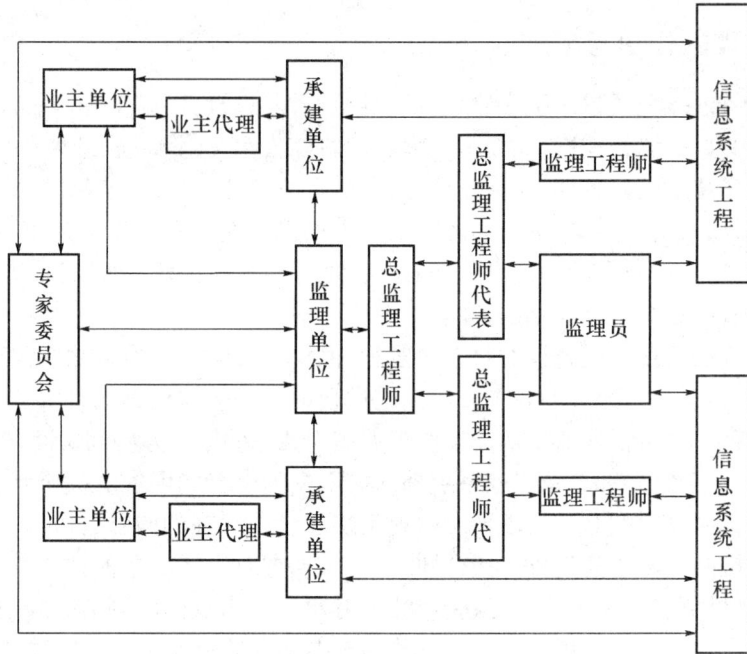

图 1-5　监理实施组织关系

方案的评审。

5. 总监理工程师

（1）对信息工程监理合同的实施负全面责任。

（2）负责管理监理项目部的日常工作,并定期向监理单位报告。

（3）确定监理项目部人员的分工。

（4）检查和监督监理人员的工作,根据工程项目的进展情况可进行人员的调配,对不称职的人员进行调换。

（5）主持编写工程项目监理规划及审批监理实施方案。

（6）主持编写并签发监理月报、监理工作阶段报告、专题报告和项目监理工作总结,主持编写工程质量评估报告。

（7）组织整理工程项目的监理资料。

（8）主持监理工作会议,签发监理项目部重要文件和指令。

（9）审定承建单位的开工报告、系统实施方案、系统测试方案和进度计划。

（10）审查承建单位竣工申请,组织监理人员进行竣工预验收,参与工程项目的竣工验收,签署竣工验收文件。

（11）审核签认系统工程和单元工程的质量验收记录。

（12）主持审查和处理工程变更。

（13）审批承建单位的重要申请和签署工程费用支付证书。

（14）参与工程质量事故的调查。

（15）调解建设单位和承建单位的合同争议,处理索赔,审批工程延期。

（16）负责指定专人记录工程项目监理日志。

6. 总监理工程师代表

（1）总监理工程师代表由总监理工程师授权，负责总监理工程师指定或交办的监理工作。

（2）负责本项目的日常监理工作和一般性监理文件的签发。

（3）总监理工程师不得将下列工作委托总监理工程师代表：

① 根据工程项目的进展情况进行监理人员的调配，调换不称职的监理人员。

② 主持编写工程项目监理规划及审批监理实施方案。

③ 签发工程开工/复工报审表、工程暂停令、工程款支付证书、工程项目的竣工验收文件。

④ 审核签认竣工结算。

⑤ 调解建设单位和承建单位的合同争议，处理索赔，审批工程延期。

7. 监理工程师

（1）负责编制监理规划中本专业部分以及本专业监理实施方案。

（2）按专业分工并配合其他专业对工程进行抽检、监理测试或确认见证数据，负责本专业的测试审核、单元工程验收，对本专业的子系统工程验收提出验收意见。

（3）负责审核系统实施方案中的本专业部分。

（4）负责审核承建单位提交的涉及本专业的计划、方案、申请、变更，并向总监理工程师提出报告。

（5）负责核查本专业投入软、硬件设备和工具的原始凭证、检测报告等质量证明文件及其实物的质量情况，根据实际情况有必要时对上述进行检验。

（6）负责本专业工程量的核定，审核工程量的数据和原始凭证。

（7）负责本专业监理资料的收集、汇总及整理，参与编写监理日志、监理月报。

8. 监理员

（1）在监理工程师的指导下开展监理工作。

（2）检查承建单位投入工程项目的软硬件设备、人力及其使用、运行情况，并做好检查记录。

（3）复核或从实施现场直接获取工程量核定的有关数据并签署原始凭证、文件。

（4）按详细设计说明书及有关标准，对承建单位的实施过程进行检查和记录，对安装、调试过程及测试结果进行记录。

（5）做好督导工作，发现问题及时指出并向本专业监理工程师报告。

（6）做好监理日记和有关的监理记录。

一个监理单位可以同时监理多个信息系统工程。监理单位由总监理工程师总负责，每个信息系统工程授权配置一个总监理工程师代表，通过监理工程师和监理员对项目进行具体监理。由于信息系统工程是个庞大而复杂的工程，各信息系统工程之间允许监理人员的交叉监理，知识互补。监理工作强调团队协作，一个人不可能完全承担一整个项目，必须团队共同完成。

1.2.6 监理流程

1. 选择监理单位

建设单位可采用招标、邀标方式选择监理单位,也可直接委托有相应资质的单位承担监理业务。

2. 签订监理合同

一旦选定监理单位,建设单位与监理单位应当签订监理合同,合同内容主要包括:

(1)监理业务内容。

(2)双方的权利和义务。

(3)监理费用的计取和支付方式。

(4)违约责任及争议的解决方法。

(5)双方约定的其他事项。

3. 三方会议

实施监理前,建设单位应将所委托的监理单位、监理机构、监理内容书面通知承建单位。承建单位应当提供必要的资料,为监理工作的开展提供方便。

召开三方项目经理会议,即由建设单位、承建单位、监理单位等各方任该项目主要负责人的管理者参加的会议,就工程实施与监理工作进行首次磋商。

4. 组建监理项目组

监理项目组由具有监理资格的人组成,并确定一名总监理工程师。

总监理工程师由具有高级监理工程师任职资格的监理人员出任;根据实际情况,也可选择具有 3 年以上任职经历、业绩突出的监理工程师出任。

信息系统工程实行总监理工程师负责制。总监理工程师行使合同赋予监理单位的权限,全面负责受委托的监理工作。

5. 编制监理计划

(1)编制监理工作计划,并与建设单位沟通,协商,征得建设单位确认。

(2)编制监理实施细则。

6. 实施监理业务

以监理合同为依据,执行监理工作计划和实施细则,要有监理业务活动记录和阶段性报告,直至工程项目完成。

7. 参与工程验收

监理单位与建设单位、承建单位一起,对所完成的信息系统项目进行验收。

8. 提交监理文档

监理业务完成后,向建设单位提交最终监理档案资料。

1.2.7 监理方法

1. 审查与咨询

审查与咨询可分为可行性咨询、招标咨询及设计审查。可行性咨询是通过对项目的主要内容和配套条件,从技术、经济、工程等方面进行调查研究和分析比较,并对项目建成以后可能取得的财务、经济效益及社会环境影响进行预测,从而提出该项目是否值得投资和如何进行建设的咨询意见,为项目决策提供依据的一种综合性的系统分析方法。信息网络系统招标监理的主要任务是协助业主通过对投标单位资质、服务水平和承诺、总体技术方案和价格的综合审查,选择合适的承建方。根据业主的需要,监理方可以参与编制招标文件、编制评标标准、评标、合同谈判等环节的监理和咨询工作。分析设计阶段监理一方面监督和控制承建单位工作过程的规范性,另一方面对承建单位需求分析和设计阶段的工作成果进行评审,保障信息系统工程需求分析设计过程和产品符合规范要求。

2. 过程及结果评价

信息系统项目监理的过程及结果评价不仅包括施工前与施工后设计方案与验收方案的评价,而且也涉及到施工阶段的管理,包括变更效果的评价等。具体讲,监理评价是指根据获得的项目信息,利用科学的方法,对项目的质量进行细致的分析与评定,并依据其潜在的收益与风险,决定项目监督管理措施等过程。

3. 协查与调研

监理方有义务在招投标阶段或施工期间协助建设方对承建方的资质进行调查评估,以便建设方选择合适的承建方,从而保证工程的质量。

4. 旁站监理与非旁站监理

旁站监理是指监理人员在施工现场对某些关键部位或关键工序实施全过程现场跟班的监督活动。旁站监理在总监理师的指导下,由现场监理人员负责具体实施。旁站监理时间可根据施工进度计划事先做好安排,待关键工序实施后再做具体安排。旁站的目的在于保证施工过程中的项目标准的符合性,尽可能保证施工过程符合国家或国际相关标准。

非旁站监理则不需要监理人员驻守在现场对工程进行监督,它比较适合于软件开发、软件系统集成以及设备到货验收等方面的质量控制和进度控制。非旁站监理有多种方法,如测量、抽查、巡检等。

5. 监理会议

监理会议是将项目有关各方的负责人或联系人聚集在一起进行磋商以解决问题的重要机制。会商可以使得项目建设有关信息全方位地畅通与流转,通过交流信息、收集情况或意见,评估项目进展情况、制定决策、协调各方之间矛盾,进而促使项目各方相互配合工作,并解决问题。

监理组织的会议主要有监理例会和监理专题会议两种。

项目监理例会是履约各方沟通情况、交流信息、协调处理、研究解决合同履行中存在的各方面的问题,并由工程监理单位总监理工程师组织与支持的例行工作会议。

专题会议是为解决专门的问题而召开的会议,由总监理工程师或授权监理工程师主持。

监理参与的会议中,监理方并不占主导地位,监理在会议过程中起着协调、配合的作用。监理参与的会议主要有招投标会、专家评审会、验收会议三种。

6. 监理文件

监理文件一般都包括以下几类:

(1)监理依据文件,包括监理合同、监理规划、监理实施细则。

(2)监理输出文件,包括定期的监理周报和月报,不定期监理工作报告,监理通知与回复,日常的监理文件,监理作业文件。

7. 资源协调

协调就是连接、联合、调和所有的活动及力量。资源协调就是将所有的资源都有机地统一起来,为信息系统工程建设服务,使项目能够有序的开展。一般可分为技术资源协调、物理资源协调和组织协调。

8. 测试组织

测试是整个项目建设过程中一个非常重要的环节,测试结果是衡量一个项目建设是否合格的标准之一。监理方在这个阶段应组织项目建设各方对系统进行详细的测试,并形成相应的测试文档,作为项目验收的依据。它主要分为功能测试和性能测试。

1.3　信息系统工程监理与其他监理比较

1.3.1　与设备监理比较

1. 设备监理简介

1) 设备监理定义

国家三部委颁发的《设备监理管理暂行办法》将设备监理定义为"是对重要设备的设计、制造、检验、储运、安装、调试等过程的质量、进度和投资等实施监督管理。"《设备监理管理暂行办法》所称重要设备是指"国家大中型基本建设项目,限额以上技术改造项目等所需的主要设备、国家重点信息系统的重要硬件及相配套的应用软件。"

2) 设备监理的范围

单位对购置设备实行监理包括两个部分,即国家规定必须实施设备监理的设备和企业认为应当实行监理的设备。

关于国家规定实施监理的设备,按照2001年11月1日国家质量监督检验检疫总局、国家发展计划委员会和国家经济贸易委员会以国质检质联[2001]174号文印发的《设备监理管理暂行办法》的规定,包括以下三种建设项目中的重要设备:

(1) 使用财政性资金的大中型基本建设项目和限额以上技术改造项目。

(2) 设计国内生产安全及国家法律、法规要求实施监理的特殊项目。

(3) 国家政策性银行或者国有商业银行规定使用贷款需要实施监理的项目。

重要设备是指国家大中型基本建设项目、限额以上技术改造项目等所需的主要设备和国家重点信息系统的重要硬件及配套的应用软件。

至于企业应实行监理的设备可以包括:购置大型、成套专用设备,大型、成套设备规模较大的技术改造项目,大型、成套设备的大检修项目。

3) 设备监理单位

设备监理单位是指具有企业法人资格和取得相应等级《设备监理单位资格证书》的从事重要设备监理业务,即设备工程技术和管理咨询服务业务的社会组织。

设备监理单位属于独立的社会中介服务机构,与行政机关无行政隶属关系或者其他经济利益关系。

设备监理单位的资格等级分为甲、乙两级。

4）注册设备监理师

注册设备监理师是指通过全国统一考试,取得《中华人们共和国注册设备监理师职业资格证书》,并经注册后,根据设备监理合同独立执行设备工程监理业务的专业技术人员。

5）监理内容

监理内容包括四控(质量控制、进度控制、投资控制、安全控制)、二管(合同管理、文档管理)、一协调。设备监理按其工作内容不同可以分为 6 个区段,即设计,材料与配件采购,加工,装配与检验,包装与运输,安装与调试。监理合同要确定监理单位负责监理的内容范围。

2. 信息系统工程监理与设备监理的区别

1）监理的对象不同

设备监理的对象是项目建设的设备及其成套系统使用功能的形成过程,信息系统工程监理的对象是项目建设的软硬件系统及其功能形成过程,因此,两种监理属于两个不同的领域,监理的对象不同,是不能相互替代的。

2）对监理人员的专业要求不同

监理工作对监理人员具有较高的要求,设备监理与信息系统监理属于不同的专业领域,设备监理根据设备的应用领域的不同,对监理人员要求有不同的专业知识,如锅炉、风机、制冷机、冷却塔、水泵、阀门、消火栓、配电箱、变压器、灯具等;信息系统工程监理一般应是信息网络系统、信息资源开发系统及信息应用系统相关专业的人员,因此信息系统工程监理与设备监理对监理人员的专业要求是完全不同的。

3）监理项目的目的不同

对于信息系统工程项目,雇主看中是的软件或硬件项目所能带来的功能价值,而设备项目的雇主是要从设备项目中获得能够制造出的可投入消费市场的产品,雇主要获得的是具有市场生命期的可销售产品的利润。

4）权属问题

信息系统工程监理的行政主管部门是信产部,而设备监理的行政主管部门是质量技术监督部门。如果这两个部门的工作界线划分不明显,并且没有良好的沟通和协调,将很容易造成多头管理和管理上的真空带等问题,使监理企业处在一个尴尬的境地。

5）变更控制方面

设备工程项目一旦开始,则建设单位一般不再对设备的功能需求、设计等方面提出变更;而信息系统工程则不然,承建单位常常在实施过程中要不断地面对"变更"问题,特别是用户需求的变更。

总之,两者相互关联相互独立。信息系统工程监理强调对信息系统工程的设计阶段、实施阶段和验收阶段实施全过程监理,而采购设备、安装等仅仅是信息系统工程实施阶段的一小部分的工作内容;设备工程专业有冶金、煤炭、石油、医药、化工、建设、森林、轻纺、航空、航天、电力、信息、环保、海洋、港口、汽车、城交、农业、核化工、热燃等 20 余种,信息工程设备监理只是这 20 余种工程设备监理之中的一种。所以,信息系统工程监理与设备监理是目前我国实施的两类不同、相互独立的监理体系,仅在"信息工程设备监理"上有交叉,两者可以互相借鉴,但不矛盾。

1.3.2 与建筑工程监理比较

1. 建筑工程监理简介

1）建筑工程监理的定义

建设工程监理是指具有相应资质的工程监理企业,接受建设单位的委托,承担其项目管理工作,并代表建设单位对承建单位的建设行为进行监控的专业化服务活动。

2）建筑工程监理范围

为了有效发挥建筑工程监理的作用,加大推行监理的力度,根据《建筑法》,国务院公布的《建设工程质量管理条例》对实行强制性监理的工程范围作了原则性的规定,建设部又进一步在《建设工程监理范围和规模标准规定》中对实行强制性监理的工程范围作了具体规定。下列建设工程必须实行监理:

（1）国家重点建设工程。

（2）大中型公用事业工程。

（3）成片开发建设的住宅小区工程。

（4）利用外国政府或者国际组织贷款、援助资金的工程。

（5）国家规定必须实行监理的其他工程。

建筑工程监理可以适用于工程建设投资决策阶段和实施阶段,但目前主要是工程施工阶段。

3）监理单位的质量责任和义务

工程监理单位应当依法取得相应等级的资质证书,并在其资质等级许可的范围内承担工程监理业务。工程监理单位不得转让工程监理业务。工程监理单位与被监理工程的施工承包单位以及建筑材料、建筑构配件和设备供应单位有隶属关系或者其他利害关系的,不得承担该项建设工程的监理业务。工程监理单位应当依照法律、法规以及有关技术标准、设计文件和建设工程承包合同,代表建设单位对施工质量实施监理,并对施工质量承担监理责任。工程监理单位应当选派具有相应资格的总监理工程师进驻施工现场。监理工程师应当按照工程监理规范,采取旁站巡视和平行检验等方式对工程实施监理。

2. 与建筑工程监理的区别

1）两者在工程方面的区别

（1）技术浓度。信息系统工程的建设与建筑工程本身存在很大差别。传统的建筑工程项目除前期设计工作外,主要还是人类的体力劳动,信息系统工程则更体现人的智慧。因此,建筑工程项目属于劳动密集型,而信息系统工程项目属于技术密集型。

（2）可视性。建筑工程项目可视性、可检查性强;信息系统工程项目可视性差,尤其是软件,它不像建筑工程那样最终有实体展现在业主的面前,软件只有用了才能知道它的质量,而且在度量和检查方面难度高。

（3）需求明确性。信息系统工程的需求更加复杂、多变,很多需求不明确、不清楚,而建筑工程项目则一般是比较明确的。

（4）设计独立性。建筑工程的设计通常是由专门的设计单位承担的,或者说,建筑工程的设计单位通常不承担施工任务,而是由施工单位根据设计单位提供的设计图纸和说明书进行施工;信息系统工程的设计与实施通常是由一个系统集成商（承建单位）承担的。

建筑设计行业已存在了多年，有若干单位专门从事这一行业，但到目前为止尚不存在专门从事信息系统设计的公司和行业，也不存在不进行系统设计而专门等别人设计好了而自己去施工以完成信息系统的公司和行业。

（5）变更性。建筑工程一旦施工开始，则投资单位一般不再对该建筑的功能需求、设计等方面提出变更，建筑工程队秩序严格，按设计图纸和说明书施工直至完成；而信息系统工程则不然，承建单位常常在实施过程中要不断地面对"变更"问题，特别是用户需求的变更。

（6）复制成本。如果由同一套建筑设计生成 n 套建筑工程，则一般而言，其总投资（设为 TI）就应为一套建筑工程投资（设为 i）的几倍（即为 $TI = ni$）；而在信息系统建设中，则有 $TI < ni$ 或 $TI \leqslant ni$。所以，只要花较小甚至很小的代价，就可以将一个信息系统的软件和集成方案经过再造而成为一个新的信息系统去满足类似用户的需求，从而使该信息系统的知识产权所有者蒙受重大损失。

（7）规范性。信息系统工程的建设方法相比建筑工程的建设方法而言不太成熟。其中，软件工程项目在当前只是一个美好的愿望，目前还没有一个规范、完善、成熟的业界通用标准，人们还都只是处在探索阶段；基建工程项目则已经相对很成熟，可以根据已有规范的标准来实施。

2）两者在监理单位方面的区别

（1）关于两业兼营。建筑业中，任何建筑公司都可以承担监理工作，只要不是同体监理就可以。对于信息系统工程而言，则规定信息系统工程监理业与信息系统集成业分开。即工程监理业务的承担者不能是信息系统集成商，而监理公司也不能参与信息系统集成市场的竞争。或者说，任何单位只能在信息系统集成或信息系统监理中择一而从。也就是说，如果任何单位获得了信息系统集成的一、二、三、四级中的某一资质，则就不能拥有信息系统工程监理的甲、乙、丙级中的任一级资质；反之亦然。

（2）关于监理范围。建筑工程的监理实际上主要负责最后的施工阶段，施工以前的规划、设计等阶段分别由其他部门来完成。而信息系统工程监理要求在信息化项目开始之初就介入，来协助业主单位开展项目的咨询和招投标工作，直至项目实施完成和验收。在信息系统工程中，工程监理一定覆盖系统设计，而且不少建设单位请监理单位对项目招投标、选择系统集成商进行咨询，所以，有些信息系统监理期是始于用户需求分析，止于项目验收，因此信息系统工程监理是全过程的监理。

（3）关于监理内容的专业要求。信息系统监理的内容包含3类，即综合布线、网络系统集成及应用软件开发的监理，尤其是软件开发工程的监理，是信息工程监理的最大难点，也是信息工程监理与传统建设工程监理最本质的区别。建筑监理内容一般应是土木、水工方面，因此建筑监理与设备监理对监理人员的专业要求是完全不同的。

（4）关于变更控制。信息系统实施过程中的"变更"问题如此突出，能直接影响，有时甚至会严重影响到工程质量、进度、成本，而且必然引起合同的修改、补充，这不仅增大了工作量、复杂性，而且增加了风险。所以，信息系统工程监理比建筑工程监理的"三控"（质量控制、进度控制、成本控制）之外，又增加了变更控制而成为"四控"。

（5）关于方法与手段。由于建筑工程可视性强，所以广泛采用现场监理手段，如旁站、巡视、进场材料核查、工序检查等。同样的手段对信息系统工程监理基本不使用,而需要独辟蹊径。例如,在设计阶段采用专家会审的方法,而在验收阶段则强调定量测试等。

（6）关于专业技术。由于信息系统工程属于技术密集型,而且信息系统工程监理必须覆盖系统设计,所以对信息系统工程监理人员的技术要求更高。监理班子要体现不同的相关主业人员的优化组合,同时还需要一个专家组,在项目实施过程中对具有里程碑意义的关键点商进行会诊、把关。

（7）关于知识产权。信息系统工程监理中,知识产权保护比建筑工程监理更突出。

（8）关于发展现状。建筑监理的发展已经比较成熟、规范;信息工程监理起步较晚,仍未形成完整和成熟的技术标准和规范。信息系统工程监理要比建筑监理更加难以开展。

1.3.3　与交通工程监理比较

交通监理行业划分为公路工程和水运工程两类。公路工程监理行业包括道路与桥梁工程、隧道工程、交通工程、试验检测等工程系列监理专业和工程经济与合同管理等经济系列监理专业。水运工程监理行业包括港口与航道工程、道路与堆场工程、房建工程、机电工程、铁路工程、试验检测等工程系列监理专业和工程经济与合同管理等经济系列监理专业。

二者存在以下区别:

1. 风险性

交通工程监理的内容一般是比较明确的,且它是对规范的设计在施工过程进行监督,使其符合原设计要求。而与之相比,信息工程监理就具有较高的风险性。造成这种局面的原因,一方面是由于信息系统工程一般需要综合运用自动监控通信网络、软件工程等诸多先进技术,这些先进技术相互之间的系统集成具有一定难度;工程的设备缺陷、软件陷阱等具有一定隐蔽性,容易造成工程隐患。另一方面是由于信息化建设一般都要涉及政府、企业管理方式的变更,这方面的难度要比项目建设本身大得多。

2. 设计监理和施工监理是否分开

交通工程的设计监理和工程监理是可以分开的,其监理工作的重心则在施工阶段,但是信息系统工程监理最好是设计、施工、系统集成和开发全过程的监理,这样才能更好地对整个信息系统工程的工作起到监理的作用。

3. 监理人员的专业要求

交通工程监理内容一般应是土木、水工方面;而信息系统监理的内容包含综合布线、网络系统集成及应用软件开发的监理,其中涉及对无形的软件产品设计、开发过程的监理更是信息系统工程监理的最大难点。因此,交通工程监理与信息系统工程监理对监理人员的专业要求是完全不同的。

4. 方法与手段

与建筑工程监理相同,交通工程监理广泛采用现场监理手段,如旁站、巡视、平行检验等。而信息系统工程监理还有自己独特手段,如模拟仿真、加电测试等。

5. 变更性

交通工程一旦施工开始,则投资单位一般不再对该工程的功能需求、设计等方面提出变更,工程队秩序严格按设计图纸和说明书施工直至完成;而信息系统工程则不然,监理单位常常在实施过程中要不断地面对"变更"问题。

6. 标准与规范

交通工程监理已经比较成熟,各种规范标准也比较完善;而信息系统工程的监理方法则不太成熟,目前还没有一个规范、完善、成熟的业界通用标准。

1.3.4 与通信工程监理比较

通信建设工程监理是指监理企业受建设单位委托,依据国家和部有关工程建设的法律、法规、规章和标准规范,对通信建设工程项目进行监督管理的活动。通信工程监理与信息系统工程监理主要区别如下:

1. 监理人员的专业要求

通信工程监理的专业主要包括电信工程(有线传输工程、无线传输工程、电话交换工程、移动通信工程、卫星通信、数据通信工程、综合布线工程、通信管道工程)、邮政工程(邮政工艺工程)、通信铁塔工程。它主要涉及硬件部分的监理,而信息系统工程监理既涉及硬件也包括软件。

2. 监理工期

由于通信工程本身特点,通信工程建设时间很短。所以相对于信息系统工程监理,其监理的工期也就比较短。

3. 方法与手段

通信工程建设监理工程师按照工程监理规范的要求多采取旁站、巡视和平行检验形式对通信建设工程实施监理。而信息系统工程监理还有自己独特手段,如模拟仿真、黑盒测试、白盒测试、代码审查等。

4. 行业范围

通信工程监理行业范围为通信邮电行业;而信息系统工程监理范围较广,涉及很多行业。

5. 建设单位

通信工程监理建设单位以通信运营商为主,如中国电信、中国移动、中国联通、中国卫通、国家邮政 中国铁通等通信运营公司;而信息系统工程监理的建设单位遍布多个行业。

第2章 信息系统的专业划分和行业划分

2.1 信息系统的专业划分

信息系统是以提供信息服务为主要目的,数据密集型的人机交互的计算机应用系统,面大量广,是一个相当复杂的概念,涉及到很多的专业和学科,如通信、计算机、网络、网络安全、综合布线、软件架构、软件开发、数据库系统及存储系统等。本章将对信息系统所涉及到的相关专业和学科分别进行阐述。

为了给出一个相对清晰的思路,先给出一般信息系统由下而上的结构层次;如图2-1所示。

其中环境支持层是为整个信息系统提供基础的网络和设备平台,使得所有的数据和应用软件可以在这个平台上高效地运行;数据管理层管理系统中所有的数据,包括数据的采集、传输、存储、备份和管理,一般采用数据管理软件(DBMS)作为其核心软件。应用层是采用各种分析、统计、规划、决策等不同方式来将用户需求和其相对应的数据结合起来,从而实现用户需求的关键层;用户接入层定义为信息系统提供给用户的界面,用于实现人机交互,完成用户的特定需求,它的用户可能包括各种类型的人员,所以界面的友好型是很重要的,创建友好型界面,减少人机交互的操作复杂度在信息系统中占据越来越重要的位置。

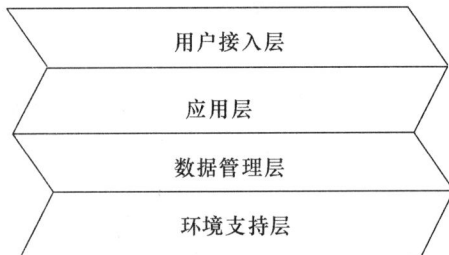

图2-1 信息系统层次结构

在清楚了信息系统层次结构以后,便不难划分出各个层次所关联的专业及学科范围,首先通过表2-1给出一个大致的关联关系。

表2-1 信息系统层次结构关联关系

专业 层次	综合布线	网络设备	操作系统	中间件	数据库	网络设计	网络安全	软件工程	网络测试
用户接入层								●	
应用层				●		●		●	
数据管理层			●	●	●	●	●		
环境支持层	●	●				●	●		●

从这个表中可以清晰地感受到一个信息系统的专业性和复杂性,如此多的专业和学科相互交融,不管对于建设方还是监理方来说都具有很大挑战性。接下来将对上表中各个专业和学科进行详细的介绍,并进一步介绍其对应的监理内容。

2.1.1　综合布线

综合布线系统是建筑物或建筑群内的传输网络,也包括建筑物向外部网络或电话线路系统延伸的连接点。根本作用是使语言、数据、通信设备及其他信息管理系统相连接,形成一个统一控制的综合系统。

1. 综合布线的结构

布线一般分为结构化布线和传统方式的布线,它们之间最大的区别在于结构化布线系统的结构与当前所连接的设备的位置无关,将建筑物中所有可能放置设备的位置都预先布好线,然后再根据实际连接设备的情况,通过调整内部跳线装置将所有的设备联系起来。同一线路的接口可以连接不同的通信设备。具体来说,可以分为以下六个部分,如图2-2所示

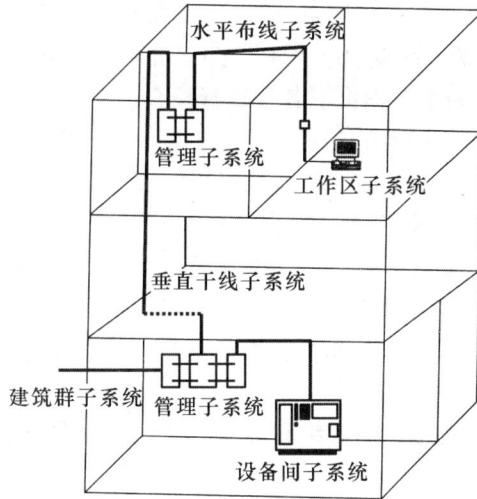

图2-2　综合布线系统结构

（1）用户子系统:用户子系统由终端设备连接到信息插座的连线组成,它包括连接器和适配器,布线要求相对简单,容易实现设备的移动、添加。

（2）水平子系统:实现信息插座和管理子系统(跳线架)间的连接,常用五类或超五类型8芯4对双绞线来实现这种连接。水平布线可选择的介质有三种(100ΩUTP电缆、150ΩSTP电缆及62.5/125μm光缆),最远的延伸距离为90m,除了90m水平电缆外,工作区与管理子系统的接插线和跨接线电缆的总长可达10m。

（3）管理子系统:管理子系统由交连、互连配线架组成。管理点为连接其他子系统提供连接手段。交连和互连允许将通信线路定位或重定位到建筑物的不同部分,以便能更容易地管理通信线路,使在移动终端设备时能方便地进行插拔。

（4）垂直干线子系统:实现计算机设备、交换机、路由器、控制中心与各管理子系统间的连接,常用介质是大对数双绞线电缆、光缆。

（5）设备子系统：设备室子系统由设备间中的电缆、连接器和相关支撑硬件组成，它把公共系统设备的各种不同设备互连起来。该子系统将中继线交叉连接处和布线交叉处与公共系统设备连接起来。

（6）建筑群子系统：实现建筑物之间的相互连接，常用通信介质是光缆或大对数，主干线和建筑群间使用光缆或大对数。

在设计布线系统的时候应综合考虑这个六个部分，设计出行之有效的拓扑图，这是保证综合布线系统顺利实施的重要基础。

2. 综合布线涉及到的各种线缆

据统计，约有一半以上的网络故障与电缆有关，电缆本身的质量及电缆安装的质量都直接影响到网络能否健康地运行。而且，线缆一旦施工完毕，想要维护很困难。

在布线系统中，使用最多的传输介质是各种各样的线缆。而在不同的布线工程中所涉及到的线缆是由该布线工程中所包含的子系统所决定的。一般来说，铜缆和光缆是现在综合布线工程中最为常用的。

铜缆以双绞线为主，而双绞线又可以分为非屏蔽双绞线（Unshielded Twisted Pair UTP）和屏蔽双绞线（Shileded Twisted Pair STP）。而屏蔽双绞线又可分为铝箔屏蔽双绞线（FTP）、铝箔、铜网双层屏蔽双绞线（S－FTP）、独立屏蔽双绞线（STP）。双绞线结构差异决定了其性能、价格差异，为用户提供了各种选择机会。

非屏蔽双绞线相对性价比较高，适用于一般的场合，目前对非屏蔽双绞线的选择主要存在于超五类（Cat5＋）和六类（Cat6）之间。对于 Cat5＋所测试的参数极限与实验的数据已经相近，超五类系统可以支持千兆以太网的运行，而且不同厂商的 Cat5＋系统之间可以互用。Cat6 价格较之 Cat5＋昂贵，但其带宽却扩大 25%，显示了传输速率的增强。Cat6 系统是专用的，即意味着各个厂商的元件都有其独特的设计和性能指标，不同厂商的元件互通性的可能性很小，元件的指标仍在研究之中。目前，六类双绞线也逐渐用于一小部分工程中，但值得注意的问题包括：

（1）使用 Cat6 线缆应选择相同等级和商家生产的接插件器件，因为 Cat6 是专用件，各厂家的产品尚不能互通。

（2）Cat6 对固定链路和通道其测试内容，除按 EIA/TIA 568—67 标准各项内容外，还需增加等效远端串扰（ELFEXT）、综合等效远端串扰（PS ELFEXT）、回波损耗（RETURN LOSS）、综合近端串扰（PS NEXT）、综合衰减串扰比（PS ACR）等内容，这一点也将在后面的综合布线测试部分提到。

另外还需说明的是，对于六类线缆，目前只有商家的企业标准，没有统一的验收标准，因此对采用六类线的工程如何进行验收时目前仍未解决的问题。

屏蔽双绞线主要用于保密性强的场所，根据干扰信号超过标准的量级大小可分别选择 FTP、SFTP 或 STP 等不同的屏蔽缆线和屏蔽配线设备，对于 FTP 的接地要求严格，且应为 360°的完全屏蔽，否则屏蔽层反而成为辐射干扰源。此外，注意 FTP 的屏蔽结构改变了整条电缆的电容耦合，衰减也会较之同级的 UTP 稍有增加。

从双绞线的品牌选取上来说，目前比较主流的包括安普、康普、中国普天、汉维、慧远、耐克森等，用户可以根据自己的需求选择合适价位的品牌。

另外一个大类就是光缆了。常用的光缆分为层绞式和骨架式，其他还有单位式、软线式、带状等形式。

层绞式是一根限位加强塑料或钢丝构成中心加强件外环绕一层缓冲层，多根纤芯均匀地分布在缓冲层外、螺线状环绕着中心加强件，纤芯层的外面再形成一缓冲层，最后是防水被覆，通常采用聚乙烯铝被覆。

骨架式光缆采用一包含一根中心钢丝的特殊形状的塑料骨架，纤芯疏松地放置在骨架周围的空腔中。纤芯同样是螺线状地环绕着中心钢丝，这就保证了在光缆折弯时，避免纤芯承受附加的应力。光缆最外层也是防水被覆。为了提高光缆的防潮性能，有些光缆在骨架的空腔中灌注防潮密封胶，纤芯是浮在密封胶中，因此具有极好的防潮密封性。

多芯单元式结构是将几根纤芯疏松地装在一个护套中，形成一个单元，几个单元再环绕中心加强体的周围。

中心加强件（中心钢丝）在施工中承受绝大部分牵引力，因此决定了光缆的抗拉强度，铝套和骨架则提高了光缆的抗侧压强度。

根据光缆所含纤芯数量分为单芯和多芯光缆，干线应用中多为多芯光缆，各点分路时多为单芯光缆。

光缆的主要传输介质是光纤，光纤传输具有颇为突出的优点，其中包括：

1）传输损耗低

损耗是传输介质的重要特性，它只决定了传输信号所需中继的距离。光纤作为光信号的传输介质具有低损耗的特点。一般的 LD 光源可传输 15～20km。目前已经出现传输 100km 的产品。

2）传输频带宽

光纤的频宽可达 1GHz 以上。光纤高频宽的好处不仅仅可以同时传输多通道图像，还可以传输语音、控制信号或接点信号，有的甚至可以用一芯光纤通过特殊的光纤被动元件达到双向传输功能。

3）抗干扰性强

光纤传输中的载波是光波，它是频率极高的电磁波，远远高于一般电波通信所使用的频率，所以不受干扰，尤其是强电干扰。同时由于光波受束于光纤之内，因此无辐射、对环境无污染，传送信号无泄露，保密性强。

4）安全性能高

光纤采用的玻璃材质，不导电、防雷击；光纤传输不像传统电路因短路或接触不良而产生火花，因此在易燃易爆场合下特别适用。光纤无法像电缆一样进行窃听，一旦光缆遭到破坏马上就会发现，因此安全性更强。

5）重量轻，力学性能好

光纤细小如丝，重量相当轻，即使是多芯光缆，重量也不会因为芯数增加而成倍增长，而铜缆的重量一般都与外径成正比。

介于光纤以上优点，在信息化系统的建设过程中，光纤都是不可或缺的，特别常用于主干线路的传输。光纤又分为单模光纤和多模光纤，它们在传输距离、传输带宽等方面都不尽相同，表 2-2 给出一个简单的对比，帮助读者更好地进行选择。

表 2 - 2　光纤特点

指标\类型	工作波长	信息容量	传输距离	光源类型	成本
单模	使用的光波长为 1310nm 或 1550nm	2000MHz/km	50～100km	一般采用 LD 或光谱线较窄的 LED 作为光源	成本较高
多模	工作波长 850nm/1300nm	50～500MHz/km	2～4km	一般采用价格较低的 LED 作为光源	成本比较低

以上从线缆的材质上来分的,从用户的角度出发,在一个实际的信息系统建设中,网线、电话线、视频线、广播线、闭路线、报警线、电源线、对射线等都是必要的,用户需要根据自己的情况选择相关的线缆。

3. 综合布线的测试

对综合布线的测试就是对线缆的测试,对于线缆的测试,一般是采用随装随测的原则,因为布线工程一般都是属于隐蔽工程,在实施完线缆的铺设后,会进行封装或填充,使得后期测试较为不便。

根据 TSB67 的定义,现场测试一般包括接线图、链路长度、衰减和近端串扰(NEXT)等几部分。

1) 接线图

这一测试验证链路的正确连接。它不仅是一个简单的逻辑连接测试,而且要确认链路一端的每一个针与另一端相应的针连接,同时,对串绕问题进行测试,发现问题并及时更正。保证线对正确绞接是非常重要的测试项目。

2) 链路长度

根据 T1A/E1A606 标准的规定,每一条链路长度都应记录在管理系统中。链路的长度可以用电子长度测量来估算,电子长度测量是基于链路的传输延迟和电缆的 NVP 值来实现的。由于 NVP 具有 10% 的误差,在测量中应考虑稳定因素。

3) 衰减

衰减是沿链路的信号损失的测量。衰减随频率的变化而变化,所以应测量应用范围内的全部频率上的衰减,一般步长最大为 1MHz。

TSB - 67 定义了一个链路衰减的公式,并给出两种测量模式的衰减允许值表。它定义了在 20℃时的允许值。

4) 近端串扰(NEXT)损耗

NEXT 损耗是测量在一条链路中从一对线对另一对线的信号耦合,也就是当信号在一对线上运行时,同时会感应一小部分信号到其他线对,这种现象就是串扰。

当然,这些测试时针对五类线或超五类线来说的,在六类线逐渐进入人们的视线的今天,对于它的测试也显得越来越重要,在前面介绍六类线的时候已经提到对于它的测试,除了上述几个指标以外,还应该包括等效远端串扰(ELFEXT)、综合等效远端串扰(PS ELFEXT)、回波损耗(RETURN LOSS)、综合近端串扰(PS NEXT)、综合衰减串扰比(PS

ACR）。当然所有这些指标可以体现在相应的测试仪器上,美国福禄克网络线缆测试仪是常见的测试仪器之一,如 DSP－4000/4300 数字式电缆测试仪。

4. 综合布线的监理内容

在项目的各个时期,监理工作的内容是不尽相同的。

（1）项目的初期主要包括:

① 对综合布线图纸进行审理,保证其有效性和合理性。

② 按照具体的要求对线缆的选取给出专业意见。

（2）项目准备实施阶段主要包括:

① 按照国家关于综合布线的相关施工标准的规定审查承建方人员是否规范。

② 按照合同或设备清单的内容检查到场设备、线缆、辅助器材等,检查产品的合格证,检验报告是否齐全。

③ 检查前期开工资料是否准备妥当。

（3）项目实施的过程中主要包括:

① 对综合布线设备安装的旁站式监理,检查管路、线槽、信息插座底盒、桥架等的安装情况。

② 对综合布线布放线缆的旁站式监理,检查线缆穿管,做标记,封堵出口,绑扎垂直线缆等。

③ 对综合布线线缆端接的旁站式监理,检查接对绞电缆、信息插座的安装、光纤熔接等情况。

（4）项目测试阶段主要包括:

① 对测试情况进行旁站式监理,详细记录测试过程发生的问题以及解决情况。

② 对测试情况的分析报告进行审理,给出测试情况的意见。

2.1.2 硬件设备

一个完整的信息系统是由多个功能组合而成,如数据的交换、数据的路由选择、网络安全的保证等,而这些功能的实现都是有着一个特定的方式,在这里,可以笼统地分为两类,也就是硬件和软件。也就是说,硬件和软件只是不同的功能实现的一种方式,可以选择不同的方式来加以实现,当然目的只有一个,就是为了更好的功能实现。

所以不难理解,所谓的硬件设备只是一个相对的概念,那么在建设一个信息系统时,在选择用何种方式来实现其功能时要具体参考自身的情况。

较为常见的用于硬件方式实现的包括交换机、路由器、服务器、防火墙、安全网关等,下面将做详细的解释。

1. 交换机

交换的概念就是把传输的信息送到符合要求的相应路由上,这个是交换机最初的定义和功能,而随着信息技术的发展,交换机扮演的角色越来越多样化,成为通信系统中不可或缺的重要设备。对于不同的应用场合,交换机的作用有着不同的侧重点。

交换机的性能是由一系统指标来衡量的,这些指标主要包括:

（1）交换容量:也叫交换机的背板带宽,是交换机接口处理器或接口卡和数据总线间所能吞吐的最大数据量。背板带宽标志了交换机总的数据交换能力,单位为 Gb/s,也叫交换带宽,一般的交换机的背板带宽从几吉比特每秒到几百吉比特每秒不等,主要取决于交换机的应用类型。一台交换机的背板带宽越高,所能处理数据的能力就越强,但同时设计成本也会越高。

（2）包转发率:它的单位是百万包每秒(Mpps),表示交换机对转发的数据包的处理能力,对于工作在链路层的二层交换机来说,准确地说就是处理数据包中属于数据链路层的帧。

（3）可支持的接口类型及数量。

（4）模块插槽数量。

（5）MAC 地址表。

（6）VLAN 支持数量。

（7）组播协议。

（8）生成树协议。

前两个指标是衡量交换机性能最为重要的两个指标,不同类型的交换机在这两个参数有有着很大的区别,这点将在交换机的分类部分详细阐述,并将不同应用类型的交换机指标做一个对比。

交换机有多种分类方式:

（1）根据网络覆盖范围分为局域网交换机和广域网交换机。

（2）根据传输介质和传输速度划分为以太网交换机、快速以太网交换机、千兆以太网交换机、10 千兆以太网交换机、ATM 交换机、FDDI 交换机和令牌环交换机。

（3）根据交换机应用网络层次划分为企业级交换机、校园网交换机、部门级交换机和工作组交换机、桌机型交换机。

（4）根据交换机端口结构划分为固定端口交换机和模块化交换机。

（5）根据工作协议层划分为第二层交换机、第三层交换机和第四层交换机。

（6）根据是否支持网管功能划分为网管型交换机和非网管理型交换机。

对于一般的用户来说,最主要的是把握交换机的应用环境和需求,也就是说,从应用网络层次上的划分是最为重要的,用户需把握自己所建网络的规模,从而选择相应规格的交换机。

而一般情况下,这几种不同类型的交换机都是需要应用在同一个网络中,只是出于不同的网络层次。下面将通过典型的交换机参数例子来说明不同类型的交换机在性能上的差别。

1）企业级交换机(核心交换机)典型参数举例(表2-3)

表2-3　核心交换机参数

功能及技术指标	参数要求
交换容量(背板带宽)	≥720GB
包转发率	≥400Mpps
转发架构	全分布式转发结构
冗余	支持电源冗余,支持主控板冗余

（续）

功能及技术指标	参 数 要 求
可支持接口类型	百兆以太网电接口,百兆以太网光接口,千兆以太网电接口,千兆以太网光接口,万兆以太网光接口,155MB POS 光接口,2.5GB/10GE RPR 接口
插槽数量	主控板插槽≥2,配置荣誉主控板之后业务槽位数≥11
最大万兆接口数量	≥48
最大千兆接口数量	≥576
最大百兆接口数量	≥576
MAC 地址表	≥128K
带宽控制	支持带宽控制,控制粒度≤8kb/s
认证协议特性	支持 802.1x Sever
网络特性	支持 ARP Proxy,支持 DHCP Relay,支持 DHCP Sever,支持 VRRP,支持 URPF(单播反向路径检查)
VLAN 特性	支持基于端口 VLAN,最大 VLAN 数≥4K
环网保护	支持 RRPP 快速环网保护协议
MPLS VLAN	支持二、三层 MPLS VLAN,支持分布式 MPLS VLAN 处理,支持 MPLS 流量工程,支持跨域 MPLS VLAN,包括 VRF－VRF,MP－BGP,MultiHOP－BGP 三种方式,支持 HoPE,支持 MCE,支持 VLL
组播特性	支持 IGMP Snooping,支持 IGMP,支持 PIM－SM,支持 PIM－DM,支持 MSDP,支持 MBGP
路由特性	支持静态路由,支持 RIPv1/v2,支持 BGPv4,支持等价路由
设备管理	SNMP V1/V2/V3,支持 SSH,支持中文图形化管理
资质证明	信产部入网证书,提供信产部 IPV6 入网证书

2）部门级交换机典型参数举例(2－4)

表 2－4　部门交换机参数

功能及技术指标	参 数 要 求
交换容量(背板带宽)	≥19.2GB
包转发率	≥6.55Mpps
固定接口数量	≥24 个 10/100Mbps 以太口
模块插槽数量	≥2
最大千兆接口数量	≥2
VLAN	VLAN 支持数量≥4K
MAC 地址表	≥8K
堆叠特性	堆叠数量≥16
链路聚合	最大支持 8 个 FEO 或 2 个 GE 端口聚合
带宽控制	支持双向端口限速,控制粒度为 64kb/s
认证协议特性	支持 IEEE 802.1x Sever

31

功能及技术指标	参 数 要 求
组播协议	支持 IGMP Snooping 协议
生成树协议	支持 IEEE 802.1d(STP),支持 IEEE 802.1w(RSTP),支持 IEEE 802.1s(MSTP)
VCT	支持 VCT 电缆检测功能,便于快速定位网络故障点
设备设计	采用无风扇静音设计
设备管理	SNMP V1/V2/V3,支持 SSH V2,支持中文图形化管理
认证	提供信产部入网证书

3）桌面接入交换机典型参数举例(表2-5)

表2-5 桌面接入交换机

功能及技术指标	参 数 要 求
最大转发性能	≥1Mpps
固定 FE 接口数量	≥8
VLAN 支持数量	≥512
MAC 地址表	≥4K
基本功能	端口镜像;优先权 /802.1P;流量控制 /802.3x;支持端口汇聚,最大汇聚端口数≥8;
生成树协议	支持 STP/RSTP 协议,符合 IEEE 802.1D,IEEE 802.1W 标准
设备管理	SNMP V1/V2/V3; 支持 SSH,支持中文图形化管理
设备设计	采用无风扇静音设计
认证	提供信产部入网证书

从上面三个表中可以看出,各级交换机在交换容量(背板带宽)和包转发率这两个主要的指标总有着很大的差异,当然在价格上也有着很大的不同。用户在选购交换机的时候需要大致计算自己所需要的背板带宽,从而选择合适的交换机。目前交换机市场上主流品牌有华为、中兴、H3C、思科、惠普等。

2. 路由器

从 OSI 协议上来说,路由器是网络层(第三部分)的互连设备。它的主要功能是:

（1）数据流量的控制。

（2）差错适时控制。

（3）路由选择和控制。

（4）进行数据包交换。

路由器是一种连接多个网络或网段的网络设备,它能将不同网络或网段之间的数据信息进行"翻译",以使它们能够相互"读"懂对方的数据,从而构成一个更大的网络。路由器有两大典型的功能,即数据通道功能和控制功能。数据通道功能包括转发决定、背板转发以及输出链路调度等,一般由特定的硬件来完成;控制功能一般用软件来实现,包括与相邻路由器之间的信息交换、系统配置、系统管理等。

路由器可以分为:

(1)接入路由器:接入路由器是指将局域网用户接入到广域网中的路由器设备,局域网用户接触最多的就是接入路由器了。只要有互联网的地方,就会有路由器。如果通过局域网共享线路上网,就一定会使用路由器。如果通过代理服务器上网,其原理也是通过路由器。其实代理服务器也是一种路由器,一台计算机加上网卡、ISDN(或 modem 或 AD-SL),再安装上代理服务器软件,事实上就已经构成了路由器,只不过代理服务器是用软件实现路由功能,而路由器是用硬件实现路由功能,就像 vcd 软解压软件和 vcd 机的关系一样,结构不同,但是功能却是相同的,也正是本章开头所提到的那一点。

(2)企业级路由器:企业级的路由器是用于连接大型企业内成千上万的计算机,普通的局域网用户就接触不到了。与接入路由器相比,企业级路由器支持的网络协议多、速度快,要处理各种局域网类型,支持多种协议,包括 IP、IPX 和 VINE,还要支持防火墙、包过滤以及大量的管理和安全策略以及 VLAN(虚拟局域网)。

(3)骨干级路由器:只有工作在电信等少数部门的技术人员,才能接触到骨干级路由器。互联网目前由几十个骨干网构成,每个骨干网服务几千个小网络,骨干级路由器实现企业级网络的互连。对它的要求是速度和可靠性,而价格则处于次要地位。硬件可靠性可以采用电话交换网中使用的技术,如热备份、双电源、双数据通路等来获得。这些技术对所有骨干路由器来说都是必须的。骨干网上的路由器终端系统通常是不能直接访问的,它们连接长距离骨干网上的 ISP 和企业网络。

在这些不同的应用中,路由器的应用有不同的侧重点。对于不同规模的网络,路由器的作用侧重点有所不同。

在主干网上,路由器的主要作用是路由选择。主干网上的路由器,必须知道到达所有下层网络的路径。这需要维护庞大的路由表,并对连接状态的变化作出尽可能迅速的反应。路由器的故障将会导致严重的信息传输问题。

在地区网中,路由器的主要作用是网络连接和路由选择,即连接下层各个基层网络单位——园区网,同时负责下层网络之间的数据转发。

在园区网内部,路由器的主要作用是分隔子网。早期的互联网基层单位是局域网(LAN),其中所有主机处于同一逻辑网络中。随着网络规模的不断扩大,局域网演变成以高速主干和路由器连接的多个子网所组成的园区网。其中,数个子网在逻辑上独立,而路由器就是唯一能够分隔它们的设备,它负责子网间的报文转发和广播隔离,在边界上的路由器则负责与上层网络的连接。

这里也说说路由器和交换机的区别,交换机一般用于 LAN – WAN 的连接,交换机归于网桥,是数据链路层的设备。路由器用于 WAN – WAN 之间的连接,可以解决异性网络之间转发分组,作用于网络层。他们只是从一条线路上接受输入分组,然后向另一条线路转发。这两条线路可能分属于不同的网络,并采用不同协议。相比较而言,路由器的功能较交换机要强大,但速度相对也慢,价格昂贵。

这里不得不提到一个"三层交换机"的概念,传统意义上的交换机是工作在数据链路层,随着三层交换机的出现,现在的交换机已经可以执行路由器的绝大部分功能,作为一

个网络互联的设备使用,它的特点如下:

(1) 转发基于第三层地址的业务流。

(2) 完全交换功能。

(3) 可以完成特殊服务,如报文过滤或认证。

(4) 执行或不执行路由处理。

虽然说三层交换机实现了路由器的大部分功能,它们之间的差别还是存在的:

(1) 子网间传输带宽可任意分配:传统路由器每个接口连接一个子网,子网通过路由器进行传输的速率被接口的带宽所限制。而三层交换机则不同,它可以把多个端口定义成一个虚拟网,把多个端口组成的虚拟网作为虚拟网接口,该虚拟网内信息可通过组成虚拟网的端口送给三层交换机,由于端口数可任意指定,子网间传输带宽没有限制。

(2) 合理配置信息资源:由于访问子网内资源速率和访问全局网中资源速率没有区别,子网设置单独服务器的意义不大,通过在全局网中设置服务器群不仅节省费用,更可以合理配置信息资源。

(3) 降低成本:通常的网络设计用交换机构成子网,用路由器进行子网间互连。目前采用三层交换机进行网络设计,既可以进行任意虚拟子网划分,又可以通过交换机三层路由功能完成子网间通信,为此节省了价格昂贵的路由器。

(4) 交换机之间连接灵活:作为交换机,它们之间不允许存在回路,作为路由器,又可有多条通路来提高可靠性、平衡负载。三层交换机用生成树算法阻塞造成回路的端口,但进行路由选择时,依然把阻塞掉的通路作为可选路径参与路由选择。

3. 防火墙

防火墙是指设置在不同网络(如可信任的企业内部网和不可信的公共网)或网络安全域之间的一系列部件的组合。它可通过监测、限制、更改跨越防火墙的数据流,尽可能地对外部屏蔽网络内部的信息、结构和运行状况,以此来实现网络的安全保护。在逻辑上,防火墙是一个分离器,一个限制器,也是一个分析器,有效地监控了内部网和 Internet 之间的任何活动,保证了内部网络的安全。

使用防火墙的好处在于:

(1) 保护脆弱的服务。通过过滤不安全的服务,Firewall 可以极大地提高网络安全和减少子网中主机的风险。例如,Firewall 可以禁止 NIS、NFS 服务通过,Firewall 同时可以拒绝源路由和 ICMP 重定向封包。

(2) 控制对系统的访问。Firewall 可以提供对系统的访问控制。如允许从外部访问某些主机,同时禁止访问另外的主机。例如,Firewall 允许外部访问特定的 Mail Server 和 Web Server。

(3) 集中的安全管理。Firewall 对企业内部网实现集中的安全管理,在 Firewall 定义的安全规则可以运行于整个内部网络系统,而无须在内部网每台机器上分别设立安全策略。Firewall 可以定义不同的认证方法,而无须在每台机器上分别安装特定的认证软件。外部用户也只需要经过一次认证即可访问内部网。

(4) 增强的保密性。使用 Firewall 可以阻止攻击者获取攻击网络系统的有用信息,如 Figer 和 DNS;记录和统计网络利用数据以及非法使用数据;Firewall 可以记录和统计通过 Firewall 的网络通信,提供关于网络使用的统计数据,并且,Firewall 可以提供统计数据,来判断可能的攻击和探测。

(5)策略执行。Firewall 提供了制定和执行网络安全策略的手段。未设置 Firewall 时,网络安全取决于每台主机的用户。

这里主要介绍硬件防火墙,硬件防火墙是指把防火墙程序做到芯片里面,由硬件执行这些功能,能减少 CPU 的负担,使路由更稳定。硬件防火墙是保障内部网络安全的一道重要屏障。它的安全和稳定,直接关系到整个内部网络的安全。

防火墙的性能参数包括:

(1)并发连接数。并发连接数是指防火墙或代理服务器对其业务信息流的处理能力,是防火墙能够同时处理的点对点连接的最大数目,它反映出防火墙设备对多个连接的访问控制能力和连接状态跟踪能力,这个参数的大小直接影响到防火墙所能支持的最大信息点数。低端设备的 500、1000 个并发连接,一直到高端设备的几万、几十万并发连接,存在着好几个数量级的差异。防火墙内部维护一个并发连接表,用于处理与用户的每一个连接,并发连接表越大,相应的,可处理的用户数就越多。当然也不是说越大越好,因为并发连接数的增大意味着对系统内存资源和 CPU 处理能力的增大,我们应当根据网络环境的具体情况和个人不同的上网习惯来选择适当规模的并发连接表。

以每个用户需要 10.5 个并发连接来计算,一个中小型企业网络(1000 个信息点以下,容纳 4 个 C 类地址空间)大概需要 $10.5 \times 1000 = 10500$ 个并发连接,因此支持 20000 ~ 30000 最大并发连接的防火墙设备便可以满足需求;大型的企事业单位网络(如信息点数在 1000 ~ 10000 之间)大概会需要 105000 个并发连接,所以支持 100000 ~ 120000 最大并发连接的防火墙就可以满足企业的实际需要;而对于大型电信运营商和 ISP 来说,电信级的千兆防火墙(支持 120000 ~ 200000 个并发连接)则是恰当的选择。

(2)吞吐量。网络中的数据是由一个个数据包组成,防火墙对每个数据包的处理要耗费资源。吞吐量是指在没有帧丢失的情况下,设备能够接受的最大速率。随着 Internet 的日益普及,内部网用户访问 Internet 的需求在不断增加,一些企业也需要对外提供诸如 WWW 页面浏览、FTP 文件传输、DNS 域名解析等服务,这些因素会导致网络流量的急剧增加,而防火墙作为内外网之间的唯一数据通道,如果吞吐量太小,就会成为网络瓶颈,给整个网络的传输效率带来负面影响。因此,考察防火墙的吞吐能力有助于更好地评价其性能表现。这也是测量防火墙性能的重要指标。硬件防火墙的一个好处在于省去了使得通信量大打折扣的软件算法,一个号称 100MB 的防火墙,如果其算法依靠软件实现,通信量远不能到达 100MB,一般在 10 ~ 20MB 之间,而纯硬件防火墙则可以到达线性 90 ~ 95MB。

(3)安全过滤带宽。安全过滤带宽是指防火墙在某种加密算法标准下,如 DES(56 位)或 3DES(168 位)下的整体过滤性能。它是相对于明文带宽提出的。一般来说,防火墙总的吞吐量越大,其对应的安全过滤带宽越高。

4. 安全网关

安全网关作为网络边界综合安全防护以及接入设备,将防火墙、VPN、IDS 融于一体,为用户提供最有效和最具性价比的一体化解决方案。也就是说,安全网关是组网中用到的另一种网络设备,相对于其他设备比较专一的功能来说,安全网关可以说是一个各种技术地有趣融合,选择相应的安全网关意味着对相应部分功能的加强。

35

不同厂家的安全网关在性能和融合的技术方式上有着很大的差别,各种技术如VPN、防火墙、IDS 微引擎等是作为独立的模块加入还是有效地融合在了一起对于自身的应用有着较大的区别,需根据自身情况进行选择。

5. 硬件设备的监理内容

以上四个小节介绍了网络中常见的硬件设备,这些设备对于一个网络,甚至信息化系统来说是至关重要的部分,不仅仅体现在它们的专业功能,也体现在其相对昂贵的价格,这部分监理内容主要包括:

(1) 对项目方案所选用的设备类型、型号,根据项目的具体规模情况给出监理意见。

(2) 审核承建方的设备采购计划和设备采购清单。

(3) 审核工程材料、硬件设备、系统软件的质量、到货时间。

(4) 订货、进货确认。

(5) 组织到货验收。

(6) 设备移交审核。

(7) 检查设备是否与工程量清单所规定的设备(系统)规格相符。

(8) 检查设备是否与合同所规定的设备(系统)清单相符。

(9) 检查设备合格证明、规格、供应商保证等证明文件是否齐全。

(10) 检查设备系统是否按照合同规定准时到货。

(11) 检查配套软件包(系统)是否是成熟的、满足规范的。

2.1.3　操作系统

操作系统是一个并不陌生的概念,从 Linux、UNIX,以及众所周知的 Windows,都是常用的操作系统,而这里要说的主要是服务器的操作系统。

2.1.3.1　操作系统产品介绍

目前,服务器操作系统主要有三大类:一是 Windows,其代表产品就是 Windows Server 2003;二是 UNIX,代表产品包括 HP – UX、IBM AIX 等;三是 Linux,它虽说是后起之秀,但由于其开放性和高性价比等特点,近年来获得了长足发展。

下面就选择其中的一些代表产品,进行逐一介绍。

1. Windows Server 2003

Windows Server 2003 是微软公司一个服务器操作系统的全称,其前期产品包括 Windows NT Server 和 Windows 2000 Server。Windows Server 2003 家族系列,包括用户所希望的、用以支撑关键任务 Windows Server 操作系统提供的功能和特性,如高安全性、高可靠性、高可用性和高可扩展性。其版本包括:

(1) Datacenter 版(含 32 位和 64 位) 这是专为要求强伸缩性和高可用性的企业而建立的,它为建立用于数据库的关键任务解决方案、企业资源计划(ERP)软件、高容量的实时事务处理和服务器合并提供了坚实的基础。

(2) 企业版(含 32 位和 64 位) 该版本适合中型与大型组织的关键使用。

(3) 标准版 它面向中小型企业及部门级应用,重点加强了文件服务、打印服务与协同作业服务等基本功能。

(4) Web 版 专为快速开发、部署 Web 服务与应用程序的用户,提供 Web 托管与服务系统平台。

Windows Server 2003 是一个多任务操作系统,它在 Windows 2000 基础上进行了改进。它能够按照用户的需要,以集中或分布的方式处理各种服务器角色。

其中的一些服务器角色包括:文件和打印服务器,Web 服务器和 Web 应用程序服务器,邮件服务器,终端服务器,远程访问/虚拟专用网络(VPN)服务器,目录服务器,域名系统(DNS)、动态主机配置协议(DHCP)服务器,Windows Internet 命名服务(WINS),流媒体服务器。Windows Server 2003 还能为用户提供五大有价值的好处:

(1)便于部署、管理和使用。熟悉的 Windows 界面,让 Windows Server 2003 的使用容易上手。有效的新向导简化了特定服务器角色的安装和日常服务器管理任务,即便是没有专职的系统管理员,也一样容易管理。另外,系统管理还有一些新增和改进的功能设计,让部署活动目录更为容易。

(2)安全的基础结构。Windows Server 2003 使企业可以利用现有 IT 投资的优势,并通过部署关键功能,如 Active Directory 服务中的交叉林信任以及 . NET Passport 集成等,将这些优势扩展到合作伙伴、顾客和供应商。Active Directory 中标识管理的范围跨越整个网络,有助于确保整个企业的安全。

(3)企业级可靠性、可用性、可伸缩性和性能。通过一连串的新功能和改进功能,包括内存镜像、热添加内存以及 Internet 信息服务(IIS)6.0 中的状态检测等,增强了可靠性。为了寻求更高的可用性,Microsoft 群集服务目前支持高达八节点的群集以及地理散布的节点,并支持从单处理器到 32 路系统的多种系统。

(4)采用新技术,降低了 TCO。Windows Server 2003 提供许多技术,以帮助企业降低拥有总成本(TCO)。例如,Windows 资源管理器使管理员可以设置服务器应用程序的资源使用情况(处理器和内存),并通过组策略设置来管理。网络附加存储(NAS)可以帮助用户合并文件服务。

(5)便于创建动态 Internet 和 Internet Web 站点。IIS 6.0 是 Windows Server 2003 中内置的 Web 服务器,它提供了增强的安全性和可靠的结构。该结构提供了对应用程序的隔离,并极大地提高了性能。

2. HP – UX

HP – UX 是 HP 公司开发的 UNIX 操作系统,在业内享有盛誉。目前,其版本已升级到 11i,并且有针对安腾处理器的 11iv2 和针对 RISC 处理器的 11iv1 两个型号。HP – UX 11i v2 为使用 Itanium 系统的用户提供了关键任务功能的完整套件。其中包括增强的可靠性、有效性和可维护性,Internet 和 Web 应用服务,目录和安全服务,系统管理,64 路性能可测量性。该系统是业内能够向用户提供 64 路 Itanium 处理器性能可测量性和关键任务 UNIX 性能的操作系统,可以应对市场中各种要求苛刻的应用程序。该系统还具有两套安全性套装工具,可以增强并简化 HP – UX 服务器的安全保护。它还提供了延伸的一系列功能,包括增强的单系统有效性和内存恢复。

该产品能够在体系结构上实现与 HP – UX 11i 先前版本数据、资源和二进制的完全兼容,从而为用户和应用程序开发商提供投资保护。HP – UX 11i v2 还能够实现与 Linux IA – 32 程序的资源兼容,以及与 Linux 基于 Itanium 处理器程序的二进位兼容。

HP – UX 11i v1 则主要针对 RISC 处理器,它提供了广泛的分区、高可用性以及管理技术解决方案,并集成了 Serviceguard、nPartitions、vPartitions 和工作负载管理器。

3. IBM AIX 5L

目前可用的 UNIX 操作系统有很多,但只有一种包括了 IBM 在为全球客户创建业务解决方案中所获得的经验。而且它还通过实现与 Linux 之间的亲和关系,提供了对 64 位平台的支持。这就是 IBM AIX 5L。

AIX 符合 Open group 的 UNIX 98 行业标准,通过全面集成对 32 位和 64 位应用的并行运行,为这些应用提供了全面的可扩展性。它可以在所有的 IBM p 系列和 IBM RS/6000 工作站、服务器和大型并行超级计算机上运行。

通过在 AIX 5L V5.2 中引入动态逻辑分区(DLPAR),IBM 为 p 系列系统提供了高级的灵活性和可扩展性功能。

虚拟服务器 DLPAR 功能,使得用户能在一个单一 p 系列服务器上,运行 AIX 5L 和 Linux 的多个独立操作系统映像成为可能。逻辑分区不需要与系统的组建模块(资源集合)的物理边界相一致。

DLPAR 允许用户以更小的粒度从整个可用资源池中选择组件,从而能够增加运行的灵活性。利用 DLPAR,用户可以在一个服务器的内部,创建多个虚拟服务器,并能够从活动分区中动态地添加和删除处理器、物理内存和 I/O 插槽。每个分区都与其他分区相隔离,而且每个分区都运行自己的 AIX 5L V5.2 操作系统。

保持控制 AIX 5L V5.2 使用了多种增强功能,可以帮助用户确保自己的关键应用,能够满足用户的期望。AIX 5L V5.2 负载管理器(WLM)支持基于以天为时间单位的系统资源自动切换机制,允许在多个任务之间动态分配处理器周期、物理内存和磁盘 I/O。管理员可以通过使用基于 Web、直观的系统管理器图形界面,系统管理界面工具(SMIT)和 AIX 命令,方便地访问负载管理器。

集群管理,为实现快速同步和协调响应,集群环境要求节点之间能够进行全面协作。AIX 5L 使用基于 AIX 5L 的 Linux 软件和 IBM 集群系统管理器(CSM)支持和优化集群服务器的管理。CSM 为指定 p 系列和 IBM eServer x 系列服务器的安装、配置、维护和更新,提供了一个单一的控制点。

AIX 5L 与 Linux 之间的亲和性,可以帮助人们以更快速度、更低成本的方式,实现跨 AIX 和 Linux 平台的多平台集成解决方案。对于很多在 Linux 上开发或为 Linux 开发的应用,只需对源代码进行一次简单的重编译,它们就可以在 AIX 5L 上运行。IBM 免费为用户提供一个用于 Linux 应用的 AIX 工具箱。

此外,AIX 5L 还有一个扩展软件包。它对基本操作系统的扩展,包括加密支持、一个用于阅读在线 HTML 出版物的浏览器、一个用于为在线出版页服务的 HTTP 服务器,以及支持基于 Web 的系统管理器。

4. Red Flag Advanced Server 4.1

随着 Linux 进入关键行业的计算环境,用户对系统的要求也越来越严格。为了满足这种不断增长的要求,红旗软件对服务器操作系统产品线进行了全新的优化,推出了红旗 Linux 服务器 4 系列产品。该产品包含了众多的研发成果,进一步体现了红旗服务器操作系统在管理性、可用性、可靠性和扩展性上的优势。

作为红旗 Linux 服务器 4 系列的核心产品,Red Flag Advanced Server 4.1(红旗高级服

务器 4.1)的定位是企业级的网络和应用服务器。该产品可运行在带有 2～32 路 CPU 的 SMP 架构和最大 64GB 内存的 IA 架构服务器上。它提供了标准 Linux 网络服务,并能稳定运行业界主流的商业应用。此外,该产品还可以作为完整的 Linux 软件开发平台。

在可靠性方面,Red Flag Advanced Server 4.1 采用经过大量实践检验的 2.4.21 内核,并在核心中加入了 2.5、2.6 内核中的一些增强功能,更新和修正了大量驱动程序,在众多主流 IA Server 上通过了高负载的压力测试。

在性能方面,4.1 在继承 4.0 优化技术的基础上,进一步提高了 I/O 性能,并使用 Intel 编译器技术优化系统核心与网络服务功能,从而成为率先使用 Intel 编译器优化核心的 Linux 厂商。

Red Flag Server 4.1 还获得 HP 全球认证支持。红旗软件也成为继 Red Hat、SUSE 之后第三家获得 H P 认证的 Linux 厂商。

2.1.3.2 操作系统的监理内容

操作系统属于软件的采购范围,因此可以从以下几个方面进行监理:

(1) 检查是否与工程量清单所规定的(系统)规格相符。

(2) 检查是否与合同所规定的清单相符。

(3) 检查合格证明、规格、供应商保证等证明文件是否齐全。

(4) 检查软件是否按照合同规定准时到货。

(5) 检查软件是否已授权。

2.1.4 中间件

中间件是一种独立的系统软件或服务程序,分布式应用软件借助这种软件在不同的技术之间共享资源,中间件位于客户机服务器的操作系统之上,管理计算资源和网络通信。简单地说,中间件是一类软件,是基础软件的一大类。

顾名思义,中间件处于操作系统软件与用户的应用软件的中间。中间件在操作系统、网络和数据库之上,应用软件的下层,总的作用是为处于自己上层的应用软件提供运行与开发的环境,帮助用户灵活、高效地开发和集成复杂的应用软件。中间件不仅仅实现互连,还要实现应用之间的互操作;中间件是基于分布式处理的软件,最突出的特点是其网络通信功能。

1. 中间件的分类

日前,中间件发展很快,已经与操作系统、数据库并列为三大基础软件。中间件主要分为以下几类:

1) 通信处理(消息)中间件

此类中间件能在不同平台之间通信,实现分布式系统中可靠的、高效的、实时的跨平台数据传输(如 Apusic MQ、IBM 的 MQ Series 等)。这是中间件中唯一不可缺少的,是最为常用的中间件。

2) 交易中间件

在分布式事务处理系统中要处理大量事务,常常在系统中要同时做上万笔事务。在联机事务处理系统(OLTP)中,每笔事务常常要多台服务器上的程序顺序地协调完成,一旦中间发生某种故障时,不但要完成恢复工作,而且要自动切换系统,达到系统永不停机,实现高可靠性运行;同时要使大量事务在多台应用服务器能实时并发运行,并进行负载平衡调度,实现昂贵的可靠性机和大型计算机系统同等的功能,为了实现这个目标,要求系统具有监视和调度整个系统的功能。

3)数据存取管理中间件

在分布式系统中,重要的数据都集中存放在数据服务器中,它们可以是关系型、复合文档型、具有各种存放格式的多媒体型,或者是经过加密或压缩存放的,该中间件将为在网络上虚拟缓冲存取、格式转换、解压等带来方便。

2. 中间件的产品介绍

1)Apusic MQ

该产品是国产中间件厂商金蝶的旗舰产品之一,金蝶中间件目前拥有 Apusic J2EE 应用服务器、Apusic MQ 消息中间件 和 Apusic Studio 开发平台,组成了轻量级风格的企业基础架构软件平台金蝶 Apuisc Platform,其具备技术模型简单化、开发过程一体化、业务组件实用化的显著特性,产品间无缝集成。

2)BEA Weblogic

Weblogic 系列的最大特点是平台开放。Weblogic 和其他第三方开发工具的结合也非常好,常见的组合就是 Jbuilder + Weblogic 的开发环境。

BEA WebLogic Integration 是 BEA WebLogic Enterprise Platform 的一个组件,它提供了企业应用集成所需的各种功能,可用开发新应用,将新应用与现有系统集成,简化业务流程以及通过门户网关扩展业务基础结构。BEA WebLogic Integration 为快速交付业务集成、简化生产管理提供了通用的开发环境,整合了业务集成领域各种不同的部件,其中包括 ERP、CRM、遗留应用、业务用户、供应链和业务伙伴。

3)oracle fusion

甲骨文公司的 Oracle 融合中间件 Oracle Fusion Middleware 是一个全面的中间件产品系列,由甲骨文公司的 SOA 和中间件产品组成,其中包括:Oracle 应用服务器 10g、Oracle 应用服务器产品和可选配件、Oracle 数据平台、Oracle 内容服务 10g、Oracle 实时协作 10g 和 Oracle 统一传信。这一经过验证的中间件产品系列可帮助各企业提高公共运作的效率及敏捷性,Oracle Fusion Middleware 还为客户的面向服务应用提供贯穿整个生命周期的全面支持,由于其独特的插作式架构,这个系列产品具有与企业现有 IT 基础设施的互操作性。

4)SA PXI

SA PXI 应用集成套件作为 SA PNetweaver 中间件产品的一部分,目的是为 non – SAP 系统提供一个其他管理信息系统与 SAP 系统进行数据和流程交互的平台,因为 SAP 定位于 ERP 系统,关注点在企业的人、财、物,但对于企业其他的专业系统,SAP 的功能无法覆盖和取代,因此,必须有这样的"接口"来实现相互之间的数据和业务交换。

SA PXI 平台包含两块,一块为 Integration Broker,以消息的方式进行系统间的数据的交换(包含 Adapter 引擎和 Integration 引擎两部分);另一块为 BPA(业务处理引擎 B Pengine),即业务流程自动化,实现外围系统业务流与 SAP 业务的衔接。这两块是两个层面的功能,即 BPA 建立在 Integration Borker 之上的。

中间件的产品还有很多,在这里也不能一一列举,在真正需要采购的时候,应首先充分了解自身的需求,充分咨询监理单位,从而选取一款最为合适的中间件,真正起到有效应有的作用。

2.1.5 数据库

数据库是依照某种数据模型组织起来并存放二级存储器中的数据集合。这种数据集合具有如下特点:尽可能不重复,以最优方式为某个特定组织的多种应用服务,其数据结构独立于使用它的应用程序,对数据的增、删、改和检索由统一软件进行管理和控制。

数据库的基本结构分三个层次,反映了观察数据库的三种不同角度。

(1)物理数据层。它是数据库的最内层,是物理存储设备上实际存储的数据的集合。这些数据是原始数据,是用户加工的对象,由内部模式描述的指令操作处理的位串、字符和字组成。

(2)概念数据层。它是数据库的中间一层,是数据库的整体逻辑表示。指出了每个数据的逻辑定义及数据间的逻辑联系,是存储记录的集合。它所涉及的是数据库所有对象的逻辑关系,而不是它们的物理情况,是数据库管理员概念下的数据库。

(3)逻辑数据层。它是用户所看到和使用的数据库,表示了一个或一些特定用户使用的数据集合,即逻辑记录的集合。

数据库不同层次之间的联系是通过映射进行转换的。数据库具有以下主要特点:

(1)实现数据共享。数据共享包含所有用户可同时存取数据库中的数据,也包括用户可以用各种方式通过接口使用数据库,并提供数据共享。

(2)减少数据的冗余度。同文件系统相比,由于数据库实现了数据共享,从而避免了用户各自建立应用文件。减少了大量重复数据,减少了数据冗余,维护了数据的一致性。

(3)数据的独立性。数据的独立性包括数据库中数据库的逻辑结构和应用程序相互独立,也包括数据物理结构的变化不影响数据的逻辑结构。

(4)数据实现集中控制。文件管理方式中,数据处于一种分散的状态,不同的用户或同一用户在不同处理中其文件之间毫无关系。利用数据库可对数据进行集中控制和管理,并通过数据模型表示各种数据的组织以及数据间的联系。

(5)数据一致性和可维护性,以确保数据的安全性和可靠性。主要包括:

① 安全性控制:以防止数据丢失、错误更新和越权使用。

② 完整性控制:保证数据的正确性、有效性和相容性。

③ 并发控制:使在同一时间周期内,允许对数据实现多路存取,又能防止用户之间的不正常交互作用。

④ 故障的发现和恢复:由数据库管理系统提供一套方法,可及时发现故障和修复故障,从而防止数据被破坏。

1. 数据库设计

对于一个特定的应用环境,有必要对其进行相应的数据库设计,构造最优的数据库模式,使之能够有效的存储数据,数据库的设计是硬件、软件和干件的结合,其基础数据是最为重要的一部分,在进行数据库设计的时候,要注意把结构和行为分离,具体步骤大致如下。

(1)需求分析阶段:准确了解与分析用户需求(包括数据与处理),是整个设计过程的基础,是最困难、最耗费时间的一步。

（2）概念结构设计阶段:是整个数据库设计的关键,通过对用户需求进行综合、归纳与抽象,形成一个独立于具体 DBMS 的概念模型。

（3）逻辑结构设计阶段:将概念结构转换为某个 DBMS 所支持的数据模型,对其进行优化。

（4）数据库物理设计阶段:为逻辑数据模型选取一个最适合应用环境的物理结构（包括存储结构和存取方法）。

（5）数据库实施阶段:运用 DBMS 提供的数据语言、工具及宿主语言,根据逻辑设计和物理设计的结果建立数据库,编制与调试应用程序,组织数据入库,并进行试运行。

（6）数据库运行和维护阶段:数据库应用系统经过试运行后即可投入正式运行,在数据库系统运行过程中必须不断地对其进行评价、调整与修改。

目前主流的数据库产品包括 Oracle 数据库 11g、IBM DB2 数据库版本 9、微软 SQL Server 版本 2005。（可做比较）

2. 数据存储方式

对于一个企业来说,网络数据的安全性是极为重要的,一旦重要的数据被破坏或丢失,就会对企业造成重大的影响,甚至是难以弥补的损失。

数据存储的方式对于其安全性是非常重要的,一般来说,企业数据存储包括三种方式:DAS、NAS 和 SAN。

1）DAS(Direct Attached Storage)

如果用户的数据存储规模不大,存储需求也很简单,仅仅需要把相关数据存放在一个地方即可,则 DAS 是最为合适的方式。这种存储方案的服务器结构如同 PC 机架构,外部数据存储设备（如磁盘阵列、光盘机、磁带机等）都直接挂接在服务器内部总线上,数据存储设备是整个服务器结构的一部分,同样服务器也担负着整个网络的数据存储职责。DAS 这种直连方式,能够解决单台服务器的存储空间扩展、高性能传输需求,并且单台外置存储系统的容量,已经从不到 1TB 发展到了 2TB,随着大容量硬盘的推出,单台外置存储系统容量还会上升。此外,DAS 还可以构成基于磁盘阵列的双机高可用系统,满足数据存储对高可用的要求。从趋势上看,DAS 仍然会作为一种存储模式,继续得到应用。DAS 结构如图 2 – 3 所示。

2）NAS(Network Attached Storage)

这种方式称为网络附加存储方式,全面改进了以前低效的 DAS 存储方式,它是采用独立于 PC 服务器,单独为网络数据存储而开发的一种文件服务器。NAS 服务器中集中连接了所有的网络数据存储设备（如各种磁盘阵列、磁带、光盘机等）,存储容量可以较好地扩展,同时由于这种网络存储方式是 NAS 服务器独立承担的,所以,对原来的网络服务器性能基本上没什么影响,以确保整个网络性能不受影响。它提供了一个简单、高性价比、高可用性、高扩展性和低总拥有成本（TCO）的网络存储解决方案。NAS 结构如图 2 –4所示。

3）SAN(Storage Area Network)

这种方式称为存储域方式,和 NAS 方式完全不同,它不是把所有的存储设备集中安装在一个专门的 NAS 服务器中,而是将这些存储设备单独通过光纤交换机连接起来,形

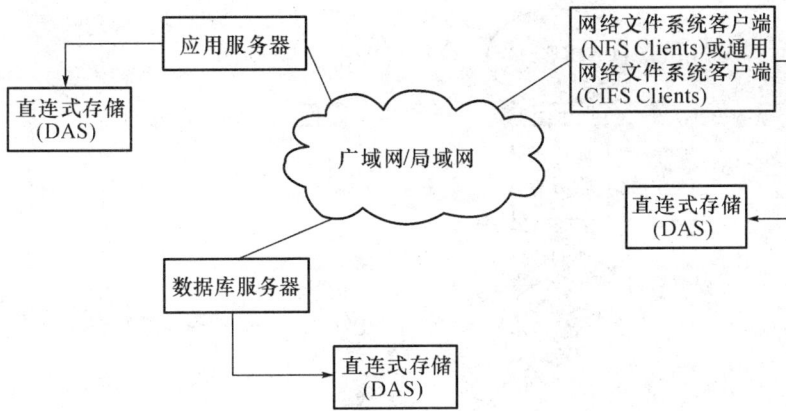
图 2－3　DAS 结构图

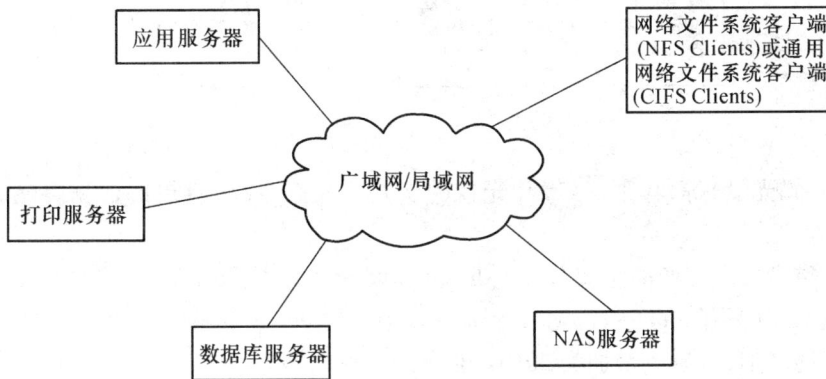
图 2－4　NAS 结构图

成一个光纤通道的网络,然后这个网络再与企业现有局域网进行连接,在这种方案中,起着核心作用的当然就是光纤交换机了,它的支撑技术就是 Fiber Channel(FC,光纤通道)协议,这是 ANSI 为网络和通道 I/O 接口建立的一个标准集成,支持 HIPPI、IPI、SCSI、IP、ATM 等多种高级协议。在 SAN 中,数据以集中的方式进行存储,加强了数据的可管理性,同时适应于多操作系统下的数据共享同一存储池,降低了总拥有成本。SAN 结构如图 2－5所示。企业存储应用的体系结构主要有 DAS、NAS 和 SAN 三种模式,三种模式从体系架构的逻辑上看有明显的区别。一个企业存储具有以下几方面的要求:性能、安全性、扩展性、易用性、整体拥有成本、服务等。由于企业用户的存储系统构建并不是一蹴而就的事情,会经历从单机迈向网络化存储的过程。

3. 数据备份

建立可靠的网络数据备份系统,保护关键应用的数据安全是网络建设的重要任务,在发生人为或自然灾难的情况下,保证数据不丢失。实施完整的数据备份主要包括了以下几个部分:

1）备份设备的选择

数据备份,就是使用较低廉的存储介质,定期将系统业务数据备份下来,以保证数据意外丢失时能尽快恢复,将用户的损失降到最低点。常用的存储介质类型有磁盘、磁带、

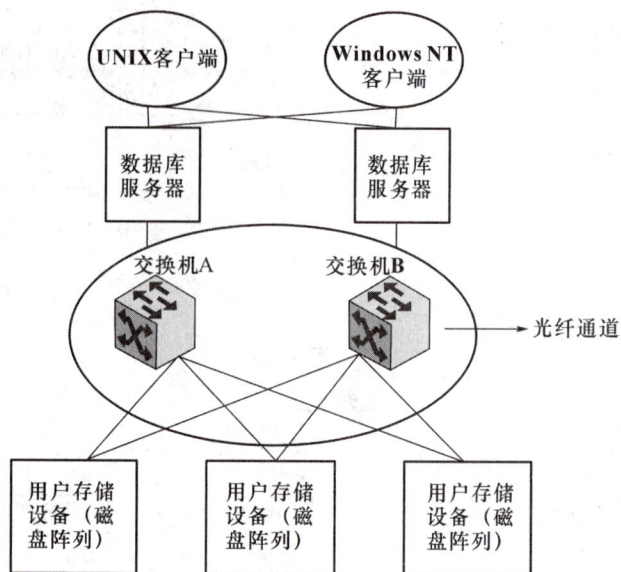

图 2-5　SAN 结构图

光盘和 mo(磁光盘)等,其中,磁带和光盘的费效比较高,在大容量的数据存储方面比较常用。

目前,磁带技术与产品主要分 dat、dlt、lto 和 8mm 四种。dat 和 8mm 均采用螺旋扫描技术,但磁带宽度不同,dat 磁带宽度约 4mm。最新的 dat 磁带采用了和 dlt 类似的高强金属带,可靠性增加,容量也增加为 20GB(非压缩)。dat 技术多用于单个磁带机设备,它的数据读写速率低于最新的 dlt 和 8mm 产品。8mm 是 exabyte 公司的独立技术,为增加磁带强度以提高读写速度和可靠性,最新的 ame 磁带产品具有一定的竞争性,但由于技术不开放,使得产品的市场占有率较低。dlt 原为 quantum(昆腾)公司的专利技术,现以 oem 方式向多厂家开放,在大容量磁带存储市场上 dlt 技术占据了主导地位。

目前市场上使用的 dlt8000 磁带机是技术最成熟的磁带设备,它的读写速率压缩后可达 12m/s。最新由 HP、seagate 及 IBM 等厂商推出的敖群(ultrium)磁带机采用 lto(line tape open)技术,这是一项开放的标准磁带技术,可确保来自不同厂商的 ultrium 磁带机实现数据的互换性。开放性的标准及多厂商使用户可从创新、选择、服务、价值与灵活性中大获裨益。该磁带机可在两小时之内将 200GB 压缩数据备份到单盘磁带上,从而将备份性能提升到新高,令其成为数据量庞大、备份窗口较小的公司的理想选择。高达 30MB/s 的传输速率可实现更快速的数据备份和恢复。容量可达本机 100GB,硬件数据压缩后的典型值为 200GB,由于目前只有 HP、IBM 等厂商推出 lto 技术的磁带库,其市场占有率不是很高,但是随着时间的推移,其市场占有率会越来越高。因此,在选择大容量磁带备份设备时,dlt 及 lto 磁带库应该是首选产品。

2)数据备份的容量计算

用户要求准确地计算出备份设备的容量,可以通过以下因素选取采用多大容量的备份设备。假设:

$q1$:假设网络中的总数据量。

44

d：数据备份时间表（即增量备份的天数），假设用户每天作一个增量备份，周末作一个全备份，$d=6$ 天。

$q2$：每日数据改变量。

m：期望无人干涉的时间，假定为 3 个月，$m=3$。

i：数据增长量的估计，假定每年以 20% 递增，$i=20\%$。

u：不可预见因素，如坏带，一般为 30%，假定 $u=30\%$。

通过以上各因素考虑，可以较准确地推算出备份设备的大概容量为

$$c = \left[(q1 + q2 \times d) \times 4 \times m \times (1 + i) \right] \times (1 + u)$$

dlt 磁带单盒容量为 40GB，lto 磁带单盒容量为 100GB，用户根据推算的备份容量，再考虑一定的冗余，即可选择需要多少槽位的磁带库。如果需要提高备份速度，可考虑增加磁带库的驱动器。对于一般的网络环境，如果通过网络进行数据备份，采用 dlt9 槽位的磁带库已能够满足要求。对于需要进行更大规模的数据备份，建议选择目前前面提到的 SAN（光纤通道为基础的区域存储网络）数据备份方案。

3）数据备份策略

目前被采用最多的备份策略主要有三种。

（1）完全备份（full backup）。就是每天对自己的系统进行完全备份。例如，星期一用一盘磁带对整个系统进行备份，星期二再用另一盘磁带对整个系统进行备份，依此类推。这种备份策略的好处是：当发生数据丢失的灾难时，只要用一盘磁带（即灾难发生前一天的备份磁带），就可以恢复丢失的数据。然而它亦有不足之处，首先，由于每天都对整个系统进行完全备份，造成备份的数据大量重复。这些重复的数据占用了大量的磁带空间，这对用户来说就意味着增加成本。其次，由于需要备份的数据量较大，因此备份所需的时间也就较长。对于那些业务繁忙、备份时间有限的单位来说，选择这种备份策略是不明智的。

（2）增量备份（incremental backup）。就是在星期天进行一次完全备份，然后在接下来的六天里只对当天新的或被修改过的数据进行备份。这种备份策略的优点是节省了磁带空间，缩短了备份时间。但它的缺点在于，当灾难发生时，数据的恢复比较麻烦。例如，系统在星期三的早晨发生故障，丢失了大量的数据，那么现在就要将系统恢复到星期二晚上时的状态。这时系统管理员就要首先找出星期天的那盘完全备份磁带进行系统恢复，然后再找出星期一的磁带来恢复星期一的数据，然后找出星期二的磁带来恢复星期二的数据。很明显，这种方式很繁琐。另外，这种备份的可靠性也很差。在这种备份方式下，各盘磁带间的关系就像链子一样，一环套一环，其中任何一盘磁带出了问题都会导致整条链子脱节。比如在上例中，若星期二的磁带出了故障，那么管理员最多只能将系统恢复到星期一晚上时的状态。

（3）差分备份（differential backup）。管理员先在星期天进行一次系统完全备份，然后在接下来的几天里，管理员再将当天所有与星期天不同的数据（新的或修改过的）备份到磁带上。差分备份策略在避免了以上两种策略的缺陷的同时，又具有了它们的所有优点。首先，它无需每天都对系统做完全备份，因此备份所需时间短，并节省了磁带空间。其次，它的灾难恢复也很方便，系统管理员只需两盘磁带，即星期天的磁带与灾难发生前一天的磁带，就可以将系统恢复。

在实际应用中,备份策略通常是以上三种的结合。例如每周一至周六进行一次增量备份或差分备份,每周日进行全备份,每月底进行一次全备份,每年底进行一次全备份。

2.1.6　网络设计

网络设计是一个有机融合网络各个组成部分,使之到达最佳运行效果的过程。这是一个复杂的过程,所要考虑到的包括网络的拓扑结构、选用设备的性能高低、各种技术方案(如数据存储方案的选取,安全级别的确定)、总体数据流量、包转发率的大小等。这里主要分析企业级的局域网设计。

一般来说,网络设计有自下而上和自上而下两种方式。所谓的上和下是针对网络的层次而言的。自下而上的设计方法是从现存的物理媒介为基础开始考虑整个网络的架构;而自上而下的方法则是面向用户的需求,以需求作为基础的条件进行设计。

衡量一个网络好与不好,可以用以下几个参数来帮助判断网络质量:

1. 传输延迟时间

传输延迟时间,也叫传播延迟,是指一个数据包或者一个数据帧从源站点通过网络传输到最终目的地所需要的时间。

数据在网络上传输的过程之中,一方面在数据传输之前,通信的上方之间还需要协调、沟通,双方之间会协调以什么方式进行数据传输,如是否需要进行加密传输等等;另一方面,信息也不是想发送就可以发送的,发送方或者接收方都会考虑现在网络是否繁忙,冲突是否严重,也就是说,在发送数据之前,系统会先检测当前网络的运行状态,若运行得不好,可能会"等待时机",如此就造成了网络的延迟。不合理的拓扑结构也可能造成传输时间的延迟。

2. 丢包率

丢包率是指测试中所丢失数据包数量占所发送数据包的比率,通常在吞吐量范围内测试,有相应的软件专门进行丢包率的测试。

3. 吞吐量

网络吞吐量测试是网络维护和故障查找中最重要的手段之一,尤其是在分析与网络性能相关的问题时吞吐量的测试是必备的测试手段。

验证和测试网络带宽最常用的技术就是吞吐量测试。一个典型的吞吐量测试方法是从网络的一个设备向另一个设备发送流量并且确定一个速率和发送时间间隔,而接收端的设备计算接收到的测试帧,测试结束时系统计算接收率,即吞吐速率。这种测试也被称为端到端网络性能测试,它被广泛地应用在局域网内、局域网间和通过广域网互联的网络测试环境中。

2.1.7　网络安全

网络安全是一个耳熟能详的名词,是指网络系统的硬件、软件及其系统中的数据受到保护,使其不受偶然的或者恶意的原因遭到破坏、更改、泄露,系统连续可靠正常地运行,网络服务不中断。

从层次上来说,首先,网络的物理安全是整个网络系统安全的前提。

其次,网络拓扑结构设计也直接影响到网络系统的安全性。假如在外部和内部网络进行通信时,内部网络的机器安全就会受到威胁,同时也影响在同一网络上的许多其他系统。透过网络传播,还会影响到连上 Internet/Intrant 的其他的网络;影响所及,还可能涉及法律、金融等安全敏感领域。因此,在设计时有必要将公开服务器(WEB、DNS、EMAIL等)和外网及内部其他业务网络进行必要的隔离,避免网络结构信息外泄;同时还要对外网的服务请求加以过滤,只允许正常通信的数据包到达相应主机,其他的请求服务在到达主机之前就应该遭到拒绝。

然后是系统的安全性,所谓系统的安全是指整个网络操作系统和网络硬件平台是否可靠且值得信任。目前恐怕没有绝对安全的操作系统可以选择,无论是 Microsfot 的 Windows NT 或者其他任何商用 UNIX 操作系统,其开发厂商必然有其 Back - Door。因此,可以得出如下结论:没有完全安全的操作系统。不同的用户应从不同的方面对其网络作详尽的分析,选择安全性尽可能高的操作系统。因此不但要选用尽可能可靠的操作系统和硬件平台,并对操作系统进行安全配置,还必须加强登录过程的认证(特别是在到达服务器主机之前的认证),确保用户的合法性;其次应该严格限制登录者的操作权限,将其完成的操作限制在最小的范围内。

接下来是应用系统的安全性。应用系统的安全跟具体的应用有关,它涉及面广并且是动态的、不断变化的。以目前 Internet 上应用最为广泛的 E - mail 系统来说,其解决方案有 sendmail、Netscape Messaging Server、Software、Com Post、Office、Lotus Notes、Exchange Server、SUN CIMS 等 20 多种。其安全手段涉及 LDAP、DES、RSA 等各种方式。应用系统是不断发展且应用类型是不断增加的。在应用系统的安全性上,主要考虑尽可能建立安全的系统平台,而且通过专业的安全工具不断发现漏洞,修补漏洞,提高系统的安全性。

信息的安全性涉及到机密信息泄露、未经授权的访问、破坏信息完整性、假冒、破坏系统的可用性等。在某些网络系统中,涉及到很多机密信息,如果一些重要信息遭到窃取或破坏,它的经济、社会影响和政治影响将是很严重的。因此,对用户使用计算机必须进行身份认证,对于重要信息的通信必须授权,传输必须加密。采用多层次的访问控制与权限控制手段,实现对数据的安全保护。采用加密技术,保证网上传输的信息(包括管理员口令与账户、上传信息等)的机密性与完整性。

最后是管理的安全性,管理是网络中安全最最重要的部分。责权不明,安全管理制度不健全及缺乏可操作性等都可能引起管理安全的风险。当网络出现攻击行为或网络受到其他一些安全威胁时(如内部人员的违规操作等),无法进行实时的检测、监控、报告与预警。同时,当事故发生后,也无法提供黑客攻击行为的追踪线索及破案依据,即缺乏对网络的可控性与可审查性。这就要求我们必须对站点的访问活动进行多层次的记录,及时发现非法入侵行为。

建立全新网络安全机制,必须深刻理解网络并能提供直接的解决方案。因此,最可行的做法是将制定健全的管理制度和严格管理相结合,保障网络的安全运行,使其成为一个具有良好的安全性、可扩充性和易管理性的信息网络。一旦上述的安全隐患成为事实,所造成的对整个网络的损失都是难以估计的。因此,网络的安全建设是校园网建设过程中重要的一环。

由此可见,网络安全是一个十分综合的概念,并不仅仅是平时人们认为的防攻击、防黑客。做好每一个层次的安全性是保证整体安全的必要步骤。

而保证各个层次安全性的措施是多种多样的：

（1）物理措施：例如，保护网络关键设备（如交换机、大型计算机等），制定严格的网络安全规章制度，采取防辐射、防火以及安装不间断电源（UPS）等措施。

（2）访问控制：对用户访问网络资源的权限进行严格的认证和控制。例如，进行用户身份认证，对口令加密、更新和鉴别，设置用户访问目录和文件的权限，控制网络设备配置的权限等。

（3）数据加密：加密是保护数据安全的重要手段。加密的作用是保障信息被人截获后不能读懂其含义。为防止计算机网络病毒，可以安装网络防病毒系统、安全网关等。

（4）其他措施：其他措施包括信息过滤、容错、数据镜像、数据备份和审计等。近年来，围绕网络安全问题提出了许多解决办法，例如数据加密技术和防火墙技术等。数据加密是对网络中传输的数据进行加密，到达目的地后再解密还原为原始数据，目的是防止非法用户截获后盗用信息。防火墙技术是通过对网络的隔离和限制访问等方法来控制网络的访问权限，从而保护网络资源。其他安全技术包括密钥管理、数字签名、认证技术、智能卡技术和访问控制等。

2.1.8 软件工程

软件工程是一门研究用工程化方法构建和维护有效的、实用的和高质量的软件的学科。它涉及到程序设计语言、数据库、软件开发工具、系统平台、标准、设计模式等方面。

（1）软件工程目标：生产具有正确性、可用性以及开销合宜的产品。正确性指软件产品达到预期功能的程度。可用性指软件基本结构、实现及文档为用户可用的程度。开销合宜是指软件开发、运行的整个开销满足用户要求的程度。这些目标的实现不论在理论上还是在实践中均存在很多待解决的问题，它们形成了对过程、过程模型及工程方法选取的约束。

（2）软件工程过程：生产一个最终能满足需求且达到工程目标的软件产品所需要的步骤。软件工程过程主要包括开发过程、运作过程、维护过程。它们覆盖了需求、设计、实现、确认以及维护等活动。需求活动包括问题分析和需求分析。问题分析获取需求定义，又称软件需求规约。需求分析生成功能规约。设计活动一般包括概要设计和详细设计。概要设计建立整个软件系统结构，包括子系统、模块以及相关层次的说明、每一模块的接口定义。详细设计产生程序员可用的模块说明，包括每一模块中数据结构说明及加工描述。实现活动把设计结果转换为可执行的程序代码。确认活动贯穿于整个开发过程，实现完成后的确认，保证最终产品满足用户的要求。维护活动包括使用过程中的扩充、修改与完善。伴随以上过程，还有管理过程、支持过程、培训过程等。

（3）软件工程的原则是指围绕工程设计、工程支持以及工程管理在软件开发过程中必须遵循的原则。

1. 软件的架构

软件架构（software architecture）是一连串相关的抽象模式，用于指导大型软件系统各个方面的设计。软件架构是一个系统的草图，其描述的对象是直接构成系统的抽象组件。各个组件之间的连接则明确和相对细致地描述组件之间的通信。在实现阶段，这些抽象组件被细化为实际的组件，比如具体某个类或者对象。在面向对象领域中，组件之间的连接通常用接口(计算机科学)来实现。

相较于传统的架构方式,面向服务架构(Service – Oriented Architecture,SOA)成为了时下的热门话题,对于面向同步和异步应用的,基于请求/响应模式的分布式计算来说,SOA 是一场革命。一个应用程序的业务逻辑或某些单独的功能被模块化并作为服务呈现给消费者或客户端。这些服务的关键是它们的松耦合特性。例如,服务的接口和实现相独立。应用开发人员或者系统集成者可以通过组合一个或多个服务来构建应用,而无须理解服务的底层实现。举例来说,一个服务可以用 NET 或 J2EE 来实现,而使用该服务的应用程序可以在不同的平台之上,使用的语言也可以不同。

SOA 对企业来说是一个不错的选择,不同种类的操作系统、应用软件、系统软件和应用基础结构相互交织,这便是 IT 企业的现状。一些现存的应用程序被用来处理当前的业务流程,因此从头建立一个新的基础环境是不可能的。企业应该能对业务的变化做出快速的反应,利用对现有的应用程序和应用基础结构的投资来解决新的业务需求,为客户、商业伙伴以及供应商提供新的互动渠道,并呈现一个可以支持有机业务的构架。SOA 凭借其松耦合的特性,使得企业可以按照模块化的方式来添加新服务或更新现有服务,以解决新的业务需要,提供选择从而可以通过不同的渠道提供服务,并可以把企业现有的或已有的应用作为服务,从而保护了现有的 IT 基础建设投资。

SOA 的概念并非什么新东西,SOA 不同于现有的分布式技术之处在于大多数软件商接受它并有可以实现 SOA 的平台或应用程序。SOA 伴随着无处不在的标准,为企业的现有资产或投资带来了更好的重用性。SOA 能够在最新的和现有的应用之上创建应用;SOA 能够使客户或服务消费者避免因服务实现改变所带来的影响;SOA 能够升级单个服务或服务消费者而无需重写整个应用,也无需保留已经不再适用于新需求的现有系统。总而言之,SOA 以借助现有的应用来组合产生新服务的敏捷方式,提供给企业更好的灵活性来构建应用程序和业务流程。

2. 软件开发

这里主要给出一般软件开发的步骤,并详细讲解对软件开发部分的监理内容。

(1) 相关系统分析员和用户初步了解需求,然后用 WORD 列出要开发的系统的大功能模块,每个大功能模块有哪些小功能模块,对于有些需求比较明确相关的界面时,在这一步里面可以初步定义好少量的界面。

(2) 系统分析员深入了解和分析需求,根据自己的经验和需求用 WORD 或相关的工具再做出一份文档系统的功能需求文档。该文档会清楚列出系统大致的大功能模块,大功能模块有哪些小功能模块,并且还列出相关的界面和界面功能。

(3) 系统分析员和用户再次确认需求。

(4) 系统分析员根据确认的需求文档所列用的界面和功能需求,用迭代的方式对每个界面或功能做系统的概要设计。

(5) 系统分析员把写好的概要设计文档给程序员,程序员根据所列出的功能一个一个编写。

(6) 测试编写好的系统。交给用户使用,用户使用后一个一个地确认每个功能,然后验收。

在信息系统的建设过程中,软件开发是举足轻重的一部分,因此对它的监理也需要非常到位。目前国内信息应用系统建设项目的开发方式主要有四种:独立开发、委托开发、合作开发和购买商业化软件进行二次开发。随着社会的发展,社会分工的进一步细化,委托开发、合作开发、二次开发逐渐成为信息工程应用系统建设项目开发的主要工作模式。对于这三种开发方式,必然存在一个项目组负责具体工作,而在这个项目组内,则存在着代表两种利益主体的成员,一方主要表现为业务支持人员(可以称之为甲方),另一方主要表现为系统开发人员(可以称之为乙方)。而监理方(第三方)的介入可以使得两个信息量不平等的利益体在最大程度上及时沟通,实现效率最大化。

监理工程的流程应该从软件开发流程的第一步,也就是进行需求分析开始,需求说明书是为了使用户和软件开发者双方对该软件的初始规定有一个共同的理解而编制成的说明书,需求说明书是整个开发工作的基础。在需求分析阶段内,由系统分析人员对被设计的系统进行系统分析,确定对该软件的各项功能、性能需求和设计约束,确定对软件需求说明书编制的要求。对于监理单位来说,对需求说明书的评审和监控是设计阶段监理工作的一项重要内容。监理的过程如图2-6所示。

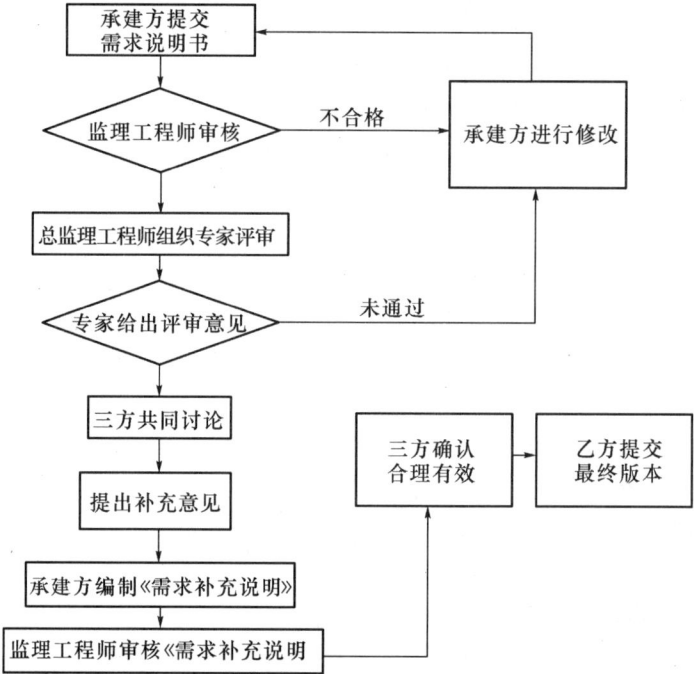

图2-6 监理过程流程图

这一阶段的监理内容是审查需求说明书的内容,首先要说明对需求说明书审查的重要性。

由于信息应用系统建设涉及各行各业,因此在需求分析阶段可能存在着承建单位对建设单位的业务需求理解不全面、不准确的情况,在这种情况下,如果没有在监理单位的协调下进行建设单位与承建单位充分的沟通,往往造成承建单位按照自己的理解进行开发的情况。在测试阶段如果没有发现此类问题则会给系统造成重大隐患,如果发现问题则会造成工程建设返工与延期。

50

因此,在此阶段监理单位的工作重点是协助承建单位的分析人员、设计人员和测试人员对需求说明书进行反复确认,并协调业主单位与承建单位需求说明书的评审确认。需求分析阶段工作完成的质量直接决定了后续开发工作的质量、进度、投资与变更的情况,必须在监理过程中给予足够的重视。

其次应该注意的是,对需求说明书的审查必须将客观的条文标准和实际的项目情况结合起来,需要审核的每一条内容都应该严格地接受相关条文标准的约束,而条文标准也应该是对每一条内容起着是否通过的支撑作用。标准及内容表2-6所列。

表2-6 标准及内容

标准	1.《计算机软件产品开发文件编制指南》GB/T 8567—88 中关于需求说明书的编写标准(或其他适用的标准); 2.《计算机软件需求说明编制指南》GB/T 9385—88 关于需求说明书的编制详细标准
内容	1. 需求说明书的背景说明,包括编写目的、背景、定义、参考资料、目标、用户的特点、假定与约束等; 2. 是否包含对功能需求的规定,对功能的规定是否涵盖系统所要求的全部业务; 3. 是否包含对性能的规定,审查其中对精度、时间特性要求和灵活性的说明是否齐全; 4. 是否包含对输入输出要求的说明,审查输入输出要求是否全面,是否符合基本逻辑; 5. 是否包含对数据管理能力要求的说明,审查数据管理能力要求是否和性能规定、业务等一致; 6. 是否包含对故障处理要求的说明,所涉及的故障是否全面地考虑到了系统的各种特殊情况; 7. 审查说明书中对其他专门要求的说明是否合乎系统的业务情况; 8. 审查说明书是否包含对运行环境的规定,包括对设备、支持软件、接口、控制等要素的说明是否齐全

所有内容的审核都是以相关标准为支撑的,监理工程师在进行这部分工作的时候必须把握好标准与具体内容之间、标准与标准之间、文字性标准与实际情况之间的关系,妥善处理每一个细节。

为保证软件需求定义的质量,评审应由专门指定的人员负责,并按规程严格进行。评审结束应有评审负责人的结论意见及签字。除承建单位分析员之外,业主单位人员和监理单位都应当参加评审工作。需求说明书要经过严格评审,一般来说,评审的结果都包含了一些修改意见,待修改完成后再经评审通过,才可进入设计阶段。

在需求说明书评审结束后,监理单位应将评审意见以专题监理报告形式提交业主单位,作为这一阶段完成的标志。

接下来是对开发过程进行监理。监理单位此阶段的重点并不是对具体工作的检查、测试上,而应该放在对承建单位的宏观监督方面。目前国内信息应用系统建设过程中,在此阶段常发生承建单位不按设计阶段制定的质量保证计划对编码工作进行约束检查,忽视开发过程的单元测试、集成测试工作等情况。上述情况会导致工程建设质量得不到保证,最终影响到工程的质量、进度与成本。因此,监理单位在此阶段主要任务有以下几点:

(1)监督承建单位严格按照工程设计阶段所制定的进度计划、质量保证计划、系统设计进行开发工作。

(2)检查承建单位是否按照设计中制定的规范与计划进行编码与测试。在此过程中,监理单位应该做到的是:

① 主要通过代码走查方式检查编码规范的执行情况。

② 检查单元测试、集成测试和确认测试是否按计划进行并有测试与修改记录。

③ 检查测试计划是否得到落实。

④ 测试方案与规范是否合理。

⑤ 测试是否有详细记录并进行修改与回归测试。

⑥ 必要情况下可由监理单位对测试结果进行抽检。

对于开发过程实现阶段的监理，还需要注意：

（1）承建单位版本控制方面的工作是否能够正常进行。

（2）是否有专人进行版本的总体控制。

（3）开发人员是否严格按照质保人员的要求进行具体版本控制。

（4）必要情况下需要对版本控制的工作进行抽检，但切忌由监理单位进行单元、集成或确认测试而取代开发方的内部测试。

系统测试一般由专门委托的测试机构进行，需要对所有软硬件进行以功能为主的测试工作（必要情况下要附加性能测试），需要对测试情况进行记录并进行针对错误的修改与回归测试，在测试完成后要根据测试全过程的情况编写正式的系统测试报告。

目前国内信息应用系统建设过程中，在此阶段常发生未经过严格系统测试就匆忙上线试运行的情况，这往往会造成新系统的不稳定，在某些情况下会阻碍系统的正式上线运行。

因此监理单位在此阶段主要检查承建单位是否按照设计中制定的规范与计划进行测试。但切忌由监理单位进行单元、集成或确认测试而取代开发方的内部测试。

3. 软件测试

软件测试是软件开发过程的重要组成部分，是用来确认一个程序的品质或性能是否符合开发之前所提出的一些要求。软件测试的目的，第一是确认软件的质量，其一方面是确认软件做了所期望的事情，另一方面是确认软件以正确的方式来做了这个事件；第二是提供信息，比如提供给开发人员或程序经理的反馈信息；为风险评估所准备的信息；第三软件测试不仅是在测试软件产品的本身，而且还包括软件开发的过程。如果一个软件产品开发完成之后发现了很多问题，这说明此软件开发过程很可能是有缺陷的。因此软件测试的第三个目的是保证整个软件开发过程是高质量的。

软件质量是由几个方面来衡量的：

（1）在正确的时间用正确的方法把一个工作做正确。

（2）符合一些应用标准的要求，比如不同国家用户的不同操作习惯和要求，项目工程中的可维护性、可测试性等要求。

（3）质量本身就是软件达到了最开始所设定的要求，而代码的优美或精巧的技巧并不代表软件的高质量。

（4）质量也代表着它符合客户的需要。作为软件测试这个行业，最重要的一件事就是从客户的需求出发，从客户的角度去看产品，客户会怎么去使用这个产品，使用过程中会遇到什么样的问题。只有这些问题都解决了，软件产品的质量才可以说是上去了。

常见的软件测试的方法有：

1. 黑盒测试

黑盒测试顾名思义就是将被测系统看成一个黑盒,从外界取得输入,然后再输出。整个测试基于需求文档,看是否能满足需求文档中的所有要求。黑盒测试要求测试者在测试时不能使用与被测系统内部结构相关的知识或经验,它适用于对系统的功能进行测试。

黑盒测试的优点体现在:

(1) 比较简单,不需要了解程序内部的代码及实现。

(2) 与软件的内部实现无关。

(3) 从用户角度出发,能很容易地知道用户会用到哪些功能,会遇到哪些问题。

(4) 基于软件开发文档,就能知道软件实现了文档中的哪些功能。

(5) 在做软件自动化测试时较为方便。

2. 白盒测试

白盒测试是指在测试时能够了解被测对象的结构,可以查阅被测代码内容的测试工作。它需要知道程序内部的设计结构及具体的代码实现,并以此为基础来设计测试用例。白盒测试的直接好处就是知道所设计的测试用例在代码级上哪些地方被忽略掉,它的优点是帮助软件测试人员增大代码的覆盖率,提高代码的质量,发现代码中隐藏的问题。

3. 基于风险的测试

基于风险的测试是指评估测试的优先级,先做高优先级的测试,如果时间或精力不够,低优先级的测试可以暂时不做。如图 2-7 所示,横轴代表影响,竖轴代表概率,根据一个软件的特点来确定:如果一个功能出了问题,它对整个产品的影响有多大,这个功能出问题的概率有多大? 如果出问题的概率很大,出了问题对整个产品的影响也很大,那么在测试时就一定要覆盖到。对于一个用户很少用到的功能,出问题的概率很小,就算出了问题,影响也不是很大,那么如果时间比较紧张,就可以考虑不测试。

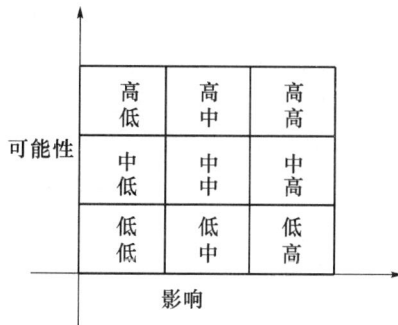

高低	高中	高高
中低	中中	中高
低低	低中	低高

图 2-7 风险测试

基于风险测试的两个决定因素就是:该功能出问题对用户的影响有多大,出问题的概率有多大。其他一些影响因素还有复杂性、可用性、依赖性、可修改性等。测试人员主要根据事情的轻重缓急来决定测试工作的重点。

4. 基于模型的测试

模型实际上就是用语言把一个系统的行为描述出来,定义出它可能的各种状态,以及它们之间的转换关系,即状态转换图。模型是系统的抽象。基于模型的测试是利用模型来生成相应的测试用例,然后根据实际结果和原先预想的结果的差异来测试系统。

软件测试的监理内容应该包括:

(1) 监督承建单位将合适的软件测试工程方法和工具集成到项目定义的软件过程中。

(2) 依据项目定义的软件过程对软件测试任务进行综合。

(3) 选择软件测试可用的方法和工具,并将选择专用工具或方法的理由写成文档。对备选方法和工具进行选择的依据是:

① 机构标准软件过程。

② 项目定义的软件过程。

③ 现有的技术基础。

④ 可得到的培训。

⑤ 合同需求。

⑥ 工具的能力。

⑦ 使用的方便性和提供的服务。

(4) 选择和使用适合于软件测试的配置管理模型。配置管理模型可能是:

① 入库出库模型。

② 组合模型。

③ 事务处理模型。

④ 更改处理模型。

(5) 将用于测试软件产品的工具置于配置管理之下。

监督承建单位依据项目定义的软件过程,对软件测试进行开发、维护、建立文档和验证,以满足软件测试计划要求。软件测试有静态测试、单元测试、集成测试、确认测试和系统测试组成。

(6) 基于下列因素确定测试的充分性:

① 测试级别。测试级别有单元测试、集成测试、确认测试和系统测试。

② 选择的测试策略。测试策略有功能测试(黑盒测试)、结构测试(白盒测试)和统计测试。

③ 欲达到的测试覆盖。测试覆盖方法有语句覆盖、路径覆盖、分支覆盖和运行剖面覆盖。

(7) 对每个级别的软件测试,建立和使用测试准备就绪准则。确定测试准备就绪准则包括:

① 软件单元在进入集成测试前已成功地完成了代码的静态测试和单元测试。

② 在进入系统测试前,软件已成功地完成了确认测试。

③ 在软件进入系统测试前,已对测试准备就绪进行评审。

(8) 每当被测试软件或软件环境发生变化时,则在各有关的测试级别上适当进行回归测试。

(9) 对于测试计划、测试规程和测试用例,准备使用前通过评审。

(10) 管理和控制测试计划、测试说明、测试规程和测试用例。

(11) 每当软件需求、软件设计或被测试代码更改时,适当地更改测试计划、测试说明、测试规程和测试用例。

接下来,监督承建单位应依据项目定义的软件过程、计划和实施软件的确认测试,主要涉及到:

(12) 基于软件开发计划,制定确认测试计划并写成文档。

(13) 负责软件需求、软件设计、系统测试及验收测试的人员,评审确认测试用例、测试说明和测试规程。

(14) 依据指定的软件需求文档和软件设计文档的指定版本,进行软件确认测试。

然后应该计划和实施软件系统测试,实施系统测试以保证软件满足软件需求。

(15) 尽早分配测试软件的资源,以做好充分的测试准备。所需的测试准备活动包括:

① 准备测试文档。

② 准备测试资源。

③ 开发测试程序。

④ 开发模拟程序。

(16) 编制系统测试的计划文档。如果合适,该测试计划由业主单位进行评审和认可。此测试计划包括:

① 全面测试和验证的方法。

② 测试职责。

③ 测试工具、测试设备和测试支持需求。

④ 验收准则。

(17) 由一个独立于软件开发者的测试小组来计划和准备所需的测试用例和测试规程。

(18) 测试开始前,对测试用例建立文档,并经评审和认可。

(19) 已纳入基线的软件及其软件任务书(或合同)和软件需求文档,实施软件测试。

(20) 发现的问题建立文档,并跟踪到关闭。

(21) 立测试结果文档,并以此作为判断软件是否满足需求的基础。

(22) 管理和控制测试结果。

最后应该跟踪和记录软件测试的结果,跟踪和记录的内容有:

① 跟踪、累计的软件产品缺陷的数量、类型和严重程度。

② 软件测试工程活动的状态。

③ 有关问题严重性和持续时间的报告。

④ 用于分析每个更改建议的工作量及汇总统计量。

⑤ 按类别(如界面、安全性、系统配置、性能和可用性)被纳入软件基线的更改数量。

2.1.9 网络测试

网络技术明显的呈现复杂化,多样化,使得网络操作和管理显得越来越困难,网络要求通信介质、连接器、集线器、交换机、中继器、网卡、操作系统、数据协议、驱动程序以及应用软件在任何情况下(包括网络负载、连接的节点、数量以及发送数据包的大小等)都要保持稳定的运行,即使网络系统有相对稳定的运行环境,但是其稳定性仍然要受许多不定因素的影响,如操作错误、管理错误、配置变动以及软硬件故障等。因此对于网络性能的测试是必不可少的。

在进行网络测试之前,我们必须清楚网络测试的对象。网络终端、应用软件、物理拓扑结构、网络软件、网络互联设备和广域网连接构成了网络的基本元素,也是网络测试的主要对象。

接下来应该清楚的是网络的测试工具:

(1)网络分析仪:主要用于收集、分析网络上的数据报并协助分析网络传输层出现的问题。

(2)物理电缆分析仪:主要用于检测网络的线路质量,进行线路的衰减、回波损耗、串扰、近端串扰、特性阻抗等参数的测试,典型的电缆分析仪如美国 fluke 公司的 DSP4000/4300。

(3)网络运行模拟工具:模拟工具是指专用硬件设备,按照指定网络基准或网络负载模式,按指定速率向所连网络发送指定大小的数据报,从而模拟出运行网络流量状况,进而再现运行网络真实的运行情况,是非常有用的测试手段。

(4)网络协议分析仪:网络分析仪用于捕获网络上的数据报或数据帧。一个数据报或数据帧主要包含三方面信息:源地址和目的地址、数据、控制位。不同网络协议的报文格式不同,如 TCP/IP 和 IPX/SPX 的数据报格式就不同。

(5)网络测试仪:专用的软硬件结合的测试设备,能对网络设备、网络子网以及整个网络系统提供综合测试,具备典型的三大功能:数据报捕获、负载产生和智能分析。通常都价格昂贵,所以多用于大型网络系统上。

常见的网络测试方法有:

(1)吞吐量测试。吞吐量的测试需要由被测试链路的双端进行端对端的测试。最简单(也是最常用和有效的)的吞吐量测试方法就是将测试接入点选在链路两端的以太网网络上的测试方法。测试时在发送端在指定发送速度,在接收器上计算收到的帧的速度。吞吐量是接收器收到的帧数量的最大速率,即帧数量/时间,测试通过改变帧长度,重复以上测试得到不同速率下的测试结果。

(2)网络压力测试。这类的测试可以用于解决下列的问题:在一个网段上施加预定大小的网络流量用于测试该网段的出错情况,或激活潜在的错误;通过生成和发送坏帧测试网络错误的发现、统计和报告功能。测试方法如下:在对网络的加压测试中可以使用基于 MAC 或 IP 的方式进行,对于基于 MAC 方式的测试是对以太网网段进行的数据发送,而基于 IP 包的加压测试则是对指定的 IP 地址进行的流量发送测试,它可以跨越路由器对远端的站点进行测试。

另一个非常有效的加压测试就是快速 IP Ping 的测试,通常使用的 ICM PPing 命令是需要在发送 ICMP 请求后等待回应的测试方法,这种方法只能验证网络的连通性,但不能验证在大流量下的网络响应情况。尽管 Ping 是所有网络测试手段中使用频率最高的方法,但由于它几乎不能对网络产生流量上的压力,所以通常不能用于对网络的加压反映测试。快速 IP Ping 就是将这个缺陷弥补的有效方法,测试仪器在发送下一个 ICMP 请求前并不等待当前请求的回应,而是根据测试者的设置以一个恒定的流量向被测试目标发送 ICMP 请求。

（3）可靠性测试。使被测网络在较长时间内（通常是 24 ~72h）经受较大负载，通过监视网络中发生的错误和出现的故障，验证在高强度环境中网络系统的存活能力，也就是它的可靠性。采用的负载模式很重要，越贴近真实负载模式越好，可靠性测试中使用网络分析仪监控网络运行、捕获网络错误。

（4）衰减测试。衰减测试是将硬件或软件的新版本与当前版本在性能、可靠性和功能等方面进比较，同时验证产品升级对网络的性能不会有不良影响。衰减测试混杂了很多为完成其他测试任务要进行的测试。其关键是保证被测组件为网络中最关键或最脆弱的组件。衰减测试不需要测试产品的所有特性，但网络用户正常运行所依靠的关键功能必须在测试之列。该测试主要在网络的开发和升级阶段进行。

（5）设备替换测试。所谓设备替换，就是当怀疑哪个设备有问题时，用同样功能，最好是同一型号的设备替换它，如果替换后问题消失了，那么一般认为是该出了问题。设备替换设备对路由器等设备的测试非常有效。

（6）协议一致性测试。协议一致性测试依照协议标准，综合检测协议在待测设备上各运行以及各状态间的转换等运行情况。一致性测试必须有协议标准作为检测依据，运行待测设备并检测分析运行结果，同协议标准比较，以确定设备是否通过测试。一致性测试包含大量测试项，验证协议各种运行状态。通常，一致性测试分为三阶段：准备、检测和结论。准备阶段使设备处于立即可以接受测试的状态；检测阶段是测试进行阶段；结论阶段使设备恢复到稳定状态，例如，验证路由设备 BGP–4 协议 UPDATE 报文执行情况，准备阶段中，运行 OPEN 系列操作使设备处于准备接收 UPDATE 报文状态；检测阶段向待测设备发送 UPDATE 报文，检测待测设备对报文的处理（设备能否正常使用 UPDATE 报文中的信息，转发数据报文）；结论阶段恢复待测设备到稳定状态准备下一步的测试。

一致性测试关键的是对协议标准的理解，根据对协议的理解构造有效的测试项，如果这些测试项都成功了，一致性测试就通过了。

测试的方法还有很多，方法也不是约定俗成的，在不同情况下，选择合适的测试方法，甚至有所创新是有效验证工程质量的重要保证。

2.2 信息系统的行业划分

随着信息技术的迅速发展，信息技术给人们日常生活带来的经济性、便利性已经对人们的生活起到越来越重要的作用。信息系统的建设已经深入到了各行各业，对于有效提高工作效率起到了至关重要的作用。不同的行业对于信息系统建设的具体要求当然是不同的，但是总的来说都是对信息系统所涉及的各个专业选择性的有机整合。

从行业上对信息系统进行划分，比较典型的可以分为校园网系统、应急指挥系统、电子政务系统、监控系统、市政建设系统、银行结算系统、地理信息系统等。下面就分别说明几个比较典型的系统。

2.2.1 校园网系统

校园网是以计算机为基础，服务于教学科研、行政管理和内外通信等三大目标的计算机局域网络。它通过对世界上大量知识信息的采集、分析、整理，并以视、音频及文字、多维图片等单独或综合的表现形式和手法应用于学校教学,从而改变了过去主要依靠学生抽象思维为主的被动式教学模式。计算机网络引入中小学校园,不仅将大量的信息储存、传递给教师和中小学生,改进了教师教学的方法,提高了教师教学的效率和教学质量,更主要的是通过网络,培养教师和学生从网上采集、分析和处理大量信息的能力,从而大大地提高了学生学习质量,以适应21世纪信息时代的需要。

校园网的建设,应遵循系统的实用性、扩展性、可靠性三大原则。

1. 实用性

教育是以投入为主的行业。相对而言,我国属于发展中国家,经济不够发达,导致教育经费的短缺和来源的单一。因此,校园网的建设应充分考虑具体学校的现状,建设既经济又实用的校园网。

2. 扩展性

计算机技术的不断完善和应用范围的不断扩大,会导致其不断的升级和更新。因此,在具体校园网建设时,对基础及主件部分的建设和配置,应有前瞻性;对终端的建设,应留有可扩展的余地,以便于整个校园网的建设有可发展的延续性。

3. 可靠性

学校只是校园网的使用者,没有必要也难以供养网络工程师。因此,在具体建设时,要考虑到校园网的易用性、易维护性和可靠性。正因为此,高性能、可扩展、易升级、经济实用的"EVOC"工业级计算机,成为建设校园网络系统最有竞争力的硬件平台。

一个完整的校园网建设是一个系统工程,不是一次性就可以完成的,一般来说都会分成一期、二期、甚至三期、四期。如果是从头开始,那么首先应当对学校的实际情况进行分析,分析出在现阶段应该达到的程度,包括学校硬件设施、软件、资金到位情况、学校教师和学生信息素质等。

在做好对实际情况的分析以后,接下来就是选择有实力的厂商。首先应考虑厂商是否具备以"应用"为宗旨的校园网建设思想;其次,要看厂商是否具有咨询能力,是否能够充分理解教育用户的需求,了解学校实际教学管理情况,能把教育信息化需求从教育和信息技术两个角度进行剖析;此外,还应看厂商是否具备校园网整体方案的规划能力,是否了解多种信息化产品,是否具备团结、整合上游厂商的能力,共同建设校园网。

另外,厂商后期维护能力是特别重要的,校园网建成后,厂商不能一走了之,当学校遇到问题或产生新的需求时,需要有责任的厂商能够快速响应,解决问题。

2.2.2 应急指挥系统

当一些如战争、自然灾害、公共安全卫生事件等发生时,要求各级政府能够快速联动响应,各个职能部门单位之间信息互通、行动配合、措施协调,以更好保护人民生命和财产的安全。这对政府的管理与服务水平提出了更高的要求,"应急指挥"等功能的实现显得尤为重要。"应急"需要体现一个"快"字,"联动"需要体现一个"通"字。这种全新的指挥调度模式使得离散的资源得以互联互通,能实施迅速高效的各部门联合行动,实现对突发事件的统一指挥、统一部署、统一行动,并且能及时、准确地对突发事件做出预测、预报和预警。

应急指挥系统就是针对突发紧急事件如地震、火灾、洪水、流行性疾病爆发等事件发生,为政府进行应急对策、应急指挥提供相关信息获取、应对措施查询、决策支持的信息应用系统,具有灾情信息获取、信息共享查询、快速评估、辅助决策、命令发布、现场指挥、动态显示、信息公告等功能,并为实现应急指挥系统的"通信畅通、现场及时、数据完备、指挥到位"提供技术保障。

这类系统最大的特点是保密性强,各项功能指标要求较高,有效性和及时性是最为重要的两个因素。

应急指挥中心分为中央指挥中心、二级指挥中心和移动指挥中心三类。各类指挥中心模式又分为指挥中心层、业务机关层(各业务机构)、通信层(各种有线/无线通信网络)、业务执行层、业务相关层这五个层面。一个现代化的指挥中心不仅具有调度指挥中心的功能,同时也是网络中心、通信中心、监控中心、数据中心、信息发布中心的中央集合部。

应急指挥系统指挥部技术系统由应急指挥场所(即应急指挥中心所在地)、应急基础数据库群、应急快速响应系统、应急指挥命令系统、应急指挥辅助决策系统、应急信息通告系统及应急指挥与管理系统集成七大部分构成。同时,还具有与现场流动指挥等其他相关系统进行数据交换的能力。

从实现技术上,应急指挥技术系统建设内容包括应急数据通信支撑平台建设、应急基础数据库群建设、应急快速响应系统建设、应急指挥命令系统建设、应急指挥辅助决策系统建设、应急信息通告系统建设、应急指挥与管理集成系统建设七大部分。

建立一个应急指挥系统所需要做的工作包括:

(1)完善并集成各分离的信息数据库,实现信息共享。

(2)建立信息分析处理与地理信息系统,实现对灾情的评估、预测,为决策提供依据。

(3)建立应急预案、联络信息、可用资源管理等知识管理系统,实现信息的有效组织。

(4)连接各主要联动单位分离的指挥系统和业务系统,形成统一的指挥调度平台。

(5)建立计算机辅助调度和辅助决策的手段。

(6)实现统一接警和主动预警,实现联合行动和快速反应。

(7)建立中心大屏幕应急指挥中心,面向有关领导处理紧急、特殊事件时,查询信息、了解现场、研究决策、直接指挥调度使用。

2.2.3 电子政务系统

电子政务是政府在其管理和服务职能中运用现代信息和通信技术,实现政府组织结构和工程流程的重组优化,超越时间、空间和部门分割的制约,全方位地向社会提供优质、规范、透明的服务,是政府管理手段的全面变革。

一般而言,政府的主要职能在于经济管理、市场监管和公共服务。而电子政务就是要将这四大职能电子化、网络化,利用高现代信息技术对政府进行信息化改造,以提高政府部门依法行政的水平。

电子政务系统的4个突出的特点:

(1)电子政务使政务工作更有效、更精简。

(2)电子政务使政府工作更公开、更透明。

(3)电子政务将为企业和居民提供更好的服务。

（4）电子政务将重新构造政府、企业、居民之间的关系，使之比以前更加协调，使企业和居民能够更好地参与政府的管理。

电子政务系统是政府性质的，它的安全性应该放在一个非常重要的位置上，通常要求要合理地解决内外网的连通问题，既要使得沟通充足有效，又要保证内网在和外网的连通过程中内网的安全性，保证相关重要政府信息不被外界获取。

电子政务网络一般由内网、外网和专网这三部分组成。

对安全的特殊需求实际上就是要合理地解决网络开放性与安全性之间的矛盾。在电子政务系统信息畅通的基础上，有效阻止非法访问和攻击对系统的破坏。具体到技术层面，除了传统的防病毒、防火墙等安全措施以外，电子政务特殊的安全需求主要表现在以下几个方面：

1. 内外网间安全的数据交换

电子政务应用中势必存在内网与专网、外网间的信息交换需求，然而基于内网数据保密性的考虑，又不希望内网暴露在对外环境中。解决该问题的有效方式是设置安全岛，通过安全岛来实现内外网间信息的过滤和两个网络间的物理隔离，从而在内外网间实现安全的数据交换。安全岛是独立于电子政务内、外网的一个特殊的过渡网络，它被置于内网、专网和外网相交的边界位置，一方面将内网与外网物理隔离断开防止外网中黑客利用漏洞等攻击手段进入内网，另一方面又完成数据的中转，在其安全策略的控制下安全地进行内外网间的数据交换。

隔离网闸（GAP）技术是实现安全岛的关键技术，它如同一个高速开关在内外网间来回切换，同一时刻内外网间没有连接，处于物理隔离状态。在此基础上，隔离网闸作为代理从外网的网络访问包中抽取出数据，然后通过反射开关转入内网，完成数据中转。在中转过程中，隔离网闸会对抽取的数据做应用层的协议检查、内容检测，也会对 IP 包地址实施过滤控制，由于隔离网闸采用了独特的开关切换机制，因此，在进行这些检查时网络实际上处于断开状态，只有通过严格检查的数据才有可能进入内网，即使黑客强行攻击了隔离网闸，由于攻击发生时内外网始终处于物理断开状态，黑客也无法进入内网。另一方面，由于隔离网闸仅抽取数据交换进内网，因此，内网不会受到网络层的攻击，这就在物理隔离的同时实现了数据的安全交换。

以隔离网闸技术为核心，通过添加 VPN 通信认证、加密、入侵检测和对数据的病毒扫描，就可构成一个在物理隔离基础上实现安全数据交换的信息安全岛。

2. 网络域的控制

电子政务的网络应该处于严格的控制之下，只有经过认证的设备可以访问网络，并且能明确地限定其访问范围，这对于电子政务的网络安全而言同样十分重要。然而目前绝大部分网络是基于 TCP/IPV4 网络协议的，它本身不具备这种控制能力。要加强电子政务网络的控制与管理能力，可以采用基于 802.1x 带网络接入认证功能的交换机来实现。802.1x 协议能够对接入设备实现认证，从而控制网络的设备访问，它可以利用第三方的认证系统加强认证的安全强度，如 Radius、TACACS 以及 CA 等系统。802.1x 协议使得电子政务网络处于中心可管理的状态，从而使得各种网络域管理策略得以实现。

3. 标准可信时间源的获取

时间在电子政务安全应用上具有其特定的重要意义。政务文件上的时间标记是重要的政策执行依据和凭证,政务信息传递过程中的时间标记又是防止网络欺诈行为的重要指标,同时,时间也是政府各部门协同办公的参照物,因此,电子政务系统需要建立全系统可信、统一的时间源,这是保证电子政务系统不致出现混乱的关键因素。建立可信统一的时间源可以通过在标准时间源(如本地天文台、电视台等)上附加数字签名的方法来获得,附加数字签名的目的是防止时间在传输途中被篡改情况的发生。

4. 信息传递过程中的加密

电子政务应用涵盖政府内部办公和面对公众的信息服务两大方面。就政府内部办公而言,电子政务系统涉及到部门与部门之间、上下级之间、地区与地区间的公文流转,这些公文的信息往往涉及到机密等级的问题,应予以严格保密。因此,在信息传递过程中,必须采取适当的加密方法对信息进行加密。基于 IPsec 的加密方式正被广泛采用,其优点显而易见:IPSEC 对应用系统透明且具有极强的安全性,这一点对于要开发庞大应用的电子政务来说,就显得极好处了,应用系统开发商不必为数据传输过程中的加密做过多的考虑。IPsec 有多种应用方式,采用 IPsec 网关是比较理想的选择,它同时也易于部署和维护。

5. 操作系统的安全性考虑

网络安全的重要基础之一是安全的操作系统,因为所有的政务应用和安全措施(包括防火墙、防病毒、入侵检测等)都依赖操作系统提供底层支持。操作系统的漏洞或配置不当将有可能导致整个安全体系的崩溃。更危险的是,我们无法保证国外厂家的操作系统产品没有预留一手。在操作系统安全方面,有两点是值得考虑的:一是采用具有自主知识产权且源代码对政府公开的产品;二是利用漏洞扫描工具定期检查系统漏洞和配置更改情况,及时发现问题。

6. 数据备份与容灾

任何的安全措施都无法保证数据万无一失。硬件故障、自然灾害以及未知病毒的感染都有可能导致政府重要数据的丢失。因此,在电子政务安全体系中必须包括数据的容灾与备份,并且最好是异地备份。

电子政务系统的网络架构:

电子政务网络系统可规划为一个四层的安全控制域,网络安全设计以各域的工作特点为依据进行设计。

(1) 核心层(核心数据存储与处理):是政府信息的集中存储与处理的域,该域必须具有极其严格的安全控制策略,信息必须通过中间处理层才能获得。

(2) 办公业务层(日常办公与事务处理):是政府内部的电子办公环境,该区域内的信息只能在内部流动。

(3) 信息交换层(友邻、上下级部门间):一部分需要各部门交换的信息可以通过专网域进行交换。该区域负责将信息从一个内网传送到另一个内网区域,它不与外网域有任何信息交换。

(4) 公众服务层(电子窗口与信息服务):政府部门公共信息的发布场所,实现政府与公众的互操作。该域与内网和专网物理隔离。

典型的电子政务网络架构由内网、外网和专网这三部分组成。

2.2.4　监控系统

　　监控系统是随处可见的,比如交通部门用于监控车辆的情况,住宅小区用于监控日常情况,各个街道用于安全、监管等的视频监控等,对保证日常安全、对事故发生作出迅速反应、调阅历史资料等都起着很大的作用。

　　典型的监控系统主要由前端监视设备、传输设备、后端控制显示设备三大部分组成,其中后端设备可分为中心控制设备和分控制设备。前、后端设备有多种构成方式,它们之间的联系(可称作传输系统)可通过电缆、光纤或微波等多种方式来实现。

　　典型的闭路监控系统主要由摄像机部分、传输部分、控制与记录部分以及显示部分四大块组成。

　　摄像部分是电视监控系统的前沿部分,是整个系统的"眼睛"。在被监视场所面积较大时,在摄像机上加装变焦距镜头,使摄像机所能观察的距离更远、更清楚;还可把摄像机安装在电动云台上,可以使云台带动摄像机进行水平和垂直方向的转动,从而使摄像机能覆盖的角度更大。

　　在某些情况下,特别是在室外应用的情况下,为了防尘、防雨、抗高低温、抗腐蚀等,对摄像机及其镜头还应加装专门的防护罩,甚至对云台也要有相应的防护措施。

　　传输部分就是系统的图像信号通路。一般来说,传输部分单指的是传输图像、声音信号。同时,由于需要有控制中心通过控制台对摄像机、镜头、云台等进行控制,因而在传输系统中还包含有控制信号的传输。

　　在传输方式上,近距离一般采用视频线传输,不超过一两千米的距离一般采用同轴电缆传输,更远的距离则可采用光纤传输。对于远距离传输,还需配备视频信号放大、图像信号的较正与补偿设备。

　　控制与记录部分负责对摄像机及其辅助部件(如镜头、云台)的控制,并对图像、声音信号的进行记录。目前硬盘录像机的技术发展得较完善,它不但可以记录图像和声音,而且还包含了画面分割切换、云台镜头控制等功能,基本上取代了以往使用的画面切换器、画面分割器、云台控制器、镜头控制器等产品。如果客户要求能对云台、镜头(特别是高速球)进行非常方便的控制,则可以加配控制键盘。

　　显示部分一般由几台或多台监视器组成。在摄像机数量不是很多,要求不高的情况下,一般直接将监视器接在硬盘录像机上即可。如果摄像机数量很多,并要求多台监视器对画面进行复杂的切换显示,则须配备"矩阵"来实现。

　　专用监视器价格较贵,为了节省开支,也可用普通电视机替代。

　　目前监控系统随着计算机的发展水平的提高,已经由模拟系统向数字化系统转变,数字化系统在功能上较模拟系统完善,操作极其智能化和集中化等。

　　监控系统适用场所包括政府机关、电力电信、监狱、军队、银行、金库、超市、商场、宾馆、小区、学校、办公楼、道路监控等。

第3章　信息系统工程监理的方法与流程

在进行信息系统工程监理的时候,需要遵循一定的监理方法和流程,以保证监理工作能够有序、完整地进行,本章就将介绍信息系统工程中的一些监理方法和监理流程。

3.1　监理方法和手段

监理方法是监理工程师对信息系统工程进行有效监理的重要手段,监理方法分为多种,主要包括审查与咨询、过程及结果评价、协查与调研、旁站监理与非旁站监理、监理会议、监理文件、资源协调、测试组织等。在信息系统工程建设中,不同的阶段会用到不同的监理方法。

3.1.1　审查与咨询

审查与咨询的任务是对拟投资的项目从技术、经济两个方面进行全面的研究,或者对项目设计方案进行详细的审查,从而为上级部门提供决策的依据。在监理工作中,审查与咨询工作的分类如下图3－1所示。

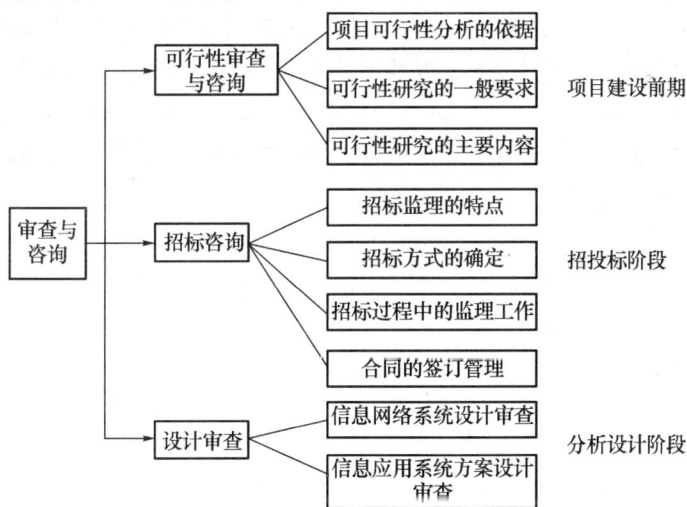

图3－1　审查与咨询的分类

1. 可行性审查与咨询

可行性审查与咨询是通过对项目的主要内容和配套条件,如市场需求、资源供应、建设规模、工艺路线、设备选型、环境影响、资金筹措、盈利能力等,从技术、经济、工程等方面进行调查研究和分析比较,并对项目建成以后可能取得的财务、经济效益及社会环境影响进行预测,从而提出该项目是否值得投资和如何进行建设的咨询意见,为项目决策提供依据的一种综合性的系统分析方法。

在信息系统工程项目的建设前期,可行性分析十分重要。它确定了项目的建设目标、内容、范围和投资规模,可行性分析报告是否科学和切合实际直接关系着项目的成败。监理方对项目的可行性分析应具有预见性、公正性、可靠性、科学性的特点。

可行性分析的基本目的,就是全面分析新建系统的投资效益(包括经济的、社会的效益)。可行性分析最终要明确指出提交的系统分析报告是否可行,有没有修改的必要。信息系统的建设不同于一般工程项目的建设。一般工程项目的可行性分析是对工程立项决策的分析,分析的对象以初选目标为前提。而信息系统是在申请立项、本单位内部进行广泛调查并且按照立项的准则写出系统分析说明书后,才能进行可行性分析。

在进行可行性审查与咨询的时候,要注意从可行性分析的依据、要求和内容三方面进行考证分析。

1)信息系统工程项目可行性分析的依据

一个拟建信息系统工程项目的可行性研究,必须在国家有关的规划、政策、法规的指导下完成,同时,还必须要有相应的各种技术资料。进行可行性研究工作的主要依据包括:

(1)有关国家、地区和行业的工程技术、经济方面的法令、法规、标准定额资料等。

(2)经过批准的项目建议书和在项目建议书批准后签订的意向性协议等。

(3)由国家颁布的建设项目可行性研究及经济评价的有关规定。

(4)包含各种市场信息的市场调研报告。

2)信息系统工程项目可行性研究的一般要求

可行性研究工作对于整个项目建设过程乃至整个国民经济都有非常重要的意义。为了保证可行性研究工作的科学性、客观性和公正性,有效地防止错误和遗漏,在可行性研究中,首先必须站在客观公正的立场进行调查研究,做好基础资料的收集工作;对于收集的基础资料,要按照客观实际情况进行论证评价,如实地反映客观经济规律;从客观数据出发,通过科学分析,得出项目是否可行的结论。

可行性研究报告的内容深度必须达到国家规定的标准,基本内容要完整,应尽可能多地占有数据资料,避免粗制滥造,搞形式主义。在做法上要掌握好以下四个要点:

(1)先论证,后决策。

(2)处理好项目建议书、可行性研究、评估这三个阶段的关系,任何一个阶段发现不可行都应当停止研究。

(3)要将调查研究贯彻始终,一定要掌握切实可靠的资料,以保证资料选取的全面性、重要性、客观性和连续性。

(4)多方案比较,择优选取。

为保证可行性研究的工作质量,应给予咨询设计单位足够的工作周期,防止因各种原因不负责任、草率行事。具体工作周期由委托单位与咨询设计单位在签订合同时协商确定。

3)信息系统工程项目可行性研究的主要内容

信息系统工程项目可行性分析一般应包括以下内容,如图 3-2 所示。

图 3-2 可行性研究的内容

（1）系统建设必要性。主要根据调查及预测的结果，以及有关的政策等因素，论证项目投资建设的必要性。在投资必要性的论证上，做好投资环境的分析，对构成投资环境的各种要素进行全面的分析论证。

（2）技术可行性。主要从项目实施的技术角度，合理设计技术方案，并进行比选和评价。应达到能够比较明确地提出设备清单和目前工程方案初步设计的深度。

（3）财务可行性。主要从项目及投资者的角度，设计合理的财务方案，进行资本预算，评价系统的效益，并进行投资决策。对项目的价值、投资与预期利益进行科学评价。

（4）组织可行性。制定合理的项目实施进度计划、设计合理的组织机构、选择经验丰富的管理人员、建立良好的协作关系、制定合适的培训计划等，保证项目顺利执行。

（5）经济可行性。主要从资源配置角度衡量项目的价值，评价项目在实现区域经济发展目标、有效配置经济资源、创造就业、改善环境、提高人民生活等方面的效益。

（6）系统生存环境可行性。驱动系统运行的环境和生命周期的分析。

可行性分析要根据业主需求信息与限制条件，针对系统方案中确定的长期目标和短期目标，分别对计算机资源、技术能力及局限性、预期效果综合进行分析。

可行性分析的最终结果应编写成可行性分析报告，作为上级管理部门进行决策的重要依据。一般项目的可行性分析报告，均应设专章论述投资必要性、技术可行性、财务可行性、组织可行性和风险分析的内容，并应设多个章节对设计方案、工艺方案、设备选型、总图布置、辅助工程、节能措施等技术可行性的各方面内容进行研究。应重视项目的经济和社会评价，重点评价项目的可持续性和经济社会环境影响。

在可行性研究中，咨询监理工程师应根据项目的特点，合理确定可行性研究的范围和深度，应按照图 3-3 所示步骤开展咨询工作。

2. 招标咨询

1）招标监理的特点

信息网络系统招标监理的主要任务是协助业主通过对投标单位资质、服务水平和承诺、总体技术方案和价格的综合审查，选择合适的承建方。根据业主的需要，监理方可以参与编制招标文件、编制评标标准、评标、合同谈判等环节的监理和咨询工作。

招投标过程分为招标、投标、开标、评标、决标和授予合同六个步骤，如图 3-4 所示。

（1）招标。招标是业主根据已经确定的项目建议书，提出招标采购项目的条件，并向潜在的承建方发出投标邀请的行为。招标是招标单位与监理方共同合作的行为。

65

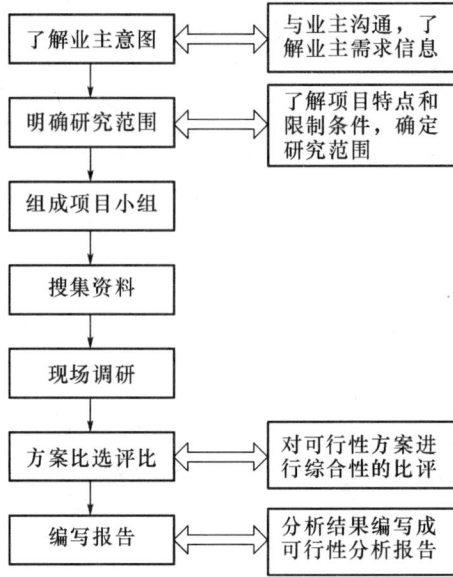

图 3-3 咨询工作流程

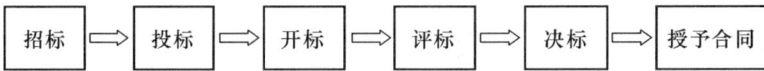

图 3-4 招投标过程

这一阶段经历的步骤主要有:确定项目需求,编制招标文件,确定标底,发布招标公告或发出投标邀请,进行投标资格预审,通过投标单位参加投标并向其出售标书,组织召开标前会议等。这些工作主要由业主组织。

(2)投标。投标是指投标单位接到招标通知后,根据招标通知的要求填写招标文件,并将其送交业主的行为。

在这一阶段,投标单位进行的工作包括申请投标资格、购买标书、考察现场、办理投标保函、算标、编制和投送标书等。

(3)开标。开标是业主在预先规定的时间和地点将投标单位的投标文件正式启封揭晓的行为。开标由业主方组织进行,监理方履行监督职责,开标还需邀请投标方代表参加。

在这一阶段,开标工作人员要按照有关要求,逐一检查每份标书封套的完整性,然后开封进行唱标。开标结束后,还应由开标组织方编写一份开标会议纪要。

(4)评标。评标是业主根据招标文件的要求,在监理方的配合下,对所有的标书进行评审和评比的行为。评标由业主方组织进行。

在这一阶段,业主和监理方要进行的工作主要有:

① 评审标书是否符合招标文件的要求和有关规定。

② 组织人员对所有的标书按照公正的方法进行比较和评审。

③ 就初评阶段被选出的几份标书中存在的某些问题要求投标人加以澄清,最终评定并写出评标报告等。

(5)决标。决标即业主决定中标单位的行为。决标是业主的单独行为,但必须和监

66

理方一起进行裁决,监理方要保证其过程是公正的。

在这一阶段,业主所要进行的工作有:决定中标单位,通知中标单位其投标已经被接受,向中标单位发中标意向书,通知所有未中标的投标单位,并向他们退还投标保函等。

(6)授予合同。授予合同习惯上也称签订合同,因为实际上它是由招标单位将合同授予中标单位,并由招标单位、中标单位签署合同的行为。

在这一阶段,通常业主和承建方双方对标书中的内容进行确定,并依据标书签订正式合同。为保证合同的履行,签订合同后,中标的承建方还应向业主提交一定形式的担保书或担保金。

2)招标方式的确定

监理方在招标阶段的第一项工作内容是了解业主需要,协助业主决定招标方式。根据有关国际组织协议或国内法规以及信息服务项目招标的特点,在实践中确定信息服务招标方式的基本原则是:

(1)如果可以拟定详细的条件,而且服务的性质允许采用招标方式,可采用公开或邀请招标的方式进行。

(2)如果不能确切拟定或最后拟定条件,或采购的服务相当复杂,可采用征求建议书、邀请建议书、两阶段招标、竞争性谈判、设计竞赛等方式。

(3)聘用专家提供咨询、研究、监理等服务,这种方式更侧重对专家知识、技能、经验方面的考虑。

3)招标过程中的监理工作

在招标方式确定后,监理方应协助业主制定招标文件和评标标准,并对招标过程的组织提出建议。监理方在招投标过程中的监理工作流程如图3-5所示。

监理方在招投标过程中的监理工作内容主要体现在以下几方面,如图3-6所示。

(1)承建方资质的评审。采用公开招标方式时,监理方应协助业主对投标单位的资质进行评审;采用邀标或其他招标方式时,监理方应协助业主方对候选承建方进行资质评审,评审主要依据以下四个方面的因素。

① 企业资质。

计算机信息系统集成资质:计算机信息系统集成是指从事计算机应用系统工程 & 网络系统工程的总体策划、设计、开发、实施、服务及保障。计算机信息系统集成的资质是指计算机信息系统集成的综合能力,包括技术水平、管理水平、服务水平、服务保证能力、技术装备、系统建设质量、人员构成与素质、经营业绩、资产状况等要素。计算机系统集成资质是业主确定承建方时非常重要的一个因素。

其他资质:如果工程包括机房装修、安防系统或综合布线,还要评审如建筑智能化系统集成专项工程设计资质、安全消防工程资质等。

② 项目管理体系。评审承建方的质量管理体系是否通过相关认证或评估。

③ 相关项目的实施经验。评审企业是否参加过类似项目的承建工作,类似项目的建设质量与声誉。

④ 公司实力。评审因素包括注册资金、技术实力、企业发展情况等。

(2)开标过程的监理。

① 开标应当在招标文件确定的提交投标文件截止时间的同一时间公开进行,开标地

```
        ┌─────────────────┐
        │  协助业主决定    │
        │    招标方式      │
        └────────┬────────┘
     (招标) ┐    │  公开或邀请招标(一般方式)
        ┌───┴────┴────────┐
        │  参与编制招标文  │
        │  件,发出招标公  │
        │  告、投票邀请    │
        └────────┬────────┘
     (投标) ┐    │  各投标单位填写投标文件、投标书
        ┌───┴────┴────────┐
        │  审核投标单位资  │
        │  质、实力、管理  │
        │    体系等        │
        └────────┬────────┘
     (开标) ┐    │  按招标文件的时间、地点公开进行
        ┌───┴────┴────────┐
        │  检查投标文件密  │
        │  封完整,记录开  │
        │    标过程备档    │
        └────────┬────────┘
     (评标) ┐    │  评标委员会完成评标,提交书面评标报告
        ┌───┴────┴────────┐
        │  按投标文件评标  │
        │  标准,配合业主  │
        │  评审所有标书    │
        └────────┬────────┘
     (决标) ┐    │  业主单位决定中标单位
        ┌───┴────┴────────┐
        │  协同业主决定中  │
        │  标单位,保证过  │
        │    程公正        │
        └────────┬────────┘
   (授予合同) ┐  │  业主单位向中标单位发送中标通知书
        ┌───┴────┴────────┐
        │  审定合同,逐条  │
        │  分析条款,提出  │
        │  意见和建议      │
        └─────────────────┘
```

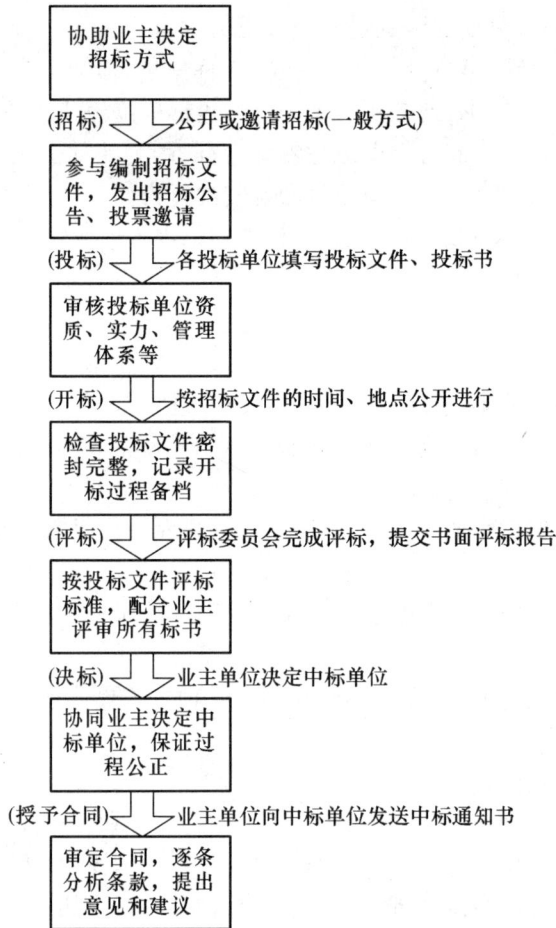

图 3-5 招投标阶段监理工作流程

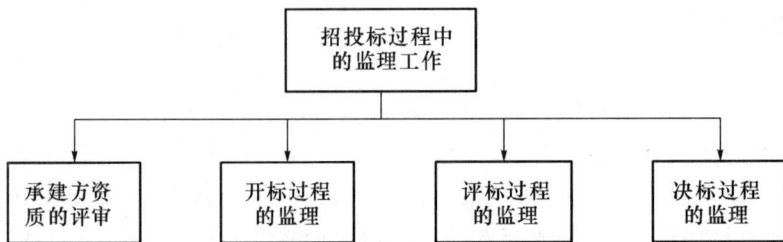

```
              ┌─────────────────┐
              │  招投标过程中    │
              │  的监理工作      │
              └────────┬────────┘
        ┌──────────┬───┴──────┬──────────┐
   ┌────┴────┐ ┌───┴────┐ ┌───┴────┐ ┌───┴────┐
   │承建方资 │ │开标过程│ │评标过程│ │决标过程│
   │质的评审 │ │的监理  │ │的监理  │ │的监理  │
   └─────────┘ └────────┘ └────────┘ └────────┘
```

图 3-6 招投标过程中的监理工作内容

点应当为招标文件中预先确定的地点。

② 开标时,要检查投标文件的密封情况,经确认无误后,由工作人员当众拆封,宣读投标人名称、投标价格和投标文件的其他主要内容。

③ 开标过程应当记录,并存档备查。

(3)评标过程的监理。

① 评标委员会由招标人的代表和有关技术、经济等方面的专家组成,成员人数为五人以上单位,其中技术、经济等方面的专家不得少于成员总数的2/3。

② 专家应当从事相关领域工作满八年并具有高级职称或者具有同等专业水平,由招标人从国务院有关部门或者省、自治区、直辖市人民政府有关部门提供的专家名册或者招标代理机构的专家库内的相关专业的专家名单中确定;一般招标项目可以采取随机抽取方式,特殊招标项目可以由招标人直接确定。

③ 确认没有与投标人有利害关系的人进入相关项目的评标委员会。

④ 评标委员会成员的名单在中标结果确定前应当保密。

⑤ 确认没有任何单位和个人非法干预、影响评标的过程和结果。

⑥ 评标委员会应当按照招标文件确定的评标标准和方法,对投标文件进行评审和比较;设有标底的,应当参考标底。评标委员会完成评标后,应当向招标人提出书面评标报告,并推荐合适的中标候选人。

⑦ 招标人根据评标委员会提出的书面评标报告和推荐的中标候选人确定中标人。

⑧ 在确定中标人前,招标人不得与投标人就投标价格、投标方案等实质性内容进行谈判。

⑨ 评标委员会成员和参与评标的有关工作人员不得透露对投标文件的评审和比较、中标候选人的推荐情况以及与评标有关的其他情况。

(4)决标过程的监理。

① 中标通知书对招标人和中标人具有法律效力。中标通知书发出后,招标人改变中标结果的,或者中标人放弃中标项目的,应当依法承担法律责任。

② 招标人和中标人应当于中标通知书发出之日起 30 日内,按照招标文件和中标人的投标文件订立书面合同。招标人和中标人不得再行订立背离合同实质性内容的其他协议。

③ 依法必须进行招标的项目,招标人应当自确定中标人之日起 15 日内,向有关行政监督部门提交招标投标情况的书面报告。

④ 中标人应当按照合同约定履行义务,完成中标项目。中标人不得向他人转让中标项目,也不得将中标项目肢解后分别向他人转让。

⑤ 中标人按照合同约定或者经招标人同意,可以将中标项目的部分非主体、非关键性工作分包给他人完成。接受分包的人应当具备相应的资格条件,并不得再次分包。

⑥ 中标人应当就分包项目向招标人负责,接受分包的人就分包项目承担连带责任。

4)合同的签订管理过程

监理工程师在建设方和承建方订立合同的过程中要逐条分析条款,与合同法或其他法律法规相违背的条款要提出修改意见并建议修改。通过审订合同,监理方可以协助建设方一起明确彼此的职责、权利与义务。在评审过程中监理方要本着公正、公平的原则,不偏袒任一方。

3. 设计审查

分析设计阶段监理一方面监督和控制承建单位工作过程的规范性,另一方面对承建单位需求分析和设计阶段的工作成果进行评审,保障信息系统工程需求分析设计过程和产品符合规范要求。

1)信息网络系统设计审查

对承建单位提交的网络系统设计方案从以下方面提出监理意见:

（1）工程的总体设计目标和业主单位项目需求的符合性。

（2）网络系统体系结构设计是否合理，是否充分考虑到目标系统与现有系统的兼容性和互操作性要求。

（3）网络系统集成时，各部分的接口和整体连通性设计是否满足项目需求。

（4）网络基础设施，包括主要网络设备的配置及其互连、主机硬件的配置、操作系统及其他支撑软件的选择和配置等。

（5）网络应用层协议及网络服务的选择和配置。

（6）网络管理系统的选择和配置。

（7）网络安全性设计。

（8）工程关键技术的实现方法、流程及技术保障措施的合理性。

（9）工程实施的质量保证措施和进度计划的可行性、合理性及文档的完整性。

（10）工程施工组织设计方案的合理性。

2）信息应用系统方案设计审查

目前国内信息系统工程建设的过程中，常出现承建单位忽视系统设计的情况，而业主单位出于进度等方面的要求以及信息技术上的弱势，放松了对承建单位系统设计的要求，致使工程处于边设计、边编码、边修改的"三边"状态。在这种情况下，工程建设的质量、进度与投资失控，常出现质量问题、进度延迟与投资加大的情况，而编码与设计脱节、设计与需求脱节的情况最终会造成系统后续维护的工作量大为增加，经常出现"补丁摞补丁"，最终导致系统实质上被废弃的情况。

所以，在设计阶段监理单位要尽可能与业主单位协调配合工作，听取业主单位从业主角度出发提出的对开发方设计的意见。监理单位主要从文档的规范性、可实施性出发，以国家相关标准为依据，从软件工程学的角度对承建单位提出意见与建议，配合业主单位工作，督促承建单位做好工程项目的设计工作。

在设计阶段，监理单位主要针对需求的覆盖性及可跟踪性、模块划分的合理性、接口的清晰性、技术使用性、技术清晰度、可维护性、约束与需求的一致性、可测试性、对软件设计的质量特性的评估、对软件设计的风险评估、对比情况、文档格式的规范性等方面进行评审。在此过程，业主单位需要对设计文档进行检查，主要看功能设计是否全面、准确地反映了需求、输入项是否完全正确并且符合需求、输出项是否符合需求、与外界的数据接口是否反映了需求、各类编码是否完全准确并且符合需求、界面设计是否符合需求、维护设计是否符合需求、各类数据表的格式和内容是否符合要求、是否存在其他有疑问的设计等方面进行核查。

3.1.2 过程及结果评价

从广义的角度来看，信息系统项目监理的过程及结果评价不仅包括施工前与施工后设计方案与验收方案的评价，而且也涉及到施工阶段的管理，包括变更效果的评价等。具体来讲，监理评价是指根据获得的项目信息，利用科学的方法，对项目的质量进行细致的分析与评定，并依据其潜在的收益与风险，决定项目监督管理措施等过程。由此，辨析、评估风险，分析产生风险的原因，构造解决、降低风险的方法，进而做出决策，是项目评价的主要内容；如何把握机遇、掌握时机、扩大可能的收益、降低可能的损失，是项目评价的主要目的。

评价过程是多阶段性的。概括地讲,监理项目评价的过程可划分为设计阶段的评价、施工阶段的评价、验收阶段的评价三个动态过程,如图3-7所示。

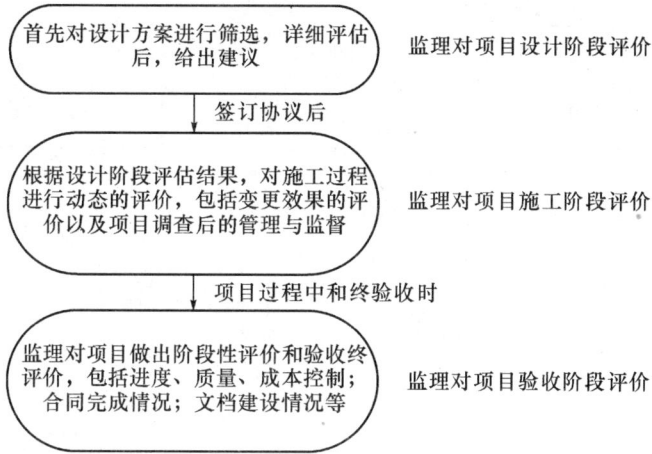

图3-7 监理对项目评价的过程

（1）设计阶段的评价也就是,项目首先经筛选,详细评估后,由监理公司给出选择设计方案的建议。

（2）施工阶段的评价是指在签订协议后,即进入施工管理阶段,本阶段应用设计阶段评估的结果,对项目施工情况进行动态评价,从而做出调整管理层或增资决策。在项目施工一定阶段以后,评价各种内外因素,进而做出采用何种方式进行进一步的管理与监督。

（3）验收阶段包括阶段性的评价与验收和项目结束时的终评价与验收,主要内容有:按照合同及计划对前一阶段中项目实施情况或整修情况进行回顾、评估以及验收,包括合同完成情况,计划执行情况,进度、成本、质量控制情况,安全保证及文档建设情况等。

3.1.3 协查与调研

监理方有义务在招投标阶段或施工期间协助建设方对承建方的资质进行调查评估,以便建设方选择合适的承建方,从而保证工程的质量。监理方需要从多个方面对承建方的资质进行审查,以获得准确的信息,如图3-8所示。

1. 承建方的企业背景

要求对承建方的资本结构、企业来历、主要领导成员、经营背景、人员结构有清楚的数据化的调查说明,主要内容包括:

（1）公司的股权结构。

（2）公司来历（成立年份、主要经营业务、开始注册资本、目前注册资本）。

（3）公司的领导班子主要人员情况（董事会人员、董事长、总经理、经营班子其他人员）。

（4）公司经营状况（近三年的销售额、利润额、人均利润）。

（5）人员情况（现有人员、市场人员、人员学历组成、近三年人员变化）。

2. 承建方（企业）的技术实力分析

要求对承建方的技术人员力量、已经完成的项目实例和目前在该领域的技术实力进

71

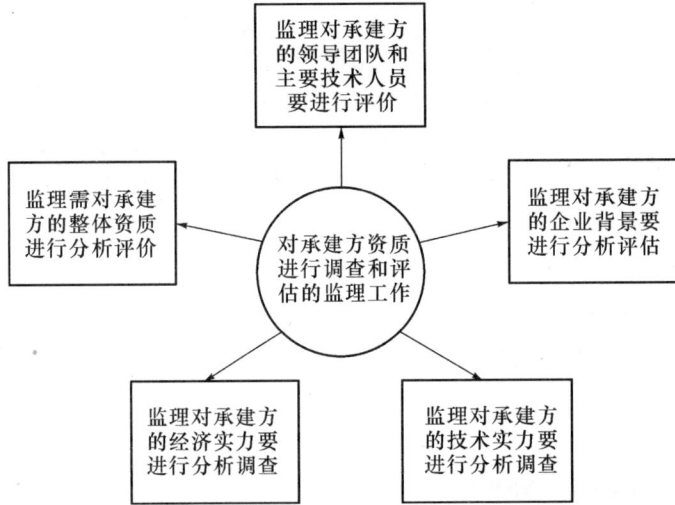

图 3-8 监理对承建方资质审查的内容

行评估;并对承建方承担现项目在技术上的风险程度进行分析。主要内容包括:

(1) 企业设计及系统集成资质。

(2) 企业技术人员实力分析。

(3) 承建方在该领域的业绩和实力。

(4) 承建方对本项目投入的技术实力分析。

(5) 承建方承担该项目的技术风险评估。

3. 承建方经济实力分析

要求对乙方的资金情况、经营状况和赔偿能力有个量化的数据分析。内容包括:

(1) 承建方近三年的经营状况(资产负债表、收益表、利润表、目前的资金情况)。

(2) 承建方的赔偿能力。

4. 对承建方领导团队及主要技术人员的评价

要求对承建方领导团队的整体素质进行评价,主要内容包括:

(1) 领导团队的凝聚力(团结状况)。

(2) 领导团队的能力(领导能力、经营能力、攻关和市场能力)。

(3) 领导团队对技术发展的前瞻性。

(4) 领导团队核心人员的个人素质。

5. 对承建方整体资质的评估意见

要求对承建方资质的各个方面做出量化的评估,主要内容包括:

(1) 技术实力。

(2) 经济实力。

(3) 领导团队。

(4) 可合作性。

(5) 内部效率。

最后给出承建方是否适合承担该项目的合适度。

3.1.4　旁站监理与非旁站监理

信息系统工程与建筑、交通等工程在技术架构和工程实施方式等方面有着巨大的差别，因此建筑、交通等工程的成熟的监理理论、技术和方法上不能完全照搬照抄。

由于建筑、交通工程等是以量化为主的工程，工程实施过程是一个量化的不断积累的过程，并且基于成本和进度这个过程在很大程度上是不可逆的，因此监理必须随时对每一个环节的量化积累实施监理，所以多采用旁站监理方法。

而信息系统工程是非量化为主的工程，其系统的可重构特性使其代价相对小得多，尽管其系统的功能和性能判定不能及时得出结论，须采用辅助分析或测试方法才能得到较为准确的结论，但事后的改进和完善具有弥补性能和功能的特点，所以多采用非旁站监理方式；另一方面，信息系统工程中也有类似建筑、交通工程特性的子工程，如布线工程、原始数据采集等，因此必须采用旁站监理方式。所以信息系统工程监理方式应是两种监理方式的有机结合，而不是单一方式能完成的。

1. 旁站监理

旁站监理是指监理人员在施工现场对某些关键部位或关键工序实施全过程现场跟班的监督活动。旁站监理在总监理师的指导下，由现场监理人员负责具体实施。旁站监理时间可根据施工进度计划事先做好安排，待关键工序实施后再做具体安排。

旁站的目的在于保证施工过程中的项目标准的符合性，尽可能保证施工过程符合国家或国际相关标准。

在项目实施现场进行旁站监理工作是监理在信息系统工程质量控制方面的重要手段之一。旁站往往是在那些出现问题后难以处理的关键过程或关键工序。现场旁站比较适合于网络综合布线、设备开箱检验、机房建设等方面的质量控制，也适合其他与现场地域有直接关系的项目质量控制的工作。

旁站监理在监理工作中十分重要，由于监理人员在现场，他可以随时检查施工过程中的每个细节，例如施工中所用的材料与批准的材料标准是否相符，承建单位是否按技术规范中的工艺施工，承建单位本身的质量控制人员在现场的作用如何等。

监理人员在现场监理中，一旦发现问题，便可以及时指令承建单位予以纠正。这对杜绝或减少质量缺陷的发生、保证信息工程质量和进度具有很大的作用。旁站监理的流程如图3-9所示。

旁站监理工程师的职责：

（1）负责控制和检查工程质量，组织单项工程、隐蔽工程的验收，参加工程阶段和施工验收。

（2）审查材料和工艺试验成果，进行合格签证。

（3）审查月季度付款的工程数量和质量，并签署意见。

（4）审查和控制项目的施工方案、施工进度，并及时报告。

（5）签发工程项目的现场通知和违规通知。

（6）参加对承建单位所制定的施工计划、方法、措施的审查，起草或校核"工程师"函件。

（7）组织对承建单位的各种申请进行审查，并提交处理意见。

（8）审查质量检查员的值班记录、日报，做好分析汇总工作，编写分项工程周报。

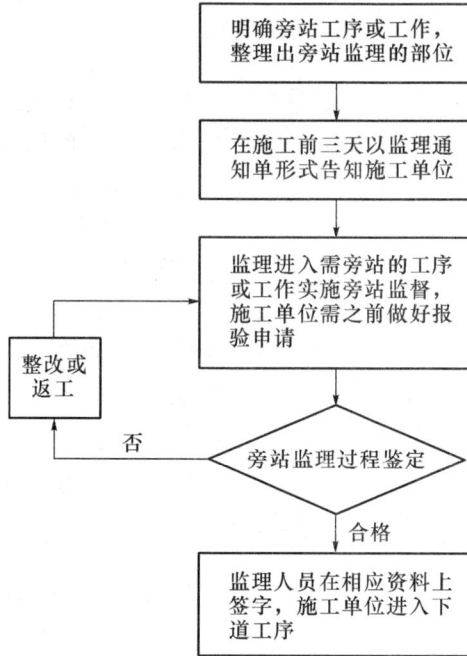

图 3-9 旁站监理流程

（9）指导和管理质量检查员的工作。

（10）负责收集、保管工程项目各项记录、资料，并进行整理归档。

（11）负责编写单项工程阶段报告以及季度、年度工作计划和总结。

现场旁站要求现场监理工程师要具有深厚的专业知识和项目管理知识，能够纵观全局，对项目阶段或者全过程有深刻的理解，对项目的建设具有较高的深入细致的观察能力和总结能力。旁站记录是监理工程师或总监理工程师依法行使有关签字权的重要依据，是对工程质量的签字资料。

旁站记录必须做到：

（1）记录内容要真实、准确、及时。

（2）对旁站的关键部位或关键工序，应按照时间或工序形成完整的记录。

（3）记录表内容填写要完整，未经旁站人员和施工单位质检人员签字不得进入下道工序施工。

（4）记录表内施工过程情况是指记录旁站监理在关键部位和关键工序时的施工情况。例如，人员上岗情况、材料使用情况、实施技术和操作情况、执行实施方案和强制性标准情况等。

（5）完成的工作量应写清准确的数值，以便为造价控制提供依据。

（6）监理主要记录旁站人员、时间、旁站监理内容、对施工质量检查情况、评述意见等。将发现的问题做好记录，并提出处理意见。

（7）质量保证体系运行情况主要记述旁站过程中承建单位质量保证体系的管理人员是否到位，是否按事先的要求对关键部位或关键工序进行检查，是否对不符合操作要求的施工人员进行督促，是否对出现的问题进行纠正。

74

（8）若工程因意外情况发生停工，应写清停工原因及承建单位所做的处理。

专业监理工程师或总监理工程师通过对旁站记录的审阅，可以从中掌握关键过程或关键工序的有关情况，针对出现的问题，分析原因、制定措施、保证关键过程或关键工序质量，同时这也是监理工作的责任要求。

监理人员应对旁站记录进行定期整理，并报建设单位审阅。一份好的旁站记录不仅可以使建设单位掌握工程动态，更重要的是使建设单位了解监理工作，了解监理单位的服务宗旨与服务方向，树立企业的良好形象，同时监理人员也可以从中听取建设单位的意见，及时改进监理工作，提高服务质量。

2. 非旁站监理

非旁站监理则不需要监理人员驻守在现场对工程进行监督，它比较适合于软件开发、软件系统集成以及设备到货验收等方面的质量控制和进度控制。非旁站监理有多种方法，如测量、抽查、巡检等。

1）评审

评审的主要目的是检查项目的当前状态。评审一般是在主要的项目里程碑接近完成是进行，比如总体设计、产品设计、编码或测试完成的时候。通过评审，可以及时发现重大问题，并给出处理意见。

评审的依据有：

（1）国家和行业的相关标准、技术规范及其他有关规定。

（2）有关部门关于本项目的文件和批示。

（3）已经确定的本方案的承前性文件。

（4）监理工程师收集的监理信息。

一般来说，一个信息系统工程需要采用评审的内容有：

（1）建设单位的用户需求和招标方案。

（2）承建单位的质量控制体系和质量保证计划。

（3）承建单位的总体技术方案。

（4）承建单位的工程实施方案。

（5）承建单位的系统集成方案。

（6）承建单位有关应用软件开发的重要过程文档。

（7）工程验收方案。

（8）承建单位的培训方案与计划。

在评审之前，监理工程师接受方案、文档等资料，进行初审，并把初审结果上报总监理工程师；总监理工程师根据方案的重要性、时间要求以及初审结果等形成评审方案，并由总监理工程师组织相关人员对方案进行评审、讨论，得出评审结论；总监理工程师根据评审结论，组织现场监理工程师讨论，形成最终的监理意见，提交给建设单位和承建单位；承建单位和建设单位根据监理意见进行处理，处理结果由现场监理组织进行确认，并报总监理工程师签发。

2）测量

工程中的测量关系整个施工全过程。在施工过程中也常采用测量手段进行施工控制。监理工程师利用测量手段，在工程开工前核查工程的定位放线，在施工过程中控制工程的轴线和高程,在工程完工验收时测量各部位的几何尺寸、高度等。

3)抽查

信息系统工程建设过程汇总的抽查主要针对计算机设备、网络设备、软件产品以及其他外围设备的到货验收检查,以及对项目实施过程中有可能发生质量问题的环节随时进行检查。监理工程师对任何项目或项目中的任何部分的质量评价,必须通过试验取得数据后进行。不允许采取经验、目测或感觉进行评价。

抽查可分为设备到货的抽查和实施过程中的抽查两种情况。

(1)到货验收的抽查:主要是针对大量设备到货情况,需要对不同型号的产品进行抽查,在抽查时要有详细的记录。对于少量设备到货的情况要逐一检查。

(2)实施过程中的抽查:当现场监理工程师发现质量疑点时,要进行现场抽查测试,比如对综合布线阶段,监理工程师除了在隐蔽工程实施过程中要旁站外,还要通过手持式或台式网络测试仪对布线质量进行抽测,以便能够分析网络综合布线的效果,可以有效保证网络综合布线的质量。在软件开发过程中,监理工程师可以随时抽查开发文档的编写情况、测试情况,以及已经完成的代码抽查是否符合基本的开发约定等。

抽样试验是对各项工程实施中的建设质量进行是否符合条件的检查。抽样试验应按以下要求进行:

(1)监理工程师应随时派出试验监理人员,对承包人的各种抽样频率、取样方法及试验过程进行检查。

(2)承包人工地试验室的抽样频率在按技术规范规定的全频率抽样试验的基础上,监理工程师中心试验室应按照10%~20%的频率独立进行抽样试验,以鉴定承包人的抽样试验是否真实可靠。

(3)当施工现场的监理人员对施工质量或材料产生疑问并提出要求时,中心试验室可随时进行抽样试验,必要时还应要求承包人增加抽样频率。

现场检测试验程序:施工前驻地试验室与承包人试验室按规范确定检测项目,施工中共同按规范要求的频率进行检测,或驻地试验员旁站承包人的试验过程,检查原始记录并规定抽查频率对现场进行抽查,并将抽查结果填入质量检验单,对无条件做的项目送中心试验室。现场检测试验程序如图3-10所示。

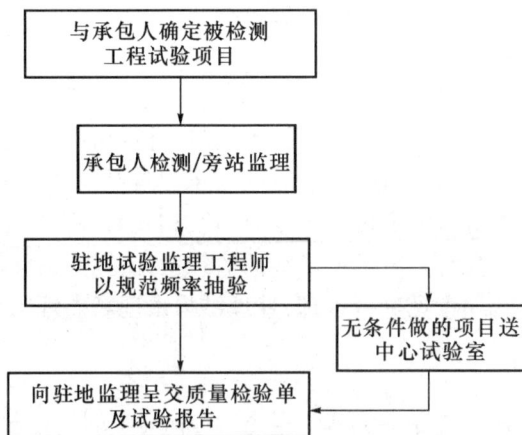

图3-10 现场检测试验程序

4）巡检

巡检是流动性监督,一般覆盖全过程,可以监督生产人员操作方法是否准确、过程检验是否符合要求,亦可以通过抽取部分样品进行检测,以确定生产过程质量控制稳定。

3.1.5 监理会议

会议是把项目有关各方的负责人或联系人团结在一起的重要机制。会议不仅可以使得项目建设有关信息全方位地畅通与流转,而且提供了某种程度上的社会联系,它有助于提醒出席会议的人认识到"每一个人都是项目团队的一员"。

会议成功的关键原则是:确保每个人到场、议程和领导。为了保证每个人都出席,要把会议作为每个人日程的固定项目。如果没有讨论的议题就取消会议。开好会议要把议程的项目保持在所需的最低数量,以确保每一个人都掌握最重要的事件、议题和问题的最新动向。作为会议的组织者,要确保在概括会议议程时尽可能地精炼,没有必要的冗长会议其效果将会适得其反。领导的与会作用是保证会议的结果得到落实的重要保证。监理会议主要分为两种形式,如图3-11所示。

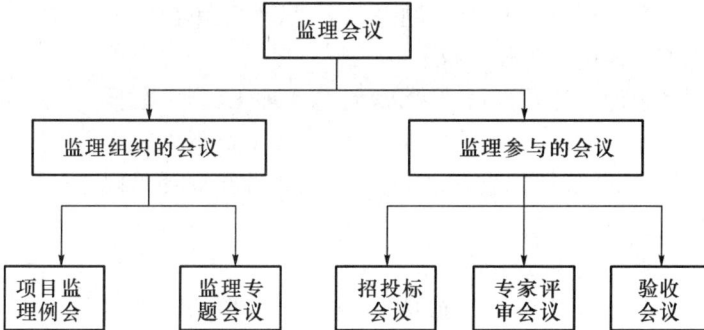

图3-11 监理会议的形式

召集或主持会议可以采取多种措施以确保会议有效。

1. 会前的准备措施

（1）确定会议目的。该会议是为了交流信息、计划、收集情况或意见、制定决策、说服或宣扬、解决问题,还是为了评估项目进展情况。

（2）确定谁需要参加会议,说明会议目的。参加会议的人数应是达到会议目的的最少人数。

（3）事先将会议议程表分发给参加会议者。议程表包括会议目的、包含的主题(应按重要性大小列出)。

（4）每个主题事件的分配及谁将负责该主题、发言或主持讨论。议程表应附有参与者在会前需要评审的文件和资料。

2. 会议过程把握的原则

（1）按时开始会议。

（2）指定记录员。详细的记录方便以后的查阅。

（3）评论会议的目的和议程表。

（4）督促而不能支配会议,应保证会议在计划内顺利进行。

（5）会议结束时总结会议成果，并确保所有参加者对所有决策和行动有一个清楚的了解。

（6）不要超过会议计划时间。与会者可能有其他约会或者其他系列会议。如果没有讲完所有议程，最好让涉及这些细目的人另开一个会议。

（7）评价会议进程。会议结束时，应评价会议进程，公开讨论发生了什么，并决定做哪些调整，以提高会议的有效性。

3. 会议结果的原则

（1）在会后 24h 之内公布会议成果。

（2）总结文件应该简洁，应明确所做出的决定性意见，并列出行动细目。

4. 监理组织的会议

项目中监理组织召开会议的流程如图 3 - 12 所示，监理组织的会议主要有监理例会和监理专题会议两种。

1）项目监理例会

项目监理例会是履约各方沟通情况、交流信息、协调处理、研究解决合同履行中存在的各方面的问题，并由工程监理单位总监理工程师组织与支持的例行工作会议。

项目监理例会参加单位及人员通常包括：总监理工程师、总监代表、项目有关监理工程师；承建单位项目经理、技术负责人及有关专业人员；建设单位驻现场代表等；根据会议议题的需要还可以邀请设计单位、分包单位及其他有关的人员参加。

（1）项目监理例会的主要议题。

① 检查和通报项目进度计划完成情况，确定下一阶段进度目标，研究承建单位人力、设备投入情况和实现目标的措施。

② 通报项目实施质量的检查情况和技术规范实施情况等，针对存在的质量问题提出改进措施。

③ 检查上次会议议定事项的落实情况，检查未完成事项并分析原因。

④ 分包单位的管理和协调问题。

⑤ 项目款支付的核定及财务支付中的有关问题。

⑥ 接收和审查承建单位提交的项目文档。

⑦ 监理提交相关监理文档。

⑧ 解决项目变更的相关事宜。

⑨ 违约、工期、费用索赔的意向及处理情况。

⑩ 解决需要协调的其他有关事项。

（2）会议准备。项目监理单位应及时收集并汇总有关情况，为召开会议做好准备：

① 了解上次会议的落实情况和存在的问题。

② 准备会议的资料，确定有关事项的处理原则。

③ 与有关方面通报情况、交换意见，做好会议准备。

（3）会议纪要的记录、签认和分发。项目监理例会内容通常由指定的监理人员记录，

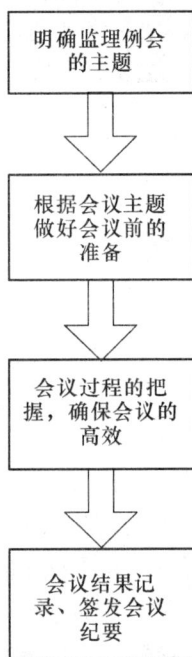

图 3 - 12 监理组织
会议流程

78

除笔记以外可以根据实际情况使用数码相机、摄像设备、录音笔和笔记本电脑等设备进行辅助记录和演示。

会议纪要由监理工程师根据会议记录整理，主要内容有：

① 会议时间和地点。

② 会议主持人。

③ 出席者姓名、隶属单位、职务。

④ 会议内容和决议事项（包括负责落实单位、负责人和时限要求）。

⑤ 其他事项。

会议纪要的内容应真实，简明扼要。纪要经总监理工程师签认，发放到项目有关各方，并应有签收手续。对于会议纪要中的议定事项，有关方面应在规定的时限内落实。

2）监理专题会议

专题会议是为解决专门的问题而召开的会议，由总监理工程师或授权监理工程师主持。专题会议应认真做好会前准备，监理工程师要认真做好会议记录，并整理会议纪要；会议纪要由总监理工程师签认，然后发给项目有关方。专题会议通常包括技术讨论会、现场（项目组织）协调会、紧急事件协调会和技术（或方案）评审会等。

监理单位通常会依据现场工程进度情况，定期或不定期召开不同层级的现场协调会议，解决工作过程中的相互配合问题。在协调会上通报重大变更事项，解决建设单位与承建单位之间的重大协调配合问题，通报进度状况，处理工作中的交接、场地与公用设施使用的矛盾。

对于因突发性变更事件引起的进度问题，监理单位会召开紧急会议，督促各方采取应急措施赶上进度要求，以便项目的开发能以预期的进度完成。

根据项目的实际情况，在承建单位完成关键阶段的工作时，监理将及时组织专家，会同建设单位对阶段性成果进行评审，以便在评审通过后能使承建单位及时转入下一阶段的工作实施中。

5. 监理参与的会议

在监理参与的会议中，监理方并不占主导地位，监理在会议过程中起着协调、配合的作用。监理参与的会议主要有招投标会、专家评审会、验收会议三种。

1）招投标会

监理参加招投标会的主要任务是协助业主通过对投标单位资质、服务水平和承诺、总体技术方案和价格的综合审查，选择合适的承建方。另外，监理方应对招标结果的符合性以及合同与投标书的差异进行审查，给出监理意见。

2）专家评审会

在专家评审会中，监理应协助专家组成员了解项目各阶段的建设情况以及出现的问题，专家组按相应阶段的评审内容，对有关文档和资料进行审查，并结合工作报告的情况提出一致意见，最后形成"专家组审查报告"。承建方根据专家意见进行处理，处理结果由监理方进行确认。

3）验收会议

监理方应协助建设方制定验收会议流程，并在验收会议中配合验收小组审查验收相关文档和资料,或对工程进行抽样测试。若验收未通过,监理方应协助承建方根据验收评审意见尽快修正有关问题,重新进入验收。最后监理方应在《验收报告》上进行签字确认。

3.1.6 监理文件

监理文件贯穿于工程建设的全过程,是工程实体的最终反映,是反映工程成果的重要一部分,作为工程参与的监理工作者,尤其要注意监理文件的重要性。监理文件大致分为两大类,如图 3-13 所示。

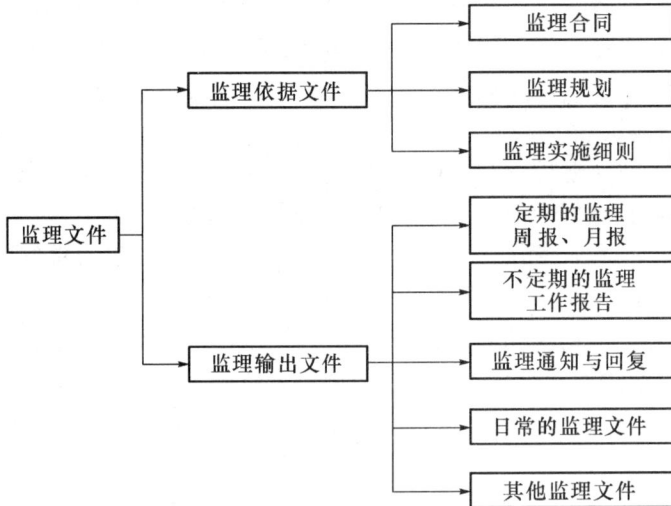

图 3-13 监理文件的分类

1. 监理依据文件

1)监理合同

监理合同是指建设方与监理方签订的监理委托合同,它规定了监理的权利与义务。

2)监理规划

监理规划是在监理委托合同签订后,由监理单位制定的指导监理工作开展的纲领性文件。它起着指导监理单位规划自身的业务文件,并协调与建设单位在开展监理活动中的统一认识、统一步骤、统一行动的作用。由于监理规划是在监理委托合同签订后编制的,监理委托关系和监理授权范围都已经很明确,工程项目特点及建设条件等资料也都比较翔实。因此,监理规划在内容和深度等方面比监理委托合同更加具体化,更加具有指导监理工作的实际价值。

编制监理规划的目的,是将监理委托合同规定的责任和任务具体化,并在此基础上制定实现监理任务的措施。监理规划包括以下内容:

(1)工程项目概况。

(2)监理的范围、内容与目标。

(3)监理项目部的组织结构与人员配备。

(4)监理依据、程序、措施及制度。

（5）监理工具和设施。

3）监理实施细则

监理实施细则是在监理规划指导下,监理项目部已经建立,各项专业监理工作责任制已经落实,配备的专业监理工程师已经上岗,再由专业监理工程师根据专业项目特点及本专业技术要求所编制的、具有实施性和可操作性的业务性文件。

监理实施细则是以被监理的信息系统工程项目为对象而编制的,用以指导监理单位各项监理活动的技术、经济、组织和管理的综合性文件。监理实施细则包括以下内容:

（1）工程专业的特点。

（2）监理流程。

（3）监理的控制要点及目标。

（4）监理方法及措施。

监理合同、监理规划以及监理实施细则对实施监理工作意义重大,它们是整个项目开展监理工作的依据和基础。

2. 监理输出文件

监理项目的监理汇报制度是保证工程顺利进行的有效方法,可以使工程实施处于透明的可监控状态。作为信息系统工程建设的承建单位,有责任定期或不定期地向建设单位及监理单位提交工程进展情况报告,同时提交下一阶段的工程实施计划,监理单位协同建设单位审核该工程的进度与质量,向建设单位提交意见并反馈给承建单位,以此建立项目各方密切的联系,保证项目有计划、有步骤、稳妥地向前推进实施。

监理单位据此将定期或不定期地向建设单位提供监理周报、月报、书面通知回复等监理文件,这些文件包含了监理过程中有关对项目实施的控制和管理的信息。

1）定期的监理周报、月报

监理单位通常按时向建设单位提交监理工作周报和月报。周报的提交时间一般是每周的周一上午,周报是对上一周监理工作的总结。月报是对本月的工程进度、工程质量、合同管理及其他事项进行综合、分析,总结本月监理结论,并提出下月的监理计划;月报的提交时间一般为每个月开始的第一个星期内,监理月报的主要内容包括:

（1）项目概述,包括项目位置、项目主要特征及合同情况简介。

（2）大事记。

（3）工程进度与形象面貌(必要时附上现场照片)。

（4）资金到位和使用情况。

（5）质量控制,包括质量评定、质量分析、质量事故处理等情况。

（6）合同执行情况,包括合同变更、索赔和违约等。

（7）现场会议和往来信函,包括会议记录、往来信函。

（8）监理工作,包括监理组织框图、资源投入、重要监理活动、图纸审查、发放、技术方案审查、工程需要解决的问题和其他事项。

（9）承建单位情况,包括人力资源动态、投入的设备、组织管理和存在的问题。

（10）安全和环境保护情况。

（11）进度款支付情况。

（12）其他项目进展情况等。

（13）其他必要的内容。

2）不定期监理工作报告

监理单位会向建设单位不定期提交以下监理工作报告：

（1）关于项目优化设计、项目变更的建议。

（2）投资情况分析预测及资金、资源的合理配置和投入的建议。

（3）各阶段的测试报告和评价说明。

（4）项目进度预测和分析报告。

（5）监理业务范围内的专题报告。

3）监理通知与回复

在监理实施过程中，监理单位与建设单位的联系均以书面函件为准。在不做出紧急处理时可能导致人身、设备或项目事故的情况下会先口头或电话通知，事后会在约定时间内补做书面通知。

以通知与回复的形式让信息在建设单位、监理单位与承建单位之间，在各单位内部人员之间流动，协调大家的思想与行动，以保证项目的总目标得以实现。

4）日常的监理文件

监理单位会及时向建设单位提交以下日常监理文件：

（1）监理日志。监理单位应认真做好监理日志，保持其及时性、完整性和连续性。

（2）实施计划批复文件。

（3）实施措施批复文件。

（4）实施进度调整批复文件。

（5）进度款支付确认文件。

（6）索赔受理、调查及处理文件。

（7）监理协调会议纪要文件。

（8）其他监理业务往来文件。

5）其他监理文件

其他监理文件包括项目变更文件、进度监理文件、质量监理文件、专题监理报告、验收报告、总结报告等必要文件。

3.1.7 资源协调

协调就是连接、联合、调和所有的活动及力量。资源协调就是将所有的资源都有机地统一起来，为信息系统工程建设服务，使项目能够有序开展。

1. 技术资源协调

技术资源协调就是对技术力量进行连接、调和、整合的工作。如何把先进、安全、可靠的技术合理地运用到信息系统工程建设中，是技术资源协调的主要目的。

技术资源包括的内容有：

（1）专家资源协调。主要解决专家组成员意见的一致性问题。

（2）实施方法协调。主要解决当工程施工可以采取多种实施方法和手段时，如何选择更容易实现或者更为有效的技术。例如综合布线施工可以采取有线和无线两种布线方式，有线方式开销和施工难度比较大，但安全性更高；无线方式开销和施工难度都比较小，但安全性相对较低。对这两种方式的选择主要从建设方的需求以及经济性和安全性等方面来考虑。

2. 物理资源协调

物理资源协调就是在项目中对设备、材料、资金等涉及工程实施的资源进行统筹安排和调配的工作。在项目建设过程中经常需要对物理资源进行协调,它是项目成功必不可少的条件。

例如在工程施工中承建方可能会占用建设方的一部分办公环境,或者在建设方已有的设备上进行软件调试等工作,这时就需要监理方协调双方的矛盾关系,找出双方都能接受的办法,保证项目能够顺利开展。

3. 组织协调

组织协调就是把监理组织作为一个整体来研究和处理,对所有的活动及力量进行连接、联合、调和的工作。它包括监理组织内部关系的协调;促进业主与承建方的有效沟通,让承建方能够了解业主的需求,业主能及时了解项目的进展情况;处理承建方和业主之间的各种冲突和危机等。事实上组织协调是监理工作最有效的手段,因为监理工作的主要对象不是事和物,而是人,监理工程师不是亲自去完成项目,而是通过别人去完成项目。因此,如何做好组织协调、调动业主与承建方双方的积极性就成为了项目成败的关键。

在信息系统工程建设监理过程中,监理工程师要不断进行组织协调,它是实现项目目标不可缺少的方法和手段。

组织协调的内容很多,大致可分为以下几种:

(1)人际关系的协调,包括监理组织内部的人际关系、项目组织与本公司的人际关系、监理组织与关联单位的人际关系。主要解决人员和人员之间在工作中的联系和矛盾。

(2)组织关系的协调,主要解决监理组织内部的分工与配合问题。

(3)供求关系的协调,包括监理实施中所需人力、资金、设备、材料、技术、信息等供给,主要解决供求平衡问题。

(4)配合关系的协调,包括与业主、设计单位、施工单位、材料和设备供应单位,以及与政府有关部门、社会团体、科学研究、工程毗邻单位之间的协调。主要解决配合中的同心协力问题。

(5)约束关系的协调,主要是了解和遵守国家及地方政策、法规、制度方面的制约,求得执法部门的指导和许可。

3.1.8　测试组织

测试是整个项目建设过程中一个非常重要的环节,测试结果是衡量一个项目建设是否合格的标准之一。监理方在这个阶段应组织项目建设各方对系统进行详细的测试,并形成相应的测试文档,作为项目验收的依据。

1. 硬件测试组织

硬件测试的目的:

(1)通过测试,检查硬件的功能是否完备和正确,其依据是需求文档,如《需求规格说明书》。

(2)通过测试设备处理事务的速度,检验其性能是否符合要求。

监理方应按《需求规格说明书》要求严格审核承建方编写的测试计划和测试用例,并对测试过程进行全过程监理。在测试过程中出现的问题应做好记录,待问题解决后再进行回归测试。最后监理方组织各方进行测试阶段评审,讨论测试是否通过。硬件测试的流程如图 3 - 14 所示。

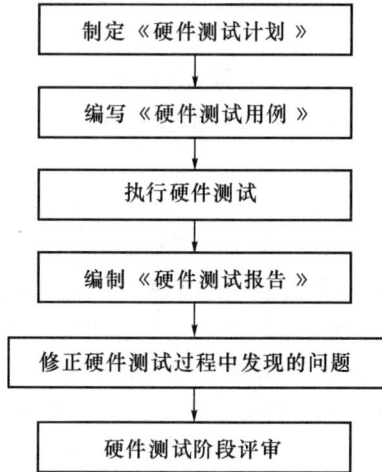

```
┌─────────────────────────┐
│  制定《硬件测试计划》    │
└─────────────────────────┘
            │
┌─────────────────────────┐
│  编写《硬件测试用例》    │
└─────────────────────────┘
            │
┌─────────────────────────┐
│     执行硬件测试         │
└─────────────────────────┘
            │
┌─────────────────────────┐
│  编制《硬件测试报告》    │
└─────────────────────────┘
            │
┌─────────────────────────┐
│  修正硬件测试过程中发现的问题  │
└─────────────────────────┘
            │
┌─────────────────────────┐
│     硬件测试阶段评审     │
└─────────────────────────┘
```

图 3 - 14 硬件测试流程

硬件的测试分为硬件功能测试和硬件性能测试两种。

硬件的功能测试主要是看硬件是否具有相应的功能,其关键是要求承建方能够构造完备的测试用例,监理方所做的主要工作是审查承建方构造的测试用例是否满足《需求规格说明书》涵盖的所有功能。

在进行硬件的功能测试时,不仅要求功能的完备性,更重要的是其效果能否满足业主方正常使用的需要;若不满足,监理方应要求承建方对硬件设备进行反复的调试,直到测试通过为止。

硬件的功能测试无须多做介绍,这里主要介绍硬件的性能测试。

硬件的性能测试主要可以分为:网络线路的性能测试、网络设备的性能测试、计算机系统和网络系统的集成性能测试。

1)网络线路性能测试

网络线路的质量好坏直接影响网络的性能。当前,网络系统采用的布线有双绞线、光缆、同轴电缆等。双绞线和光纤是网络工程的主要通信线路,双绞线由于施工方便、价格便宜,被广泛用于系统水平布线;光纤由于传输距离远,抗干扰能力强,常用于系统垂直布线。

对双绞线的测试主要考察以下几类指标:

(1)连通长度。可选用 Fluke 进行测试(最长 100m)。

(2)连通性。可选用 Fluke 进行测试,或者利用 ping 进行测试(看是否掉包)。

(3)衰减。可选用 Fluke 进行测试,查看综合指标(还可以包括回波损耗、ACR 等指标)是否通过。

(4)实际传输带宽。搭建 FTP 服务器,以点对点形式传文件,查看终端设备下载带宽。

通常对光缆的测试方法有连通性测试、端—端损耗测试、收发功率测试和反射损耗测试四种。

（1）连通性测试。在光纤一端导入光线，在光纤另一端看看是否有光即可，目的是确定光纤中是否存在断点。

（2）端—端损耗测试。插入式测试法，使用一台功率测量仪和一个光源，先在被测光纤的某个位置作为参考点，测试出参考功率值，然后再进行端—端测试并记录下信号增益值，两者之差即为实际端到端的损耗值。用该值与 FDDI 标准相比就可确定这段光缆的连接是否有效。

（3）收发功率测试。主要使用光纤功率测试仪和一段跳接线。在发送端用跳接线取代测试的光纤，跳接线一端为原来的发送器，另一端为光功率测试仪，使光发送器工作，即可测得发送端光功率值。在接收端采用相同的方法测得接收端的光功率值。发送端与接收端的光功率值之差，就是该光纤链路所产生的损耗，如表 3－1 所列为光纤链路连接部件损耗值。

表 3－1 光纤链路连接部件损耗值

连接部件	说　明	损　耗	单　位
单模光纤	导入波长：1300μm	1.0～2.0	dB/km
多模光纤	导入波长：850μm	3.5～4.0	dB/km
多模光纤	导入波长：1300μm	1.0～1.5	dB/km
拼接点	熔接或机械连接	0.3（近似值）	dB/个
连接器		>1.0	dB/个
光旁路开关	在未加电的情况下	2.5	dB/个

（4）损耗/衰减测试。可以用 OLTS/OPM（光损耗测试仪/光功率计）测试光纤及其元件/部件（衰减器、分离器、跳线等）或光纤路径的损耗/衰减。

测试一条光纤链路的步骤如下：

① 完成测试仪初始调整工作。

② 用测试跳线将输入端口光能源连接起来。

③ 如果用的是一个变化的输出源，则将输出能级调到最大值。

④ 如果用两个变化的输出源，调整两个源的输出能级，直到它们是等同的为止。

⑤ 通过按下 REL（dB）按钮，选择 REL（dB）方式显示的读书为 0.00 dB。

⑥ 断开（从 OLTS/OPM 输入端口上）测试跳线，并将它连接到光纤路径上。

SYV 同轴电缆测试主要考察以下几类指标：

（1）直流电阻。可选用万用表进行测试。SYV75－5/9 电缆 1000m，直流电阻芯线为 35～40Ω，外屏蔽层电阻 1000m 为 24 ～ 36Ω（屏蔽层编数不同，电阻区别很大）；SYWV75－5/9 电缆 1000m，直流电阻芯线为 18～22Ω，外屏蔽层电阻 1000m 为 24～36Ω。

（2）特性阻抗。可选用网络分析仪进行测试。一般电缆对阻抗的要求 75Ω 的反射损耗应大于 −18dB，这个负值越大，说明越接近 75Ω。该仪器还可同时看出电缆对不同频率的衰减情况。

（3）实际环境测试（测试通断和使用效果）。可使用视频终端检测实际效果。

2）网络设备性能测试

指对交换机、路由器、网卡、拨号服务器等网络设备的通信处理能力、可靠性、可扩充性、开放性进行的测试。通信处理能力包括设备的吞吐量、丢包率、通信速率、传输延迟、支持的协议等。网络设备的测试需要专门的仪器，如用 Fluke 公司的 LANMETER68X 进行网卡、HUB 测试，而 NETCOM SYSTEMS 公司的 SmartBits 则可实现各种交换机、路由器、网卡的测试。

（1）网卡测试。这里以 SmartBits 测试网卡为例介绍网络设备性能测试的方法，主要测试项目包括：错误测试、丢包率测试、吞吐量测试和 Back – to – Back 测试。

① 错误测试决定了网卡以较低速度处理各种非错误帧和错误帧数据的能力。

② 丢包率测试按照 RFC2544 的标准决定网卡在不同速率情况下处理数据包的能力，测试从 20% 线速开始，按 20% 递增速率，直到 100% 线速下的丢包率，结果显示为收到的包数占发送的包数的百分比。

③ 吞吐量测试按照 RFC2544 用来决定不丢包情况下的最大传输速率，结果为带宽利用率。

④ Back – to – Back 测试也遵循 RFC – 2544 规定，用于决定在一指定速率下能持续处理的最大包数量。

所有测试项目都考虑了 64B、512B、1024B 和 1518B 字节四种长度的帧，测试结果显示的是除去 4B 校验位的帧长。

（2）交换机测试。交换机测试主要使用 IXIA1600 测试仪的 ScripMate 软件配置和运行各项测试指标，ScriptMate 专门为 RFC 2544 和 RFC 2285 设计了标准自动化脚本，根据自己的需求可以轻松地定义各种参数，同时能够产生详细的日志文件和描述结果的文件。

在测试时，IXIA 1600 所有端口在默认状态下都允许自适应并关闭流控，所有测试都考虑了 64B、512B、1518B 三种典型长度的帧，除非特别指明，测试都在全双工状态下进行。为了确保测试条件的可靠性和准确性，每项测试均重复三次，最后的结果是取三次测试的平均值。

利用 IXIA1600 测试仪对交换机的九项主要性能指标进行测试。

① 吞吐量：作为用户选择和衡量交换机性能最重要的指标之一，吞吐量的高低决定了交换机在没有丢帧的情况下发送和接收帧的最大速率。

② 帧丢失率：该测试决定交换机在持续负载状态下应该转发，但由于缺乏资源而无法转发的帧的百分比。帧丢失率可以反映交换机在过载时的性能状况，这对于指示在广播风暴等不正常状态下交换机的运行情况非常有用。

③ Back – to – Back：该测试考量交换机在不丢帧的情况下能够持续转发数据帧的数量。该参数的测试能够反映数据缓冲区的大小。

④ 延迟：该项指标能够决定数据包通过交换机的时间。延迟如果是 FIFO（First in and First Out），即指的是被测设备从收到帧的第一位达到输入端口开始到发出帧的第一位达到输出端口结束的时间间隔。最初将发送速率设定为吞吐量测试中获得的速率，在指定间隔内发送帧，并把一个特定的帧设置为时间标记帧。标记帧的时间标签在发送和

接收时都被记录下来,根据二者之间的差异就得出延迟时间。

⑤ 错误帧过滤:该测试项目决定交换机能否正确过滤某些错误类型的帧,比如过小帧、超大帧、CRC 错误帧、Fragment、Alignment 错误和 Dribble 错误。过小帧指的是小于 64B 的帧,包括 16B、24B、32B、63B 帧;超大帧指的是大于 1518B 的帧,包括 1519B、2000B、4000B、8000B 帧;Fragment 指的是长度小于 64B 的帧;CRC 错误帧指的是帧校验和错误;Dribble 帧指的是在正确的 CRC 校验帧后有多余字节,交换机对于 Dribble 帧的处理通常是将其更正后转发到正确的接收端口;Alignment 结合了 CRC 错误和 dribble 错误,指的是帧长不是整数的错误帧。该测试配置为一对多映射。

⑥ 背压:决定交换机能否支持在阻止将外来数据帧发送到拥塞端口时避免丢包。一些交换机当发送或接收缓冲区开始溢出时通过将阻塞信号发送回源地址实现背压。交换机在全双工时使用 IEEE802.3x 流控制达到同样目的。该测试通过多个端口向一个端口发送数据检测是否支持背压。如果端口设置为半双工并加上背压,则应该检测到没有帧丢失和碰撞。如果端口设定为全双工并且设置了流控,则应该检测到流控帧。如果未设定背压,则发送的帧总数不等于收到的帧数。

⑦ 线端阻塞(Head of Line Blocking,HOL):该测试决定拥塞端口如何影响非拥塞端口的转发速率。测试时采用端口 A 和 B 向端口 C 发送数据形成拥塞端口,而 A 也向端口 D 发送数据形成非拥塞端口。结果将显示收到的帧数、碰撞帧数和丢帧率。

⑧ 全网状:该测试用来决定交换机在所有自己的端口都接收数据时所能处理的总帧数。交换机的每个端口在以特定速度接收来自其他端口的数据的同时,还以均匀分布的、循环方式向所有其他端口发送帧。在测试千兆骨干交换机时可采用全网状方法获得更为苛刻的测试环境。

⑨ 部分网状:该测试在更严格的环境下测试交换机最大的承受能力,通过从多个发送端口向多个接收端口以网状形式发送帧进行测试。使用该测试方法用于千兆接入交换机测试中,其中将每个 1000MB 对应 10 个 100MB 端口,而剩余的 100MB 端口实现全网状测试。

(3)路由器测试。路由器性能测试应当包括下列指标:

① 吞吐量:测试路由器包转发的能力。通常指路由器在不丢包条件下每秒转发包的极限,一般可以采用二分法查找该极限点。

② 时延:测试路由器在吞吐量范围内从收到包到转发出该包的时间间隔。时延测试应当重复 20 次然后取其平均值。

③ 丢包率:测试路由器在不同负荷下丢弃包占收到包的比例。不同负荷通常指从吞吐量测试到线速(线路上传输包的最高速率),步长一般使用线速的 10%。

④ 背靠背帧数:测试路由器在接收到以最小包间隔传输时不丢包条件下所能处理的最大包数。该测试实际考验路由器的缓存能力,如果路由器具备线速能力(吞吐量 = 接口媒体线速),则该测试没有意义。

⑤ 系统恢复时间:测试路由器在过载后恢复正常工作的时间。测试方法可以采用向路由器端口发送吞吐量 110% 和线速间的较小值,持续 60s 后将速率下降到 50% 的时刻到最后一个丢包的时间间隔。如果路由器具备线速能力,则该测试没有意义。

⑥ 系统复位:测试路由器从软件复位或关电重启到正常工作的时间间隔。正常工作

指能以吞吐量转发数据。

在测试上述 RFC2544 中规定的指标时应当考虑下列因素。

· 帧格式:建议按照 RFC2544 所规定的帧格式测试。

· 帧长:从最小帧长到 MTU 顺序递增,例如在以太网上采用 64B、128B、256B、512B、1024B、1280B、1518B。

· 认证接收帧:排除收到的非测试帧,例如控制帧、路由更新帧等。

· 广播帧:验证广播帧对路由器性能的影响,上述测试完成后在测试帧中夹杂1% 广播帧再测试。

· 管理帧:验证管理帧对路由器性能的影响,上述测试完成后在测试帧中夹杂每秒一个管理帧再测试。

· 路由更新:路由更新即下一跳端口改变对性能的影响。

· 过滤器:在设置过滤器条件下对路由器性能的影响,建议设置 25 个过滤条件测试。

· 协议地址:测试路由器收到随机处于 256 个网络中的地址时对性能的影响。

· 双向流量:测试路由器端口双向收发数据对性能的影响。

· 多端口测试:考虑流量全连接分布或非全连接分布对性能的影响。

· 多协议测试:考虑路由器同时处理多种协议对性能的影响。

· 混合包长:除测试所建议的递增包长外,检查混合包长对路由器性能的影响。

RFC2544 除要求包含所有测试包长外没有对混合包长中各包长所占比例作规定。建议按照实际网络中各包长的分布进行测试,例如在没有特殊应用要求时以太网接口上可采用 60B 包 50%,128B 包 10%,256B 包 15%,512B 包 10%,1500B 包 15%。

除上述 RFC2544 建议的测试项外还建议测试如下内容。

· 路由振荡:路由振荡对路由器转发能力的影响。路由振荡程度即每秒更新路由的数量,可以依据网络条件而定。路由更新协议可采用 BGP。

· 路由表容量:测试路由表大小。骨干网路由器通常运行 BGP,路由表包含全球路由。一般来说要求超过 10 万条路由,建议通过采用 BGP 输入导出路由计数来测试。

· 时钟同步:在包含相应端口例如 POS 口的路由器上测试内钟精度以及同步能力。

· 协议收敛时间:测试路由变化通知到全网所用时间。该指标虽然与路由器单机性能有关,但是一般只能在网络上测试,而且会因配置改变而变化。可以在网络配置完成后通过检查该指标来衡量全网性能。测试时间应当根据具体项目以及测试目标而定。一般认为测试时间应当介于 60~300s 之间。另外一般可以根据用户要求和测试目标作设定选择。路由器性能测试一般可采用远端测试法。

3)计算机系统和网络系统的集成性能测试

网络系统测试指网络的连通性、可靠性、响应时间、安全性的测试。系统测试没有专门的标准可参考,用于测试的手段也无固定的要求。常采用网络管理软件或具有网络状况检测功能的测试仪,如 Fluke 的 LANMETER68X、WG 的 Domino 系列、GN 的 WinPharaoh、HP 的 J2300 专家系列。

测试主要是为保证集成商交付用户的计算机系统和网络系统是一个集成的计算机网络平台,具体测试计划及方法由集成商负责。测试内容包括连通性测试、性能测试。测试完成后,应形成书面的测试报告。

（1）连通性测试:即测试网络上各终端能否登录。终端间能否相互传送数据,终端能否访问服务器上的文件等。

（2）性能测试:指网络正常运行时的状况监测和满负载测试。监测的内容有网络的利用率情况、网络的错误情况、网络上运行的协议分布情况、网络上各终端的流量、协议情况、网络设备各端口的流量情况等。进行满负荷测试时,需利用软件或网络测试仪的流量发生器的功能,增加网络的整体流量,使网络处于满负载状况,此时检测网络的各项指标,分析网络满负载下的性能。通过性能测试,得出网络的健康状况指标,帮助集成商寻找并排除各种隐藏的网络故障,优化网络的规划。

2. 软件测试组织

软件安装好以后,监理方应组织人员对软件进行功能测试和性能测试,测试结果可作为工程验收是否合格的依据,软件测试的流程如图 3-15 所示。

软件测试的目的:

（1）通过测试,发现软件错误。

（2）验证软件是否满足软件需求规格说明和软件设计所规定的功能、性能及其软件质量特性的要求。

（3）为软件质量的评价提供依据。

1）制定"软件测试计划"

在测试前承建方先要制定"软件测试计划",监理方应审查"软件测试计划"的编制是否合理。

2）编写"软件测试说明"

"软件测试说明"应对各测试用例进行详细的定义和说明,在此阶段还应完成诸多测试用例所需的测试环境、测试软件的准备工作。监理方应审查测试用例、环境、测试软件、测试工具等准备工作是否全面、到位。测试用例设计要求:

```
┌─────────────────────┐
│  制定"软件测试计划"    │
└─────────────────────┘
          ↓
┌─────────────────────┐
│  编写"软件测试说明"    │
└─────────────────────┘
          ↓
┌─────────────────────┐
│     执行软件测试        │
└─────────────────────┘
          ↓
┌─────────────────────┐
│  编制"软件测试报告"    │
└─────────────────────┘
          ↓
┌─────────────────────┐
│ 修正软件测试过程中发现的问题 │
└─────────────────────┘
          ↓
┌─────────────────────┐
│    软件测试阶段评审     │
└─────────────────────┘
```

图 3-15　软件测试流程

（1）测试用例的设计应包括该测试用例的测试过程、测试输入数据、期望测试结果和评价测试结果的标准等。

（2）测试用例的输入应包括合理的值、不合理的值和边界值输入。

（3）为每个测试用例规定测试规程,包括运行测试用例的准备、初始化、中间步骤、前提和约束。

（4）全部测试用例应写入"软件测试说明"。

3）执行软件测试

按照"软件测试计划"和"软件测试说明"对软件进行测试,监理方和建设方应介入测试全过程。在测试过程中,应填写"软件测试记录"。如果发现软件出现问题,应填写"软件问题报告单"。测试记录应包括测试的时间、地点、操作人、参加人、测试输入数据、期望测试结果、实际测试结果及测试规程等。

4）编制"软件测试报告"

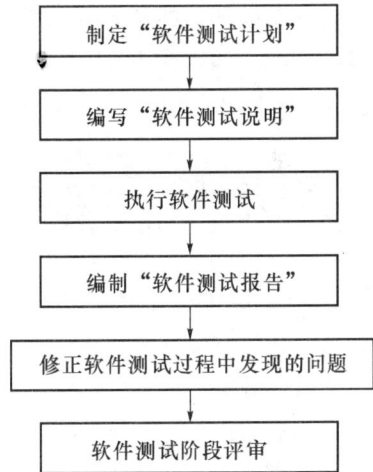

具体的软件测试工作完成后,承建方应按照"软件测试计划"、"软件测试说明"、"软件测试记录"对测试结果进行统计、分析和评估,并在此基础上编制"软件测试报告"。

5）修正软件测试过程中发现的问题

修正软件问题需要有受控措施,承建方应先填写"软件变更报告单",在得到建设方和监理方同意的答复之后再进行修改(包括软件文档、程序和数据的全面修改),修改完之后,必须进行回归测试。

6）软件测试阶段评审

测试阶段工作全部完成后,监理方应组织本测试阶段的评审。评审是为了使软件开发按软件工程提出的过程循序渐进,在各研制阶段结束时,检查该阶段的工作是否完成,所提交的软件阶段产品是否达到了规定的质量和技术要求,决定是否可以转入下一阶段的研制工作。

软件的测试分为软件功能测试和软件性能测试两种。

软件功能测试的基本方法是构造一些合理输入(在需求范围之内),检查输出是否与期望的相同。如果两者不一致,即表明功能有误。也有例外的情况,如"需求规格说明书"中的某个功能写错了,而实际上软件的功能却是正确的,这时要修改的是"需求规格说明书"。

在软件投入运行前,对软件需求分析、设计规格说明和编码的最终复审,是软件质量保证的关键步骤。测试的目标是以较少的用例、时间和人力找出软件中潜在的各种错误和缺陷,以确保系统的质量。

3. 软件测试分类

软件测试的方法和技术是多种多样的。从测试是否针对系统的内部结构和具体实现算法的角度来看,可分为黑盒测试和白盒测试。从测试实际的前后过程来看,软件测试是由一系列的不同测试所组成的,这些软件测试的步骤分为单元测试、组装测试(集成测试)、确认测试和系统测试。从是否需要执行被测软件的角度,可分为静态测试和动态测试。

黑盒测试又称为功能测试或数据驱动测试,把系统看成一个黑盒子,不考虑程序的内在逻辑,只根据需求规格说明书的要求来检查程序的功能是否符合它的功能说明。白盒测试又称为结构测试和逻辑驱动测试,允许测试人员根据程序内部逻辑结构及有关信息来设计和选择测试用例,对程序的逻辑路径进行测试。单元测试是针对每个模块进行的测试,通常在编码阶段进行,必要的时候要制作驱动模块和桩模块。集成测试是在单元测试的基础上,将所有模块按照设计要求组装成为系统,集成测试必须精心计划,应提交集成测试计划、集成测试规格说明和集成测试分析报告。确认测试是验证软件的功能和性能及其他特性是否与用户的要求一致。系统测试是在实际运行环境下进行一系列的测试。软件开发的过程是自顶向下的,测试则正好相反,以上这些过程就是自底向上,逐步集成的。

1）黑盒测试

功能测试也称黑盒测试或数据驱动测试,它是已知产品所应具有的功能,通过测试来检测每个功能是否都能正常使用。在测试时,把程序看作一个不能打开的黑盒子,在完全不考虑程序内部结构和内部特性的情况下,测试者在程序接口进行测试,它只检查程序功能是否按照需求规格说明书的规定正常使用,程序是否能适当地接收输入数据而产生正确的输出信息,并且保持外部信息(如数据库或文件)的完整性。黑盒测试方法主要有等价类划分、边界值分析、因果图、错误推测等,主要用于软件确认测试。

(1)等价划分法。等价划分是指把输入空间划分为几个"等价区间",在每个"等价区间"中只需要测试一个典型值就可以了。等价区间有如下特征:记(A,B)是函数$f(x)$的一个等价区间,在(A,B)中任意取x_1进行测试。如果$f(x_1)$错误,那么$f(x)$在整个(A,B)区间都出错。如果$f(x_1)$正确,那么$f(x)$在整个(A,B)区间都正确。注意,等价区间不是数学概念,无法证明,也并不绝对正确,但大多数程序的确存在这种现象。等价划分法来源于人们的直觉与经验,可令测试事半功倍。

(2)边界值分析法。关于软件缺陷,有这么一句谚语:"缺陷遗漏在角落里,聚集在边界上"。这是由于人们容易疏忽边界情况造成的。边界值测试法是对等价划分法的补充。如果A和B是输入空间的边界值,那么除了典型值外还要用A和B作为测试用例。例如测试函数,凭直觉,等价区间应是$(0,1)$和$(1,+\infty)$。可取典型值$x=0.5$以及$x=2.0$进行"等价划分"测试。再取$x=0$以及$x=1$进行"边界值"测试。

有一些复杂的程序,实在难以找到等价区间和边界值,这时功能测试就相当有难度。只有多构造几个用例来进行测试。

"黑盒"法着眼于程序外部结构,不考虑内部逻辑结构,针对软件界面和软件功能进行测试。"黑盒"法是穷举输入测试,只有把所有可能的输入都作为测试情况使用,才能以这种方法查出程序中所有的错误。实际上测试情况有无穷多个,人们不仅要测试所有合法的输入,而且还要对那些不合法但是可能的输入进行测试。

2)白盒测试

白盒测试也称结构测试或逻辑驱动测试,知道产品内部工作过程,并按照程序内部的结构测试程序,可通过测试来检测产品内部动作是否按照规格说明书的规定正常进行,检验程序中的每条通路是否都能按预定要求正确工作。

"白盒"法是全面了解程序内部逻辑结构,对所有逻辑路径进行测试。"白盒"法是穷举路径测试。在使用这一方案时,测试者必须检查程序的内部结构,从检查程序的逻辑着手,得出测试数据。贯穿程序的独立路径数是天文数字,但即使每条路径都测试了仍然可能有错误。第一,穷举路径测试决不能查出程序违反了设计规范,即程序本身是个错误的程序。第二,穷举路径测试不可能查出程序中因遗漏路径而出的错。第三,穷举路径测试可能发现不了一些与数据相关的错误。

3)单元测试

单元测试的对象是软件设计的最小单位——模块。单元测试的依据是"详细设计说明书",单元测试应对模块内所有重要的控制路径设计测试用例,以便发现模块内部的错误。单元测试多采用白盒测试技术,系统内多个模块可以并行地进行测试。

单元测试任务包括模块接口测试、模块局部数据结构测试、模块边界条件测试、模块中所有独立执行通路测试、模块的各条错误处理通路测试。

模块接口测试是单元测试的基础。只有在数据能正确流入、流出模块的前提下,其他测试才有意义。测试接口正确与否应该考虑下列因素:

(1)输入的实际参数与形式参数的个数是否相同。

（2）输入的实际参数与形式参数的属性是否匹配。

（3）输入的实际参数与形式参数的量纲是否一致。

（4）调用其他模块时所给实际参数的个数是否与被调模块的形参个数相同。

（5）调用其他模块时所给实际参数的属性是否与被调模块的形参属性匹配。

（6）调用其他模块时所给实际参数的量纲是否与被调模块的形参量纲一致。

（7）调用预定义函数时所用参数的个数、属性和次序是否正确。

（8）是否存在与当前入口点无关的参数引用。

（9）是否修改了只读型参数。

（10）对全程变量的定义各模块是否一致。

（11）是否把某些约束作为参数传递。

如果模块内包括外部输入输出，还应该考虑下列因素：

（1）文件属性是否正确。

（2）OPEN/CLOSE 语句是否正确。

（3）格式说明与输入输出语句是否匹配。

（4）缓冲区大小与记录长度是否匹配。

（5）文件使用前是否已经打开。

（6）是否处理了文件尾。

（7）是否处理了输入/输出错误。

（8）输出信息中是否有文字性错误。

检查局部数据结构是为了保证临时存储在模块内的数据在程序执行过程中完整、正确。局部数据结构往往是错误的根源，应仔细设计测试用例，力求发现下面几类错误：

（1）不合适或不相容的类型说明。

（2）变量无初值。

（3）变量初始化或默认值有错。

（4）不正确的变量名（拼错或不正确的截断）。

（5）出现上溢、下溢和地址异常。

除了局部数据结构外，如果可能，单元测试时还应该查清全局数据（如 FORTRAN 的公用区）对模块的影响。

在模块中应对每一条独立执行路径进行测试，单元测试的基本任务是保证模块中每条语句至少执行一次。此时设计测试用例是为了发现因错误计算、不正确的比较和不适当的控制流造成的错误。此时基本路径测试和循环测试是最常用且最有效的测试技术。计算中常见的错误包括：

（1）误解或用错了算符优先级。

（2）混合类型运算。

（3）变量初值错。

（4）精度不够。

（5）表达式符号错。

比较判断与控制流常常紧密相关，测试用例还应致力于发现下列错误：

（1）不同数据类型的对象之间进行比较。

（2）错误地使用逻辑运算符或优先级。

（3）因计算机表示的局限性，期望理论上相等而实际上不相等的两个量相等。

（4）比较运算或变量出错。

（5）循环终止条件或不可能出现。

（6）迭代发散时不能退出。

（7）错误地修改了循环变量。

一个好的设计应能预见各种出错条件，并预设各种出错处理通路，出错处理通路同样需要认真测试，测试应着重检查下列问题：

（1）输出的出错信息难以理解。

（2）记录的错误与实际遇到的错误不相符。

（3）在程序自定义的出错处理段运行之前，系统已介入。

（4）异常处理不当。

（5）错误陈述中未能提供足够的定位出错信息。

边界条件测试是单元测试中最后，也是最重要的一项任务。众所周知，软件经常在边界上失效，采用边界值分析技术，针对边界值及其左、右设计测试用例，很有可能发现新的错误。

4）组装测试（集成测试）

组装测试也称为集成测试，就是把模块按系统设计说明书的要求组合起来进行测试。即使所有模块都通过了测试，但在组装之后，仍可能会出现下列问题：

（1）穿过模块的数据丢失。

（2）一个模块的功能对其他模块造成有害的影响。

（3）各个模块组装起来没有达到预期的功能。

（4）全局数据结构出现问题。

（5）单个模块的误差可以接受，但模块组合起来后，可能会出现误差累积，最后到不能接受的程度，所以需要进行组装测试。

通常组装测试有两种方法：一种是分别测试各个模块，再把这些模块组合起来进行整体测试，即非增量式集成；另一种是把下一个要测试的模块组合到已测试好的模块上，测试完后再将下一个需要测试的模块组合起来进行测试，逐步把所有模块组合在一并完成测试，即增量式集成。非增量式集成可以对模块进行并行测试，能充分利用人力并加快测试进度。但这种方法容易造成混乱，出现错误不容易查找和定位。增量式集成的范围一步步扩大，错误容易定位，而且已测试的模块可在新的条件下进行再测试，测试比较彻底。

5）确认测试

通过综合测试之后，软件已完全组装起来，接口方面的错误也已排除，软件测试的最后一步——确认测试即可开始。确认测试应检查软件能否按合同要求进行工作，即是否满足"软件需求说明书"中的确认标准。

（1）确认测试。实现软件确认要通过一系列黑盒测试。确认测试同样需要制订测试计划和过程，测试计划应规定测试的种类和测试进度，测试过程则定义一些特殊的测试用例，旨在说明软件与需求是否一致。无论计划还是过程，都应该着重考虑软件是否满足合同规定的所有功能和性能，文档资料是否完整、准确，人机界面和其他方面（例如可移植性、兼容性、错误恢复能力和可维护性等)是否令用户满意。

确认测试的结果有两种可能,一种是功能和性能指标满足软件需求说明的要求,用户可以接受;另一种是软件不满足软件需求说明的要求,用户无法接受。项目进行到这个阶段才发现严重错误和偏差一般很难在预定的工期内改正,因此必须与用户协商,寻求一个妥善解决问题的方法。

(2)配置复审。确认测试的另一个重要环节是配置复审。复审的目的在于保证软件配置齐全、分类有序,并且包括软件维护所必须的细节。

(3)α、β测试。事实上,软件开发人员不可能完全预见用户实际使用程序的情况。例如,用户可能错误地理解命令,或提供一些奇怪的数据组合,亦可能对设计者自认明了的输出信息迷惑不解,等等。因此,软件是否真正满足最终用户的要求,应由用户进行一系列"验收测试"来验证。验收测试既可以是非正式的测试,也可以是有计划、有系统的测试。有时验收测试长达数周甚至数月,不断暴露错误,导致开发延期。一个软件产品,可能拥有众多用户,不可能由每个用户验收,此时多采用称为α、β测试的过程,以期发现那些似乎只有最终用户才能发现的问题。

α测试是指软件开发公司组织内部人员模拟各类用户对即将面市的软件产品(称为α版本)进行测试,试图发现错误并修正。α测试的关键在于尽可能逼真地模拟实际运行环境和用户对软件产品的操作并尽最大努力涵盖所有可能的用户操作方式。经过α测试调整的软件产品称为β版本。紧随其后的β测试是指软件开发公司组织各方面的典型用户在日常工作中实际使用β版本,并要求用户报告异常情况、提出批评意见。然后软件开发公司再对β版本进行改错和完善。

6)系统测试

测试软件系统是否符合所有需求,包括功能性需求与非功能性需求。一般由独立测试人员执行,通常采用黑盒测试方式。

系统测试的基本方法:计算机软件是基于计算机系统的一个重要组成部分,软件开发完毕后应与系统中其他成分集成在一起,此时需要进行一系列系统集成和确认测试。对这些测试的详细讨论已超出软件工程的范围,这些测试也不可能仅由软件开发人员完成。在系统测试之前,软件工程师应完成下列工作:

(1)为测试软件系统的输入信息设计出错处理通路。

(2)设计测试用例,模拟错误数据和软件界面可能发生的错误,记录测试结果,为系统测试提供经验和帮助。

(3)参与系统测试的规划和设计,保证软件测试的合理性。

系统测试应该由若干个不同测试组成,目的是充分运行系统,验证系统各部件是否都能正常工作并完成所赋予的任务。下面简单讨论几类系统测试。

(1)恢复测试。恢复测试主要检查系统的容错能力。当系统出错时,能否在指定时间间隔内修正错误并重新启动系统。恢复测试首先要采用各种办法强迫系统失败,然后验证系统是否能尽快恢复。对于自动恢复需验证重新初始化(reinitialization)、检查(checkpointing mechanisms)、数据恢复(data recovery)和重新启动(restart)等机制的正确性;对于人工干预的恢复系统,还需估测平均修复时间,确定其是否在可接受的范围内。

(2)安全测试。安全测试检查系统对非法侵入的防范能力。安全测试期间,测试人

员假扮非法入侵者,采用各种办法试图突破防线。例如:

① 想方设法截取或破译口令。

② 专门定做软件破坏系统的保护机制。

③ 故意导致系统失败,企图趁恢复之机非法进入。

④ 试图通过浏览非保密数据,推导所需信息,等等。

理论上讲,只要有足够的时间和资源,没有不可进入的系统。因此系统安全设计的准则是,使非法侵入的代价超过被保护信息的价值,此时非法侵入者已无利可图。

(3) 强度测试。强度测试检查程序对异常情况的抵抗能力。强度测试总是迫使系统在异常的资源配置下运行,例如:

① 当中断的正常频率为每秒一至两个时,运行每秒产生十个中断的测试用例。

② 定量地增长数据输入率,检查输入子功能的反映能力。

③ 运行需要最大存储空间(或其他资源)的测试用例。

④ 运行可能导致虚存操作系统崩溃或磁盘数据剧烈抖动的测试用例,等等。

(4) 性能测试。对于那些实时和嵌入式系统,软件部分即使满足功能要求,也未必能够满足性能要求。虽然从单元测试起,每一测试步骤都包含性能测试,但只有当系统真正集成之后,在真实环境中才能全面、可靠地测试运行性能。系统性能测试就是为了完成这一任务。性能测试有时与强度测试相结合,经常需要其他软硬件的配套支持。

功能测试除了以上方法之外,还有其他的方法,要由软件的具体功能而定。对于功能测试最主要的是要有自己的思想,思维拓展性要好。功能测试的复杂度不亚于其他测试,其需要的技术、思想、方法最为广泛,要真正做好功能测试并非易事。功能测试前,首先要对此软件需求有深入的理解,在此基础上再构思测试用例,从多方面、多层次去把握。功能测试用例的设计要注意多模块的结合。

软件性能测试通过模拟大量用户操作,对服务器发出请求,增加服务器的负载,同时监控数据库服务器、应用服务器及网络资源的使用情况,考察业务的响应时间和这些资源之间的关系,旨在验证系统能力和找出系统瓶颈。软件性能测试包含以下几个目的:

(1) 评估系统的能力。系统性能测试是评估系统能力的一个重要手段,通过性能测试用户能够了解在不同的状态下系统业务的响应时间和在用户可以接受的范围内系统能够处理的并发用户量;系统性能测试通过负载和响应时间这两个关键指标来评估系统的能力,并帮助用户做出决策。

(2) 识别系统中的瓶颈。基于网络的分布式大型应用系统涉及到客户端、网络、WEB 服务器、应用服务器、数据库服务器等诸多方面,其中的每一个方面都有可能成为系统的瓶颈。在一台服务器中的内存、CPU、磁盘 IO 等不同部分对系统性能的影响也不尽相同。性能测试通过不断增加并发的虚拟用户数量,使得系统负载增加到一个极端的水平,从而发现应用系统的瓶颈所在:网络还是服务器,应用服务器还是数据库服务器,在同一个服务器中是内存、CPU 还是磁盘。性能测试为识别系统的瓶颈提供了一个有效的手段,同时也是系统硬件升级的重要参考依据。

(3) 系统调优。通过重复不断地运行性能测试,并根据测试结果调整系统的代码和配置,从而达到改进性能的目的。系统调整和修改的范围包括:

① 硬件资源和软件配置。

② 内存的大小。

③ 应用服务器和数据库服务器的连接池设置。

④ WEB 服务器和 Servlet 引擎之间的连接数。

⑤ 操作系统允许的共享内存配置。

⑥ 允许产生的线程数量等。

（4）检测软件中的问题。性能测试不仅可以测试系统的性能,而且可以发现一些系统中的隐含的问题。由于性能测试的请求次数非常多,可以在较短的时间内发现应用程序存在的内存泄漏或者数据存储的分配和应用的规划不相适应,从而导致应用系统由于部分数据无法正确存储而失败。

（5）验证稳定性（resilience）和可靠性（reliability）。在一个负载下执行测试一定的时间是评估系统稳定性和可靠性是否满足要求的唯一方法。

根据性能内容和方法,软件性能测试包括以下类型:

① 负载测试:确定在各种工作负载下系统的性能,目标是测试当负载逐渐增加时,系统各项性能指标的变化情况。

② 强度测试:确定在系统资源特别低的条件下软件系统的运行情况。

③ 容量测试:在用户可接受的响应范围内,确定系统可处理同时在线的最大用户数。

④ 压力测试:确定一个系统的瓶颈或者最大使用极限的测试。

⑤ 疲劳强度测试:以系统稳定运行情况下能够支持的最大并发用户数或者日常运行用户数,持续执行一段时间业务,通过综合分析交易执行指标和资源监控指标来确定系统处理最大工作强度性能的过程。

⑥ 大数据量测试:大数据量测试侧重点在于数据的量上,包括独立的数据量测试和综合数据量测试。独立的数据量测试针对某些系统存储、传输、统计、查询等业务进行大数据量测试,而综合数据量测试一般和压力性能测试、负载性能测试、疲劳性能测试相结合。

在进行软件性能测试的时候,有时人们关心测试的"绝对值",如数据传输速率是每秒多少比特。有时人们关心测试的"相对值",如某个软件比另一个软件快多少倍。在获取测试的"绝对值"时,要充分考虑并记录运行环境对测试的影响,例如计算机主频、总线结构和外部设备都可能影响软件的运行速度;若多个计算机共享资源,软件运行可能慢得像蜗牛爬行。在获取测试的"相对值"时,要确保被测试的几个软件运行于完全一致的环境中。硬件环境的一致性比较容易做到(用同一台计算机即可)。但软件环境的因素较多,除了操作系统,程序设计语言和编译系统对软件的性能也会产生较大的影响。如果是比较几个算法的性能,就要求编程语言和编译器也完全一致。

在进行软件性能测试时,需注意以下几点:

（1）计算机的运算速度很快,通常人们来不及反应就结束了,所以不要试图让人拿着钟表去测时间,应当编写一段程序用于计算时间以及相关数据。

（2）应当测试软件在标准配置和最低配置下的性能。

（3）不仅要记录软件和硬件环境,还要记录多用户并发工作情况。

（4）为了排除干扰,应当关闭那些消耗内存、占用 CPU 的其他应用软件(如杀毒软件)。

（5）系统要测试的性能的种类可能比较多,应当分别赋予唯一的名称,切勿笼统地用"性能"两字。例如文档管理软件的性能种类有"文件上载速度""文件下载速度"等。

（6）不同的输入情况会得到不同的性能数据,应当分挡记录。例如传输文件的容量从 100KB~1MB 可以分成若干等级。

（7）由于环境的波动,同一种输入情况在不同的时间可能得到不同的性能数据,可以取其平均值。

不同功能的性能测试,采用的方法不同。有的需要用到一些辅助工具,例如要测试多用户同时在线使用同一软件时的性能情况,就要用到负载测试工具 Loadrunner。Load-Runner 是一种预测系统行为和性能的工业标准级负载测试工具。通过以模拟上千万用户实施并发负载及实时性能监测的方式来确认和查找问题,LoadRunner 能够对整个企业架构进行测试。通过使用 LoadRunner,企业能最大限度地缩短测试时间,优化性能和加速应用系统的发布周期。Load Runner 是一种适用于各种体系架构的自动负载测试工具,它能预测系统行为并优化系统性能。此外,它还支持广泛的协议和技术,为特殊环境提供特殊的解决方案。

3.1.9 其他监理方法

在信息系统工程监理中,还可能会遇到一个项目有多个承包商承接的情况,例如按照项目不同阶段由不同专业特长的开发公司进行,以及按照项目不同技术工作分类进行分工协作,共同开发,比如软件开发商、硬件提供商以及系统集成商等。

对于这种由不同承包商所共同进行的项目来说,由于监理方已经应项目建设方的要求,与各个系统承包商或开发商分别建立了监理关系,也就是说,在这个项目中监理的工作范围面对的不是唯一的承建方,而是多个。由此决定了信息系统监理的工作具有更大的难度和挑战。具体分析,监理工作的重点,除了一般的监理所必须进行的工作之外,还必须强调针对不同开发商在不同阶段的不同工作进行统筹管理和控制,即对应项目建设整体规划中各方的实施与配合关系的把握,将会成为整个项目建设过程全过程监理工作的核心。

监理工作本身就是艺术性和科学性相结合的结合体,对于多个开发商的集合体,监理工程师必须具有高超的工作技巧和灵活性。在充分运用监理例会、各种监理文件（监理周报、月报、总结等）等常规监理协调方式之外,还应该审时度势,充分利用事前沟通、会下沟通、多方摸底、统一思路等非常规方法,其中心目的只有一个,即深度了解事情真相,排除项目开展控制的干扰,利用各方关系,解决主要矛盾,促进项目的和谐进展。

在实际中,信息系统工程与土建工程往往会同时进行建设,此时,信息系统工程监理与建筑监理如何处理两个工程之间的矛盾关系成为了项目成败的关键。双方应该会同建设方与承建方在项目开始建设前根据项目的实际情况合理的制定出施工计划,以避免造成施工冲突。如果在工程建设中出现了施工冲突或者需要相互配合施工的情况,信息系统工程监理则应及时与建筑监理进行沟通协调,并根据项目建设的合理性和容易实现性提出解决的办法,使工程能够顺利进行。

另外,在信息系统工程建设中遇到紧急事件、技术难题或重大的变更时,总监工程师会与业主或业主代理进行紧急协商,寻找解决问题的办法。这一类非常规的监理方法往往在遇到突发事件时能够达到很好的效果,从而保证了工程建设的质量和进度。

表 3 - 2 对信息系统工程中用到的主要监理方法的作用和分类进行了总结,其实各种监理方法的适用阶段或范围并没有明确的划分,往往有的监理方法对于项目各阶段来说都是适用的。

表 3 - 2　信息系统工程中的监理方法

监理方法	作用	分类	适用阶段或范围
审查与咨询	为建设单位提供合理意见,保证工程建设的可行性和规范性	可行性审查与咨询	项目建设前期
		招标咨询	招投标阶段
		设计审查	分析设计阶段
过程及结果评价	辨析、评估并解决、降低风险,扩大可能的收益,降低可能的损失	设计阶段的评价	设计阶段
		施工阶段的评价	施工阶段
		验收阶段的评价	验收阶段
协查与调研	协助建设单位选择合适的承建单位		招投标阶段或施工期间
旁站监理与非旁站监理	控制工程质量和进度	旁站监理	施工过程中某些关键部位或关键工序(如隐蔽工程)
		非旁站监理	方案设计、软件开发或设备到货验收阶段
监理会议	团结项目有关各方负责人,使项目建设相关信息全方位的畅通与流转	监理组织的会议	三方协商决定
		监理参与的会议	招投标阶段、专家评审会或验收阶段
监理文件	使工程处于透明的可监控状态,保证工程顺利进行	监理依据文件	项目建设前期
		监理输出文件	项目实施全过程
资源协调	调和所有的活动及力量,保证项目有序开展	技术资源协调	项目全过程
		物理资源协调	
		组织协调	
测试组织	检查硬件/软件的功能和性能是否符合要求	硬件测试组织	随装随测或工程验收阶段
		软件测试组织	

3.2　主要监理流程

3.2.1　软件监理流程

软件监理流程可以分为几个步骤,如图 3 - 16 所示。

1. 合同签订阶段监理流程

(1)在项目开始之前由业主与监理方签订项目监理合同。

(2)业主将软件设计的用户需求交底。

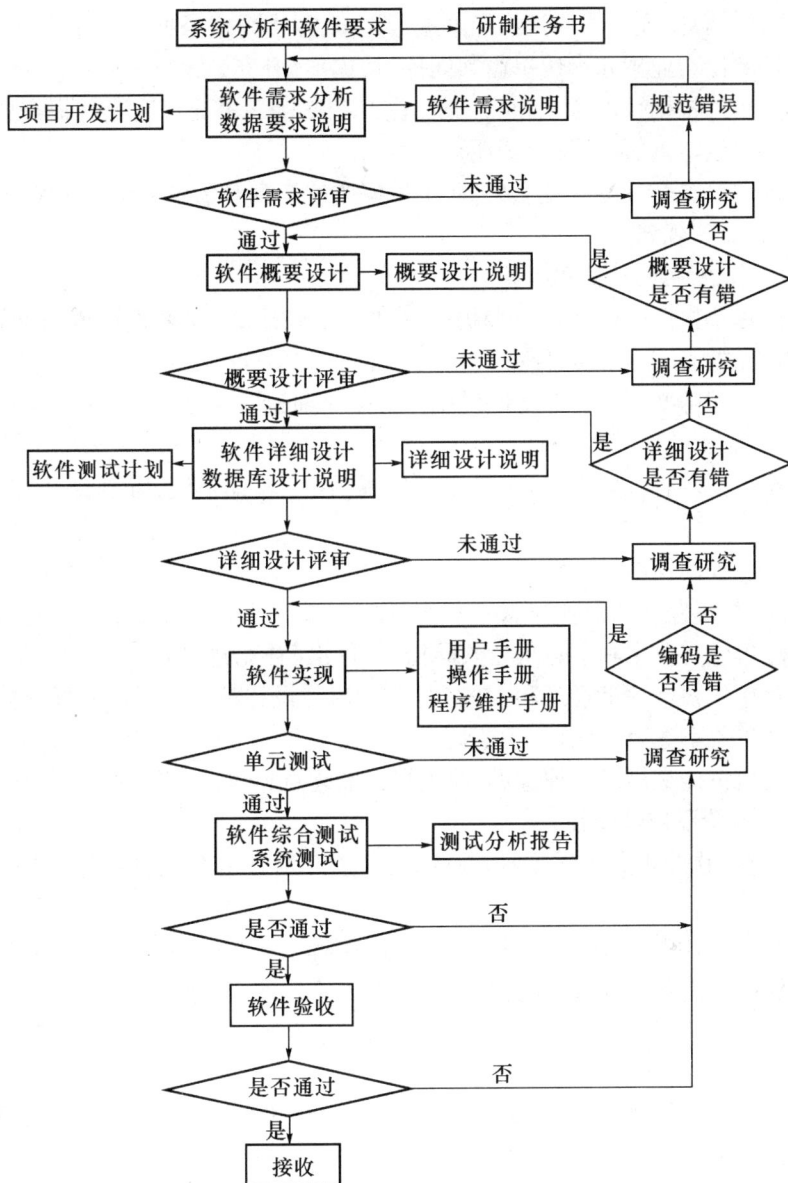

图 3-16　软件开发过程及监理流程图

（3）监理方利用自己的技术、经济、管理、法律、社会等各方面人才，进行专业化的、全面的可行性分析。

（4）草拟监理规划。

（5）协助业主通过招标、邀请等方式确定承建方。

2. 需求分析说明阶段监理流程

（1）承建方按合同规定日期提交正式会签确认的"总体需求说明书"。

（2）监理工程师熟悉《总体需求说明书》。

（3）根据合同及有关标准审查《总体需求说明书》。

（4）监理工程师提出审查意见。

（5）必要时,总监理工程师组织专家进行评审,提出评审意见。

（6）监理单位与业主和承建单位共同探讨,提出《补充建议》。

（7）承建单位根据评审意见和《补充建议》编制《需求补充说明》,并提交监理单位。

（8）监理单位审查《需求补充说明》。

（9）监理单位提交最终监理意见,业主根据监理意见对承建单位工作做出整改决定。

（10）调整监理规划。

3. 软件设计说明阶段监理流程

（1）承建单位按照合同规定日期提交正式会签确认的《概要设计说明书》、《详细设计说明书》和《数据库设计说明书》。

（2）监理工程师熟悉《概要设计说明书》、《详细设计说明书》和《数据库设计说明书》。

（3）根据合同及有关标准审查《概要设计说明书》、《详细设计说明书》和《数据库设计说明书》。

（4）监理工程师提出审查意见。

（5）必要时,总监理工程师组织专家进行评审,提出评审意见。

（6）监理单位与业主和承建单位共同探讨,提出《补充建议》。

（7）承建单位根据评审意见和《补充建议》编制《设计补充说明》,并提交监理单位。

（8）监理单位审查《设计补充说明》。

（9）监理单位提交最终监理意见,业主根据监理意见对承建单位工作做出整改决定。

4. 软件开发阶段监理流程

（1）以《系统软件质量保证计划》为依据,检查开发方是否按照计划正常进行日常开发行为。

（2）按照需求说明书、设计说明书及有关国家标准抽检开发工程的不同阶段的开发工作,以确定开发方是否按照设计说明书和有关国家标准实施开发工作。

（3）监理工程师把上述监理工作予以记录,形成监理记录,并对问题或隐患提出监理意见。

（4）总监理工程师对监理工程师的原始监理资料和监理意见进行审查,根据情况确定专项监理任务进行专项监理,并向业主提交专项监理报告。业主根据监理报告对承建单位工作做出整改决定。

5. 软件测试与试运行阶段的监理流程

（1）承建单位或外部测试方按合同规定和进度计划提交测试计划和测试规范。

（2）监理工程师按照有关国家标准审查提交的测试计划和测试规范,并提出审查意见。

（3）必要时,总监理工程师组织专家进行评审,提出评审意见和建议。

（4）监理单位与业主和承建单位共同探讨,最终确定可行的测试方案。

（5）承建单位或外部测试方根据最终确定的测试方案实施测试,监理工程师对测试工程进行抽查。

（6）测试结束后承建单位或外部测试方提交测试问题清单和测试报告。

（7）监理工程师对测试问题清单及测试报告进行审查,如有疑点可进行抽检。

（8）承建单位对测试问题进行修改，待回归测试通过后，再次提交给监理单位。

（9）监理单位对回归测试的过程、结果进行确认，并决定测试是否完成。

6. 软件系统验收阶段监理流程

（1）承建单位在合同规定时间提出系统验收标准。

（2）监理工程师按照合同及相关文件对验收标准进行审查。

（3）必要时，总监理工程师组织专家对验收标准进行会审，提出评审意见，并和业主及承建单位进行探讨，确定修改意见。

（4）监理单位向业主提交最终评审意见，业主根据评审意见对承建单位工作做出整改决定，形成验收标准。

（5）监理工程师检查合同各方的竣工准备情况，以确定是否满足系统验收的条件。

（6）由业主、承建单位和监理单位共同组成系统验收组，以业主、承建单位为主，按照系统验收方案对软件系统进行验收工作。

（7）监理工程师对验收报告进行评审，由总监理工程师确认验收工作是否完成。

7. 收尾阶段监理流程

（1）验收移交，验收的依据为《项目开发合同》《用户需求规格说明书》、经三方确认的变更、有关技术标准与规范，各环节要满足验收依据的要求，竣工文件要包括完整一致的设计文档、使用说明书、维护手册（参数配置、备份策略等）、培训计划。验收合格后移交系统和文档，签发《工程验收合格证》。

（2）培训与维护阶段监理。

（3）工程结算审核。

（4）监理结算，总结归档。

3.2.2 设备监理流程

在信息网络系统工程建设中，一般由承建方承担设备/材料采购任务，信息系统工程监理在这个阶段的主要职责包括审核承建方的设备采购计划、组织到货验收以及设备移交审核等。

设备到货验收的监理流程如图 3 - 17 所示。

（1）承建方提前三天通知业主和监理方设备到达的时间和地点，并提交交货清单。

（2）监理方协助业主做好设备到货验收准备。

（3）监理方协助业主进行设备验收，并做好记录，包括对规格、数量、质量进行核实，以及检查合格证、出厂证、供应商保证书及规定需要的各种证明文件是否齐全，在必要时利用测试工具进行评估和测试，评估上述设备能否满足信息网络建设的需求。

（4）发现短缺或破损，要求设备提供商补发或免费更换。

（5）监理方根据设备到货验收情况提交设备到货验收监理报告。

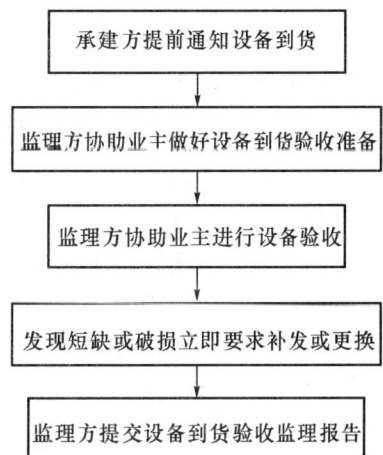

图 3 - 17　设备到货验收监理流程

3.2.3 集成监理流程

集成监理流程按进度划分为以下几个阶段：

1. 准备阶段

（1）参与建设单位招标前的准备工作，协助编制本项目的工作计划，内容包括项目主要内容、组织管理、项目实施阶段划分和项目实施进程等。

（2）协助建设单位分析项目的内容及项目周期，并提出安排工程进度的合理建议。

（3）对建设合同中所涉及的产品和服务的供应周期等做出详细说明，并建议建设单位做出合理安排。

（4）监理应对招标书中的工程实施计划（包括人员、时间、阶段性工作任务）及其保障措施提出建议，并在招标书中明确规定。

（5）在协助评标时，应对投标文件中的项目进度安排及进度控制措施等进行审查，提出审查意见。

2. 设计阶段

（1）根据工程总工期要求，协助建设单位确定合理的设计时限要求。

（2）根据设计阶段性输出，由粗而细地制定项目进度计划，为项目进度控制提供前提和依据。

（3）协调、监督各承建方进行整体设计工作，使集成项目能按计划要求进行。

（4）提请建设单位按合同要求向承建单位及时、准确、完整地提供设计所需要的基础资料和数据。

（5）协调各有关部门，保证设计工作顺利进行。包括根据方案设计制定项目总进度监理计划，督促建设单位提供项目必须的资源并监督执行；编制建设单位软件、材料和设备采购监督计划，并实施控制；编制本阶段工作监督计划，并实施控制；开展相应的组织协调活动等。

3. 实施阶段

（1）根据工程招标和施工准备阶段的工程信息，进一步完善项目控制进度计划，并据此进行实施阶段进度控制。

（2）审查承建单位的施工进度计划，确认其可行性并满足项目控制进度计划要求。

（3）审查承建单位的进度控制报告，监督承建单位做好施工进度控制，对施工进度进行跟踪，掌握施工动态。

（4）研究制定预防工期索赔措施，处理好工期索赔工作。

（5）在施工过程中，做好对人力、物力、资金的投入控制工作及转换控制工作，做好信息反馈、对比和纠正工作，使进度控制定期连续进行。

（6）开好进度协调会，及时协调各方关系，使工程施工顺利进行。

（7）及时处理承建单位提出的工程延期申请，若出现工程施工延期，按照如下流程进行：

① 在做出工程延期批准之前，应与建设单位、承建单位进行协商。

② 及时受理承建单位的工程延期申请,根据工程情况确认其合理可行后,由总监理工程师签署执行。

③ 阶段性工程延期造成工程总工期延迟时,应要求承建单位修改总工期,修改后的总工期应经过审核,并报建设单位备案。

④ 工程延期造成费用索赔时,监理应提出建议并按规定程序处理。

4. 验收阶段

(1)审核承建单位工程整改计划的可行性,控制整改进度。

(2)建议建设单位要求承建单位以初验合格报告作为启动试运行的依据。

(3)试运行结束,建设单位可根据项目或自身具体情况采取专家评审验收、系统测试等多种形式对项目进行验收。此时,监理单位应建议建设单位要求承建单位以终验合格报告作为工程结束的依据。

3.2.4 验收监理流程

系统在按合同规定的试运行期满之后,由建设方、监理方及承建方对系统进行最终验收。最终验收的流程如图 3 - 18 所示。

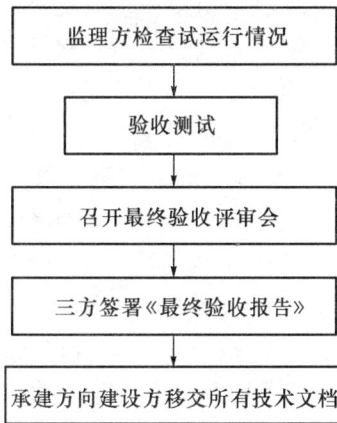

图 3 - 18 最终验收流程

(1)检查试运行期间的所有运行报告及各种测试数据。确定各项测试已完成,所有遗留问题已经解决。

(2)验收测试。按照测试标准对整个项目进行抽样测试,测试结果填入《最终验收测试报告》。

(3)召开最终验收评审会。

(4)签署《最终验收报告》,该报告后附《最终验收测试报告》。

(5)向建设方移交所有技术文档,包括所有设备详细配置参数、各种用户手册等。

第4章　信息系统工程监理关键问题的处理

近年来,我国在信息系统方面取得了很大成绩,积累了不少经验,大批信息系统咨询监理公司也在激烈的市场竞争中得到了锻炼和成长,业务能力有了较大的提高。随着信息化的不断推进,信息系统工程项目向各个领域的纵深发展,参与到信息系统工程建设的团队也随之增加,项目建设过程中产生的问题在种类和数量上也越来越多。因此,如何协调众多参与方并使其进行高效的合作,以及如何公正、有效地处理监理过程中所发生的问题与纠纷,逐步成为项目监理工作的重点所在。

整体来说,信息系统工程监理工作中的问题可分为两大类:定量问题和定性问题。就本章而言,定量问题是指在项目建设过程中产生的可按特定标准来衡量的问题。这类问题一般都是因为不达标而引起的,其硬性指标在合同、相关规范或设计方案里都有明确的要求。例如在机房的防雷建设中要求地阻小于1Ω,这就是硬指标。只要地阻没有达到1Ω以下,监理方有权也必须要求承建方进行整改。因此,对于该类问题的处理,监理方只需按照合同、规范和设计方案中的要求进行严格把关,对没有达到标准的实施过程和产品勒令承建方在规定期限内进行整改。

对于信息系统工程中的定性问题,处理起来通常要比定量问题更为棘手。就本章而言,定性问题是指在项目建设过程中产生的没有标准可衡量,只能凭借经验和惯例来解决的问题。例如对于软件系统的功能与性能,没有一套具体的标准来评价它们的质量,通常只能比照业主的需求,参照测试机构的测试结果(在多数工程项目中通常要求有专业测试机构对工程质量的评估报告),并结合以往的监理经验进行评估,如果它达到了一定的条件(如测试结果已满足业主的需求),可以说它是合格的。正是由于定性问题中的不确定性,在处理该类问题时应正确把握项目参与方(业主、建设方、业主代理、各承建方和监理方)的关系,监理技术以及信息化工程各环节的关系,从整体上进行分析和处理。

接下来,本章将重点分析监理与项目参建各方的关系以及监理技术与工程各环节的关系。

4.1　监理与项目参建各方的关系

监理单位与项目参建各方的关系,主要包括监理方与建设单位、业主、业主代理、承建单位、分包单位、设计单位、专家委员会、测试机构、设备材料供应商等的关系,以及上述单位同监理单位在项目协作中所形成的整体关系。在这些错综复杂的关系中,既有监理方因委托监理合同而与委托方形成的直接关系,又有监理方为完成合同委托而直接或间接的与其余项目参建方接触而形成的间接关系。

4.1.1 监理与建设单位、业主的关系

1. 监理与建设单位的关系

监理单位与建设单位的关系是由双方签订的监理合同确定的,是通过双方严格履行合同条款来实现的。监理合同一旦签订,建设方和监理方的委托与被委托关系既已确定。监理单位必须以高尚的职业道德、精湛的专业技术向建设单位提供优质的服务,作为建设单位也应该积极支持、协助监理单位开展正常的监理工作,并按合同支付监理费。

一般的,建设单位是项目建设的责任主体,其主要职责是按项目建设的规模、投资总额、建设工期、工程质量等对项目建设实行全过程的管理,为监理单位和承建单位创造良好的外部环境。对建设单位而言,监理单位的一般权力有:工程项目中的各种问题向建设方的建议权,主要包括信息系统的规模、标准和功能的建议权,组织协调的主持权,设备和开发软件质量的确认权与否决权,精度和工期上的确认权与否决权,合同内工程款支付与结算的确认权与否决权等。应该注意的是,工程款支付和工程结算的确认权与否决权必须拥有,否则就不能发挥监理的应有作用。

在项目中,监理单位和建设单位之间不存在主从关系,但应当承认建设单位的主导地位。监理单位从事监理工作的依据是国家的法律法规、技术规范、监理合同、设计图纸,而不仅仅是建设单位的指令。监理单位的行为准则是为建设单位服务,但同时也应制止建设单位的违法、违规行为。在为建设方的最佳利益尽责的同时,也要维护第三方的合法权益,忠实的服务于社会的最高利益及维护自身的职业荣誉和声望。另一方面,监理单位仅与建设单位签订了监理合同(视为直接关系),而与其余项目参建方无任何直接关系(监理单位不能与其余各方签订任何有关该项目的合同或协议),事实上,监理单位是在建设单位的授权下同其余项目参建方发生的关系(视为间接关系)。因此,在项目实施过程中,监理单位应当承认建设单位的主导地位,这有利于更好地开展监理工作。

2. 建设单位与业主的关系

在很多信息系统工程监理类书籍中,对建设单位和业主这两个概念没有进行明确的区分,这容易对监理新手造成一定误解。在这里,我们进行统一区分。建设单位是建设过程的管理者,也就是工程建设合同的甲方、项目法人;业主是建设形成的实体(物权)的所有者。但在实际项目中,业主通常直接负责项目的建设,在该种情况下业主也是建设单位。这一点同土建工程类似,房地产开发的建设单位是房地产开发商,而业主则是买房人。在前面所论述的监理与建设单位的关系中不难看出,监理单位只需对签订委托监理合同的建设单位负责,而与业主并无直接关系。但在实际项目中,为了做好工程质量、进度等方面的监控,监理通常需要明确业主的需求,并协助承建单位理解业主的具体应用需求并加以细化。

3. 监理与建设单位、业主关系图

监理与建设单位、业主的基本关系如图 4-1 所示。

4.1.2 监理与建设单位、业主代理的关系

1. 监理与建设单位的关系

在 4.1.1 节内容中,已对监理与建设单位的关系进行了说明,即建设单位与监理单位

之间是委托与被委托、授权与被授权的合同关系。

2. 建设方与业主代理的关系

在工程建设过程中,建设方因事务繁忙,无法抽调人员组成建设方项目管理团队或因其他原因需要雇佣另一方代为行使其权利,这里的另一方即建设方代理(注:在实际项目中业主通常作为建设方,建设方代理即业主代理,因此对建设方代理习惯上也称为业主代理)。

民法上的代理,是指代理人在代理权限范围内,以被代理人的名义行使民事法律行为,从而与被代理人直接发生权利义务关系。其特点有:

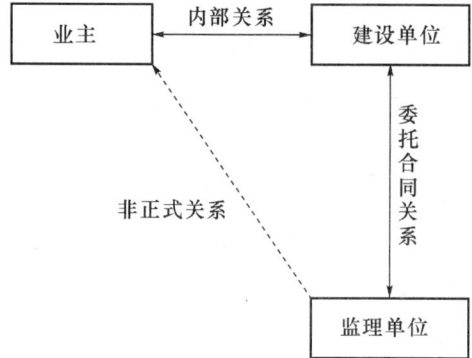

图 4 - 1 监理与建设单位、业主的关系

(1)代理人必须以被代理人的名义进行代理活动。

(2)代理人所代理的行为必须是民事行为。

(3)代理人只有在代理的权限范围内才可以独立进行代理活动。

(4)代理人代理活动的一切法律后果都直接由被代理人承担。

因此,建设方和业主代理是一种内部委托关系,而且是因委托合同形成的直接关系。从实践上看,一般在电子政务中实行代理制的较多。业主代理制的施行,有利于使建设方从具体的建设事务中摆脱出来,复位为裁判的角色,对建设项目进行监督。同时,专业化建设管理公司对项目实行全过程管理,有利于工程建设的质量、进度和投资的有效控制。此外,它也有利于促进建设单位的改革,推动专业化的建设管理公司的形成。

3. 监理与业主代理的关系

首先,我们得明确:监理不是业主代理。从法律上讲,监理不具备作为业主代理人的条件。代理是指一方以他方的名义,在授权范围内向第三方作意思表示或接受第三方的意思表示,其法律后果直接归属于他方的行为,表现为代理人以被代理人的名义进行的某些法律所为,所维护的是被代理人的利益,有时须负有连带责任。

而监理单位与建设单位是通过平等协商并以合同的形式,确定其义务和权利。监理单位以自己的名义实施监理,执行等价交换原则。一方面,监理单位为建设单位提供监理服务,维护建设方的利益;另一方面,监理单位也要制止建设单位损害其余项目参建方的利益等不规范行为。在监理过程中,监理人员若发生明显失职并给建设单位造成损失,则应按委托监理合同中约定的条款承担相应责任。

因为业主代理是在代理权限内,以建设方的名义实施民事法律行为,所以当项目建设中有业主代理存在时,监理单位是与业主代理签订项目监理委托合同,在监理过程中直接与业主代理进行沟通,由业主代理代替建设方行使代理权限内的权利。但当涉及到需求变更、资金支出等代理权限外的事由,监理单位必须书面通知建设单位(若建设单位将一切事物全权委托业主代理进行处理除外,但在实际工作中几乎不会出现由业主代理全权代理的情况)进行处理。

监理与建设单位、业主代理的基本关系如图 4 - 2 所示。

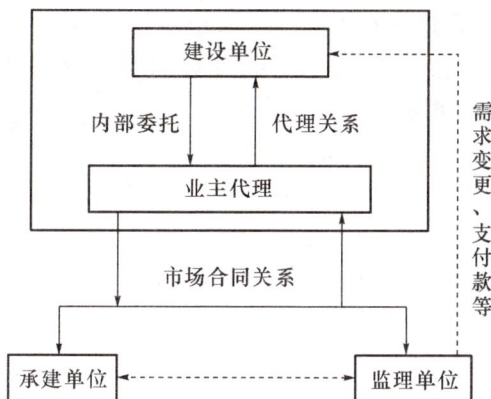

图 4-2　监理与建设单位、业主代理的关系

4.1.3　监理与承建单位的关系

1. 监理与被监理的关系

毋庸置疑,监理与被监理是监理单位与承建单位最基本的关系。监理单位受建设单位的委托,对工程建设实行监督和管理,并将这一委托写入了工程建设委托合同(由建设单位和承建单位签订),监理单位与承建单位是以工程建设委托合同为纽带确定的工作关系,是一种间接关系。

监理单位接受建设单位委托对承建单位的建设过程实施监督管理,那么监理单位自然代表的是建设方的利益。而建设单位与承建单位因为一方是买方,一方是卖方,他们自然又是一个既协调又矛盾的关系。在项目建设过程中,建设单位和承建单位都需要从项目中获得利益,这也是他们会相互合作进行项目建设的根本原因。建设单位通过对项目投资,从而让自己的经营与管理活动的成本降低,收益增加。承建单位通过为建设单位服务而获得相应支出。通常,建设单位有两种途径来提高自己的利益,即提高项目实施后所带来的效益和降低项目的投资成本;而承建单位提要自己的利益也有两种方法:即提高项目的报价和降低项目建设成本。不难得出,承建单位提高报价,则建设单位增加了成本;承建单位降低成本所带来的间接影响可能就是建设单位在项目投入使用后效益的降低。因此,监理单位在这方面所要做的事情是以低投资(成本控制、进度控制)带来高回报(质量控制)。

当然,监理工程师不可能突破成本、质量、进度这个三角关系,过分的关注二者的任何一方面都不行,而必须在三者之间进行权衡,从而获得最佳投资效果。因此,监理方决不仅仅是站在建设单位这边来损害承建单位的利益,而是以项目的成功实施为目标来开展日常工作。在实际项目中,很多时候不仅不能压低投资,为了让项目的质量和工期得到保证,在具有充分依据的情况下,监理方还可以要求建设单位增加投资(因为过分的压低投资将给项目带来灾难性的后果),但应注意"度"的问题。

2. 相互合作的关系

在监理与被监理的过程中,监理和承建单位同时具有相互合作的关系。监理与承建单位如果互相配合,则项目离成功不远;如果互相排斥,则项目可能随时翻船。表面上监理单位与承建单位是矛盾体,但是透过表面看实质,他们的利益是一致的。监理单位虽然

107

拿的是建设单位的报酬并为其服务,但是为建设方服务的本质是为项目服务,这才是监理工作的实质。监理人员只有搞清楚了监理工作的真正目标才能更好地开展监理工作。

同样,建设单位之所以请监理,就是因为需要通过监理工作的开展,让项目走向成功,而成功也是承建单位最大的目标。承建单位只有在项目成功实施并且顺利通过验收的情况下才能拿到属于他们的报酬,否则不仅拿不到钱,可能还要惹上一身官司。所以不管是监理单位、承建单位还是建设单位,项目的总目标都是一致的,那就是项目的成功实施。因此,三者的相互协作至关重要。

3. 监理与业主、承建单位关系图

监理与承建单位、建设单位的基本关系如图4-3所示。

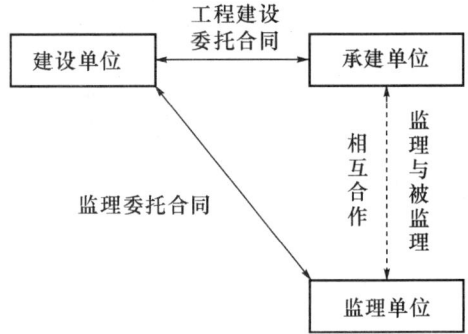

图4-3 监理与承建单位、建设单位的关系

4.1.4 监理与分包单位的关系

由于建设单位和分包单位之间没有合同约束关系,受建设单位委托的监理方和分包商之间没有直接的法律责任、义务和权利。但是,分包合同是以总承包合同为背景和条件的,因此,分包合同从签订到施行都离不开监理方,即监理与分包单位之间是间接关系。

在项目中,监理与分包单位的间接关系主要体现在以下几个方面:

1. 监理对分包单位有确认权

工程中,拟分包的部分需由监理工程师确认和同意;同时,拟承接工程的分包单位应获得监理工程师的认可和批准。监理工程师从整个项目目标控制与管理的角度,选择确认有相关资质、施工能力强、经验丰富以及财务状况好的分包单位,这是监理工程师确保分包工程完成预期目标的重要环节。

2. 监理对分包单位有监督检查权

监理工程师有权合理进入分包商的工作现场,进行检查和监督,以确保工程项目的目标最优实现。

3. 监理对分包工程指示应经承建单位确认

监理工程师有权对分包工程及分包单位发出指示和决定;由于监理单位和分包单位间无责任关系,上述指示和决定应通过承建单位的确认。同时,承建单位应立即对监理工程师的此类指示做出确认或处理,分包单位也必须遵守执行经承建单位确认的监理工程师指示。

4. 监理有权要求分包单位退场

如果承建单位和分包单位之间因分包合同或分包工程的施工产生争端,监理工程师没有协调的义务,争端双方可设法友好协商解决,协商不成提请仲裁。监理工程师无权干涉分包单位和承包单位间的纠纷,但有权要求分包单位退场,这是保障项目顺利实施的重要手段。

5. 监理与分包单位、承建单位关系图

监理与分包单位、承建单位的基本关系如图4-4所示。

4.1.5 监理与设计单位的关系

设计单位的主要职责是受建设单位的委托,向建设单位提供设计文件、图纸和其他资料,派驻设计代表参与工程项目的建设,进行设计交底和图纸会审,及时签发工程变更通知单,参与工程验收并提交设计报告等。

在监理单位受建设单位的委托对设计施工实施监督和管理,并将这一委托写入工程设计委托合同时,设计单位必须接受监理。监理单位与设计单位以工程设计委托合同为纽带,构成监理与被监理的关系。在监理过程中,监理单位应及时按照合同和有关规定处理设计变更;设计单位的有关通知、图纸、文件等须通过监理单位下发到施工单位。承建单位需要修改设计时,也必须通过监理单位、建设单位向设计单位提出设计变更或修改。

但在建设单位没有委托设计监理时,监理单位与设计单位则是分工合作的关系,两者都为确保工程实施成功而努力。

归纳起来,监理与设计单位、承建单位的基本关系如图4-5所示。

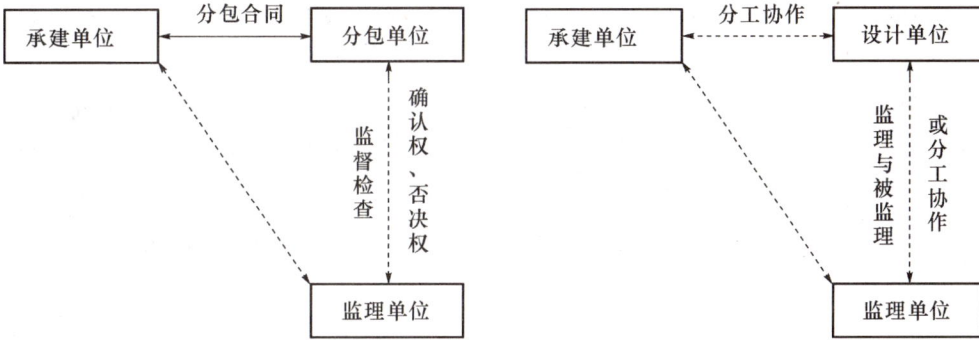

图4-4 监理与分包单位、承建单位的关系   图4-5 监理与设计单位、承建单位的关系

4.1.6 监理与专家委员会的关系

鉴于信息技术发展的迅速,为保证所建设系统在实用性、可靠性、可用性、可维护性和可扩展性方面能达到较高水准,按照相关要求,建设单位一般都会邀请专家委员会做项目立项评估、测试验收等,但这种方法存在以下缺点:

(1)专家委员会多是一个临时组织,不是独立法人,对其经济责任与法律约束作用难以实现。

(2)专家委员会对项目介入的力度和时间不够,专家们有各自的本职工作,不可能投入足够的精力和时间来全过程介入项目。

(3)专家委员会仅在对投标方案进行评审时出现,不涉及工程的计划和实施阶段,因而对计划和施工的过程中出现的具体问题不能很好地解决,其对建设方的项目不承担管理和辅助管理功能,而所起到的咨询功能也是不充分和不连续的。

(4)从根本上改变不了建设项目长期存在的"只有一次教训,没有二次经验"的问题。

而监理单位提供的贯穿项目全过程的技术服务和项目监理服务能有效弥补上述不足。同时,相对于专家在技术层面上的优势,监理也需要专家做出的判断和提供的信息。因此,对于整个项目而言,监理与专家委员会是互为补充的关系,两者共同确保工程质量。

归纳起来,监理与建设单位、专家委员会的基本关系如图4-6所示。

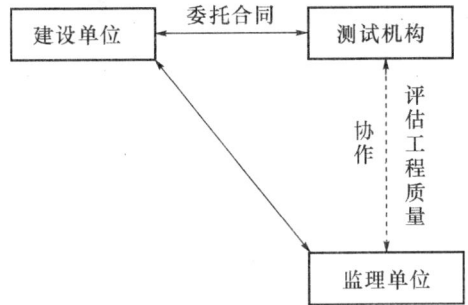

4.1.7 监理与测试机构的关系

信息工程测试服务机构相对独立于工程的建设单位和承建单位,能够公平、公正地评判项目实施的效果。同时,作为第三方测试机构,其技术专业性和权威性也能够保证测试质量,给予建设方和承建方信服的测试结果。

监理单位和测试机构都接受委托方的委托,并与之签订相应的委托合同,因此,监理单位和测试机构没有合同关系。但在工程中,监理机构需对拟选择的测试机构的资质、经验等进行审核,并协助完成测试机构的选定工作。同时,测试机构也可以向监理单位了解项目的情况,以便更好地完成测试任务。因此,对于整个项目而言,监理与测试机构是协作的关系,完成对工程质量的客观评估。

归纳起来,监理与建设单位、测试机构的基本关系如图4-7所示。

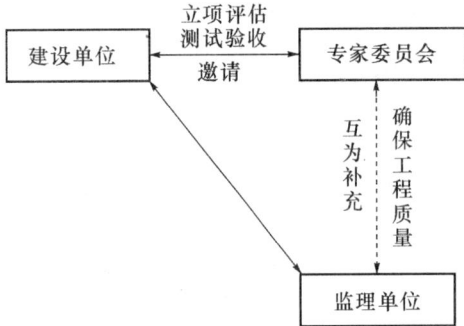

图4-6 监理与建设单位、专家委员会的关系　　　图4-7 监理与建设单位、测试机构的关系

4.1.8 监理与设备、材料供应商的关系

监理单位与设备、材料供应商之间不存在任何合同关系,也没有直接的关联,更不存在任何利益冲突和利害关系。但在实际监理工作开展过程中,监理方需关注设备、材料的到货情况(涉及到整体工程的进度),遇到设备、材料不能按期到货等情况应及时向委托方反映,推动项目的顺利实施。

在项目中一般存在两种情况,一种是由承建方提供设备、材料,即承建方和供应商签订供应合同;一种是由建设方负责提供设备、材料,即建设方和供应商签订供应合同。无论是哪一种情况,如设备、材料不能按期到货,监理方都应当及时向建设方反映,同时知会承建方,并对工程进度进行相应调整。

4.2 监理技术与工程各环节的关系

4.2.1 监理过程中咨询、评审、测试之间的关系

1. 监理咨询

信息工程的监理首要是咨询,其次是工程的监督与管理。深入和具有说服力的咨询

工作才会有实用的设计方案,如在监理工程师的咨询协助下,需求分析是否能够完全体现业主的功能需求等。

通常来说,建筑工程的设计和施工是分开的,一般由建筑设计院负责设计,建筑工程公司负责施工。因此,设计监理和工程监理也是分开的,且监理工作的重心在施工阶段。而且对于建筑工程的监理而言,更多的是监督和控制,咨询仅占很少一部分。但对于信息工程项目而言,由于建设单位自身技术力量的不足,信息工程监理咨询的业务范围远远超出实施阶段监理的范畴,往往需要向两端延伸,从而覆盖信息项目从立项到验收阶段这一全过程。

因此,监理咨询内容与工作流程基本包含以下三个阶段:

(1)项目实施前的监理咨询工作。其核心是协助建设单位组织专家对项目建设规划、技术方案和设备选型等事宜进行论证、优化,为建设方的决策提供依据。

该阶段所涉及的主要咨询工作是协助建设单位对参与投标的单位进行选择,并从专业角度给出相应的建议。同时,为用户进行商务谈判提供咨询,并协助建设单位签订工程委托合同。

(2)项目实施阶段的监理咨询工作。其核心是按照工程实施方案,以及硬件和软件的相关标准和规范给出咨询监理意见,防止在实施过程中出现若干经验性问题,或是有效解决已出现的问题,从而起到对工程质量、进度和成本的有效控制作用。

(3)项目实施后的监理咨询工作。其核心是协助承建方制订的系统试运行及推广方案,以及用户培训计划。

该阶段所涉及的主要咨询工作是针对所完成信息系统的特点,对承建方制订的系统试运行及推广方案等后期计划进行审核,看他们是否符合建设方的客观需求,是否能够达到相应效果。同时,在达到项目验收要求后,监理方还需协助建设方组织系统验收工作的开展。此外,在实际项目中,监理方往往需要协助用户方制订系统的运行管理制度等。

2. 监理评审

监理评审的主要目的是本着公正的原则检查项目的当前状态。通常,对于一个项目的评审是放在项目里程碑接近完成时进行的,比如在总体方案设计、编码或测试完成的时候进行的。通过对各重要阶段的评判工作,可以及时发现项目中存在的问题,并给出处理意见。信息工程项目都具有一个特点,那就是对集成度和可靠性要求较高。如在工程实施过程中处理不当,将给后期维护和系统升级带来不可弥补的损失。因此,监理方对项目的预审、预控,能有效提高工程质量,为项目的继续实施奠定基础。

就监理单位而言,监理评审主要包括以下三个方面的工作:

(1)评审承建单位的测试计划,以及测试结果。其主要内容包括:

① 督促承建单位建立项目测试体系,成立独立的测试小组。

② 督促承建单位制定全过程的测试计划,从项目需求分析阶段开始到项目结束,要进行不间断的测试,并随着项目的进展,制定分系统的测试计划和详细的测试方案。

③ 对测试方案和测试计划进行评审,对承建单位选择的测试工具的有效性进行确认。

④ 对测试结果的客观性和有效性进行审查。

⑤ 对测试所反映出的问题的处理过程和结果进行跟踪。

(2)对重要环节监理方可亲自进行测试。

(3)对委托的第三方测试结果进行评审,并出具相应监理意见。

3. 测试

测试是信息系统工程质量控制最重要的手段之一，这是由信息系统工程的自身特点所决定的。信息系统一般可分为信息网络系统和信息应用系统，而这些系统的质量到底如何，能否达到业主的需求，只有通过实际的测试才能进行客观地反映。因此，测试结果是判断信息系统工程质量的最直接依据。

在整个质量控制过程中，可能存在承建单位、监理单位、建设单位以及测试机构都对工程进行测试，但上述四者的侧重点有所不同。承建单位的测试是为了保证工程质量和进度，监理单位的测试是检查和确认工程质量，建设单位的测试是验证系统能否满足业务需求，测试机构的测试是给工程一个客观的质量评价。

就监理单位而言，测试主要包括以下两个方面的工作：

1）监理方对工程重要环节的亲自测试

（1）现场抽查测试。当现场监理工程师发现质量疑点时，要进行现场抽查测试。比如在综合布线阶段，监理工程师除了在隐蔽工程实施过程中要旁站外，还要通过手持式或台式网络测试仪对布线质量进行抽测，以便能够分析网络综合布线的效果，进而确保网络综合布线的质量。

（2）对于软件开发类项目，监理单位可以对系统的重要功能部分，以及性能参数（页面响应时间等）等进行模拟测试，判断阶段性开发成果是否满足质量要求，并将其作为进度控制和成本控制的依据。

2）监理方协助委托测试机构进行测试

在项目的重要里程碑阶段或验收阶段，建设单位（或是承建单位）一般都需要委托专业的测试机构对工程进行测试。

就监理单位而言，在这一过程中主要起到协助的作用，协助测试的更好完成。其主要工作包括：

（1）协助建设单位（或承建单位）选择专业的测试机构，一般需要审查拟选择测试机构的资质、测试经验及承担该项目的测试工程师的情况等。

（2）对测试机构提交的测试计划进行确认。

（3）协调承建单位、建设单位以及测试机构的工作关系，并为测试机构的工作提供必要的帮助。

（4）对测试结果进行评审，并给出相应监理意见。

4. 三者的关系

信息工程的监理首要是咨询，在信息工程项目建设过程中，由于建设方自身技术力量的不足，信息工程监理咨询的业务范围远远超出施工监理的范畴，需要向两端延伸，从而覆盖从项目立项到验收的全过程；项目评审一般是在项目里程碑接近完成时进行的，比如总体设计方案、编码或测试完成的时候；测试是对工程重要环节（即质量控制点）的质量进行确保的重要手段。通常，在项目建设过程中，咨询、评审和测试往往需要相互穿插来完成项目的建设，以达到工程质量的要求。比如，在请专业的测试机构对项目进行测试时，监理单位首先要协助建设方（或承建方）选择测试机构，给予咨询意见，然后对测试机构提交的测试计划和最终的测试结果进行评审，并给出相应的咨询监理意见。因此，在项目建设过程中，监理咨询、评审和测试各有作用，缺一不可。

归纳起来,监理咨询、监理评审以及测试的基本关系如图4-8所示。

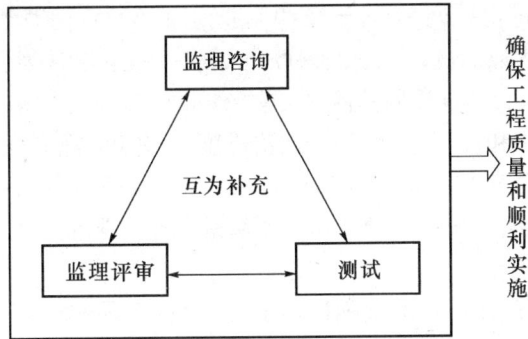

图4-8 监理咨询、评审和测试的关系

4.2.2 用户需求、实施方案、实施进度之间的关系

1. 业务需求的明确

业务需求的明确,这是最基本的、也是难度极大的工作。业务需求由业主提出,也由业主拍板。然而,业主对业务需求有一个从朦胧到清新、从笼统到具体、从整体到局部的变化发展过程。对于监理方而言,其目标即尽快缩短这一过程,尽早明确业务需求和信息系统的功能,并且不能随便修改。原则上,一旦业主对需求说明书进行了确认,项目的业务需求就不能再进行更改,尤其不能对关键地方进行变更。否则,有些项目已经启动了,但业务需求一变再变,这不仅会给工程的实施带来困难,甚至还能成为导致项目失败的重要原因。

当建设单位与承建单位正式签订工程建设委托合同,并对项目开发计划达成一致意见后,项目即可进入需求分析阶段。该阶段的目标是深入描述工程产品的功能和性能,最后应达到的效果等;研究对象是项目的用户要求。这就要求承建方在监理方的协助下必须全面理解用户的各项要求,但又不能接受不合理的要求。同时,要求承建方要准确表达被接受的用户要求,因为只有经过确切描述的用户需求才能成为工程设计方案的基础。

2. 实施方案的制定

当用户需求调研完成,且该需求已经充分并准确地被承建方理解后,承接方就需要在工程实施前制定总体实施方案,在各单项工程实施前制定单项工程实施方案,交由建设方和监理方审核。

总体实施方案是对工程的建设开发方法、质量控制、进度控制、资金估算、预期目标的一个概要的设计,它是整体工程开发的一个蓝图,是制定单项工程实施方案的基础和依据。同时,各单项工程实施方案也是对总体实施方案的细化和补充。对于监理方而言,需要依照上述实施方案对工程进行质量控制、进度控制和投资控制。

3. 进度与计划

在实际工作中,进度也称计划,进度管理也称计划管理,通常将二者合在一起称为进度计划。不过,二者还是有细微的差别。为了让监理人员在从事咨询工作和方案评审时概念准确,下面对这两个概念进行区分。

计划,英文为plan,是指对一个工程项目按系统、区域、合同类型、作业类型、工作层面、工作包、房间号、责任部门等要求进行分解,并对分解后的工作按相互之间的顺序关系(或逻辑关系)对作业进行排列,并规定哪些作业何时开始且何时结束的一种过程。这种过程以后的结果或过程以后的产品称为一份计划或一份进度计划。

进度,英文为 schedule,有计划的涵义,是指作业在时间上的排列,强调的是一种作业进展以及对作业的协调和控制,所以常有加快进度、赶进度、拖进度等说法。对于进度,通常还常以其中的一项内容"工期(duration)"来代称。从两者的目的来看,进度管理是对工程项目进行计划、组织、协调和控制,具备了管理的全部职能,而计划只是其中的一个环节,这是两者的重要区别。

对监理工程师而言,在项目的实施过程中,当通过实际进度与计划进度的比较,发现有进度偏差时,需要分析该偏差对后续工作及总工期的影响,从而采取相应的调整措施对原进度计划进行调整,以确保工期目标的顺利实现。对工程进行进度管理,是一个动态监测和调整的过程,只有不断地发现偏差,找出问题所在,及时调整计划,消除偏差的影响,才能确保工程的顺利进行,直至达到预期目标。

4. 三者的关系

用户需求是进行实施方案设计的依据,而实施方案又是工程进度制定的基础。然而我们必须明确,在工程实施过程中并非要一成不变地执行进度计划。在实施过程中,一定有这样或那样的不确定因素存在,使得进度不能按最初的计划完成时,这就需要监理工程师对进度进行控制。进度控制的目标不是严格按计划实施,而是及时发现实际进度与原定计划的偏差,分析偏差原因,以及时改变计划使之适应环境的变化。在这一过程中,有可能会发现原来实施方案的制定没有考虑到形势的变化,这就需要把信息反馈回去,从新的细节地方修改方案,甚至会发现是用户需求没有调研完整,从而重新把欠缺的部分补齐。这样,不断反馈,不断更新,形成一个螺旋式的上升过程,从而有效地达到工程目标。

归纳起来,用户需求、实施方案以及实施进度的基本关系如图4-9所示。

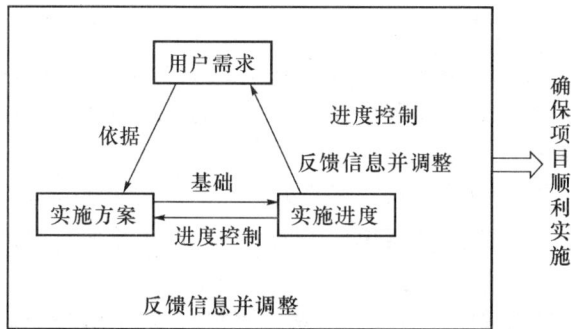

图4-9 用户需求、实施方案和实施进度的关系

4.2.3 软件监理中系统平台、应用软件、数据之间的关系

软件是计算机系统中与硬件相互依存的另一部分,它是包括程序、数据及其相关文档的完整集合。其中,程序是按事先设计的功能和性能要求执行的指令序列;数据是使程序能正常操纵信息的数据结构;文档是与程序开发、维护和使用有关的图文材料。

就整套系统而言,系统平台是应用软件运行的系统支撑体系,应用软件通过集成与统一的系统平台来实现各自功能。常用的应用软件有字处理软件、表处理软件、统计分析软件、数据库管理系统、计算机辅助软件、实时控制与处理软件以及其他应用于国民经济各行业的应用程序。数据是指所有能输入到计算机并被计算机程序处理的介质的总称,是组成信息系统的最基本要素。

系统平台、应用软件以及数据的基本关系如图 4-10 所示。

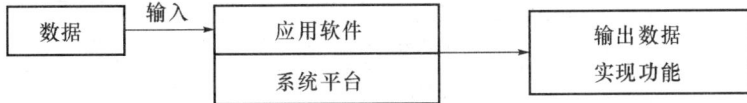

```
┌──────┐  输入  ┌──────────┐        ┌──────────┐
│ 数据 │ ─────→ │ 应用软件 │ ─────→ │ 输出数据 │
└──────┘        ├──────────┤        │ 实现功能 │
                │ 系统平台 │        └──────────┘
                └──────────┘
```

图 4-10 系统平台、应用软件、数据三者的关系

系统平台、应用软件和数据都是为了实现特定功能,满足特定需求的不可分割的部分,三者相辅相成,缺一不可。其中,系统平台是功能实现的基础,其有效性和可靠性关系着应用软件的顺利运行以及数据的准确处理;应用软件是在系统平台之上,接受数据输入,进行处理或输出结果的部分,其算法的优劣、运行的流程往往决定了功能实现的效率;数据作为应用软件处理的对象,必须要满足一定的精确度,低质量的数据往往不能保证达到满意的结果。

4.2.4 操作系统、数据库管理系统、中间件、应用软件之间的关系

从软件工程的观点看,软件工程的任务说到底是通过工程化的方法,努力缩短或简化从应用所面临的问题空间到计算机所能提供的解空间的映射过程,抑制或缓解因应用的日益复杂化而可能引起的软件危机的进一步加剧。随着计算机硬件和软件技术的发展,提供问题解空间的形式趋于多样化、高级化,依次有计算机裸机、操作系统、数据库管理系统、中间件、应用软件等。

计算机裸机所能提供的解空间是非常简单的。为了让计算机能提供更靠近问题空间的解空间,在裸机之上出现了各种各样的基础软件。基础软件的任务,是把各类应用软件中带共性的或可复用的成分提取出来,向应用系统开发者提供更靠近问题空间的解空间,从而大幅度提高应用系统的开发、部署和运行的效率。

操作系统可以视为直接包装在裸机之上帮助应用系统管理各种软硬件资源的一层软件,它为单机应用软件提供了远比裸机方便有效的开发、部署和运行环境。

数据库管理系统是一种以数据的集中管理与共享为主要特征的基础软件。拥有数据库管理系统的计算机为各种事务处理或含有庞大数据的应用软件进一步提供了靠近问题空间的解空间。

随着计算机技术的迅速发展,从硬件技术看,CPU 速度越来越高,处理能力越来越强;从软件技术看,应用程序的规模不断扩大,特别是 Internet 及 WWW 的出现,使计算机的应用范围更为广阔,许多应用程序需在网络环境的异构平台上运行。这一切都对新一代的软件开发提出了新的需求。为解决分布异构问题,中间件(middleware)概念和相关技术应运而生。中间件是位于系统平台(计算机硬件、操作系统以及数据库管理系统)和应用软件之间的通用服务,这些服务具有标准的程序接口和协议。针对不同的系统平台,它们可以有符合接口和协议规范的多种实现。因此,中间件的主要作用是管理各种下层

115

资源,为应用软件提供有效的开发、部署和运行平台,它所对应的解空间更靠近实际应用所面临的问题空间,即可视为支持快速构建应用需求的基础软件。

归纳起来,操作系统、数据库管理系统、中间件以及应用软件的基本关系如图 4 – 11 所示。

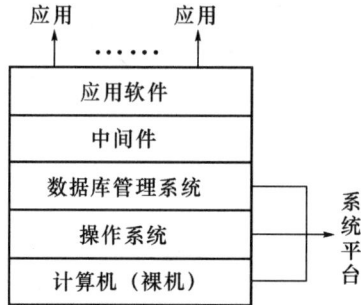

图 4 – 11　操作系统、数据库管理系统、中间件以及应用软件的关系

4.2.5　监理阶段之间的关系

从监理角度出发对监理阶段进行划分,可分为项目准备阶段、项目设计阶段、项目实施阶段和项目验收阶段。

监理方在项目的各阶段应做的工作如图 4 – 12 所示。

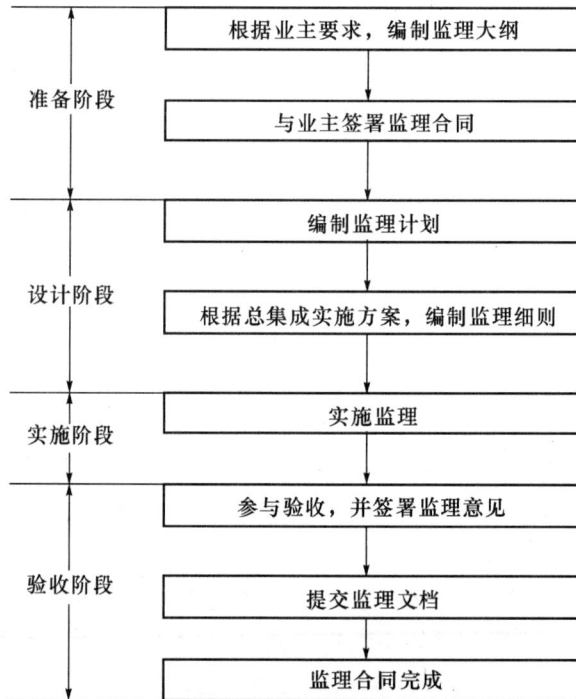

图 4 – 12　各监理阶段之间的关系图

（1）监理大纲:在监理招标阶段编制,目的使建设单位信服,并获得工程监理业务的大纲性文档。其内容主要监理公司的简介、监理工作的目标以及措施等。

116

（2）监理合同：建设单位与监理单位签订的合同，主要包括工程概况、工程应达到的目标以及付款方式等。

（3）监理计划及细则：监理合同签订后，确定监理将如何监督管理此项工作，并确定该项目总监理工程师等内容的文档。

（4）实施工程监理：按监理合同约定以及国家法律法规、相关行业标准等来进行工程的监督管理。

（5）参与验收并提交监理文档：在项目竣工验收过程中，监理方协助建设方对整个项目进行验收，同时对各类型的验收文档进行审核，确保其有效性和完整性。最后，监理方应向建设方提交整个项目的监理文档。

（6）监理合同结束。

应注意，项目各阶段（准备、设计、实施和验收阶段）之间并非一个线性过程。在实际项目中，它们经常相互穿插，如果在实施阶段中用户需求发生变更，则应对需求说明书进行修改（即项目返回至准备阶段）后再进行后续工作；如果在实施工程中发现工程实施方案应该予以变更，则需对实施方案进行相应修改（即项目返回至设计阶段）；如果在工程验收不合格需要进行用户需求的修改（或是设计方案的修改，或是质量达不到相关要求需整改），则应返回至项目对应阶段进行整改，达到要求后再重新提请验收。

归纳起来，项目各阶段的基本关系如图 4-13 所示。

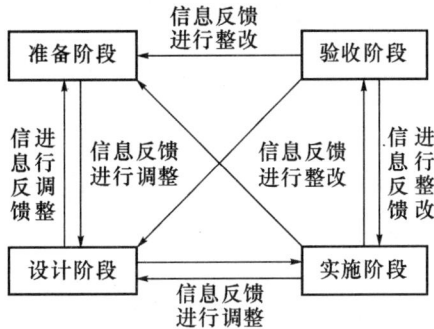

图 4-13　项目各阶段间的关系

第5章　信息系统工程文档管理

5.1　工程项目文档

信息系统工程文档是对各方参与主体(建设单位、业主代理、业主、承建单位、监理单位等)从事信息系统工程项目监理(或咨询)提供决策支持的一种载体,主要包括可行性研究报告、需求规格说明书、概要(详细)设计说明书、售后服务协议书等。

按项目进行的阶段来划分,信息系统工程监理文档可分为项目初期文档、项目过程文档、项目竣工文档和项目维护文档。

5.1.1　项目初期文档

项目初期文档主要包括项目立项阶段到需求分析阶段所产生的文档。立项阶段文档主要包括可行性研究报告;招投标阶段文档主要包括招标书、投标书、中标通知书、承建合同等;需求分析阶段文档主要包括需求规格说明书。

项目初期文档编制要求:

1. 可行性研究报告

1)说明

项目可行性研究是项目前期工作的最重要内容,是专门为决定某一特定项目是否合理可行,在实施前科学、客观和公正地对该项目进行调查研究及全面的技术经济分析论证,为项目决策提供科学依据的一种科学分析方法,并由此考察项目在经济上的合理性,在技术上的适用性,在实施上的可能性和风险性。

2)内容要求

(1)项目概况。

(2)申请基金支持的方式、数量和使用期限。

(3)基金的具体用途和用款、还款计划。

(4)项目完成后可达到的经济效益、社会效益预测。

(5)项目风险分析。

(6)附相关证明材料。

2. 招投标阶段文档

招投标阶段文档主要包括招标书、投标书、中标通知书、承建合同。对于前三者而言,全国人大常委会已于1999年8月30日颁布《中华人民共和国招标投标法》进行了严格限制;对于承建合同而言,因涉及到的方面过多,下面就信息工程合同中的重点方面进行论述。

从信息系统工程合同的签订对象进行划分,可分为信息系统工程总承建合同、信息系统工程承建合同和信息系统工程分包合同。

1）项目总承建合同

建设单位将信息系统工程项目的全过程发包给一个承建单位的合同即为项目总承建合同。所谓信息系统工程的总承建，是建设方将信息系统工程的咨询、论证、分析、信息系统硬件建设、信息系统网络建设、信息系统软件建设等项目建设的全部任务一并发包给一个具备相应总承包资质条件的承建单位，由该承建单位负责项目的全部实施工作，直至项目竣工，并向建设方交付经验收合格，且符合业主要求的信息系统工程的承包方式。这种承包方式有利于充分发挥那些在信息系统工程业具有较强的技术力量、丰富的经验和组织管理能力的大承包商的专业优势，保证项目的质量和进度，提高投资效益。

总承包合同可以用一个总合同的形式，也可以用若干合同的形式来签订，例如建设方分别与同一个承包人签订项目咨询、论证、硬件、网络和软件建设合同等。

2）项目承建合同

此处的项目承建合同，是指项目的单项承建合同，即建设方将信息系统工程中的咨询、论证、分析、信息系统硬件建设、信息系统网络建设和信息系统软件建设不同工作任务，分别发包给不同的承建单位，并与其签订相应的信息系统工程咨询合同、信息系统工程论证合同、信息系统工程硬件建设合同、信息系统工程网络建设合同和（或）信息系统工程软件建设合同。这种方式有利于吸引较多的承包商参与投标竞争，使建设单位有更大的选择余地；有利于建设方对信息系统工程的各个环节、各个阶段实施直接的监督管理，适用于那些对项目建设有较强管理能力的发包人（项目建设方）。

监理人员在管理单项承建合同时应重点注意一点：禁止签订肢解的承包合同。《合同法》规定："发包人不得将应当由一个承包人完成的建设项目肢解成若干部分发包给几个承包人。"一些建设方因对合同法或是对项目技术层面的内容理解不当，把应当由一个承建单位承包的项，肢解成若干部分并分别发包给几个承包单位，使得整个项目建设在管理和技术上缺乏应有的统筹协调，造成工程实施混乱，责任不清，从而严重影响了信息系统工程建设的质量。

怎样确定信息系统工程建设是否应当由一个承包人完成，这需要根据实际情况做出具体的分析和论证。一般地讲，一种性质或一个整体的信息系统工程建设项目应当由一个承包人来完成，如一个信息系统工程的软件系统的开发。若是不同性质或不同整体的信息系统工程的建设，建设方就可根据情况分别发包给几个承建单位。

3）分包合同

分包合同是指信息系统工程的承建单位在承包某个信息系统项目后，将其承包的某一部分或某几部分（非关键部分），经建设方同意后再发包给子承建单位（子承建单位不得再次分包），并与其签订承包合同下的分包合同。这里有两个合同法律关系，一个是建设单位与承建单位的承包合同关系，另一个是承建单位与子承建单位的分包合同关系。承建单位在原承包合同范围内对业主负责，子承建单位就分包的项目承担连带责任。因分包项目出现的问题，建设单位既可以要求承建单位承担责任，也可以直接要求子承建单位承担责任。

3. 需求规格说明书

1）说明

需求规格说明书是需求分析阶段的最终产物，通过建立完整的信息描述、功能需求、性能需求和相应设计约束的说明、合适的验收标准,给出对硬件系统和(或)软件系统的各种需求。

2)内容要求

(1)引言部分,包括参考文献、整理描述和约束。

(2)系统信息描述部分,包括信息内容表示和信息流表示(针对软件系统)。

(3)系统功能描述部分,包括功能划分和功能描述。

(4)系统行为描述部分,包括系统状态和时间响应。

(5)系统检验标准部分,包括系统的性能要求。

(6)附录部分。

5.1.2 项目过程文档

项目过程文档包括系统设计阶段文档和系统实施阶段文档。系统设计文档主要包括系统概要设计说明书、系统详细设计说明书、数据库设计说明书(针对软件系统,可融入系统详细设计方案中)等设计文件。系统实施文档主要指承建单位、监理单位和建设单位在实施过程中的质量作业记录,主要包括设备验收记录、设备安装记录、软件开发记录、软件测试记录、系统错误记录等。

项目过程文档编制要求:

1. 系统概要设计说明书

1)说明

系统概要设计说明书是承建单位根据需求规格说明书中的内容对系统进行框架性的设计。

2)内容要求

(1)信息网络系统。

① 网络基础平台部分,包括网络整体规划、网络设备的采购、服务器和操作系统的选用,数据存储和备份系统的设计等。

② 网络服务平台部分,包括 Internet 网络服务系统、多媒体业务网络系统、数字证书系统的设计等。

③ 网络安全和管理平台部分,包括防火墙系统、入侵检测和漏洞扫描系统、其他网络安全系统、网络管理系统的设计等。

④ 环境平台部分,包括机房建设、综合布线系统的设计等。

(2)信息应用系统(软件系统)。软件系统的概要设计说明书是对软件系统的设计考虑,包括软件系统的基本处理流程、软件系统的组织结构、模块划分、功能分配、接口设计、运行设计、数据结构设计和出错处理设计等,为系统的详细设计提供基础。

2. 系统详细设计说明书

系统详细设计说明书是对系统概要设计说明书的细化,其内容要点请参阅系统概要设计。

3. 系统图(网络拓扑图)

1)说明

系统图使用简单的文字和图形描述系统之间的相互关系,以达到形象和易于理解的目的。

2）内容要求

（1）描述系统工作各组成部分以及各部分间的关系。

（2）描述各子系统的功能。

（3）其他必要的描述。

4. 系统接线图

1）说明

系统接线图是以图元的方式来描述系统信号端子的接线关系。

2）内容要求

（1）信号端子的编号和说明。

（2）接线与信号端子编号的对应关系。

（3）其他必要的描述。

5. 施工管理文件

1）说明

施工管理文件是在系统施工阶段所产生的各类管理文件，它是施工管理流程和管理记录的文档。

2）内容要求

（1）系统总体和各子系统施工进度表。

（2）工程进度控制文件。

（3）工程质量管理文件。

（4）施工质量记录文件。

（5）技术文档管理文件。

（6）现场设备检验和保护记录。

（7）现场管理和控制的各类表格。

（8）其他有关管理文件。

6. 设计变更文件

1）说明

设计变更文件是在工程施工中因项目环境或者其他各种原因而对项目的部分或项目的全部功能、性能、架构、技术指标、集成方法、项目进度等方面做出改变所产生的文档。

2）内容要求

· 变更原因。

· 变更详细设计和说明。

· 变更偏差表，用以说明变更后系统的功能和性能。

· 其他必要的设计变更说明。

7. 系统调试分析报告

1）说明

系统调试文件是系统进行调试的内容方法和结果的文件。

2）内容要求

（1）系统调试说明、依据和标准。

（2）系统调试的内容、调试的方法和结果记录。

（3）系统之间联调的内容、联调的方法和结果记录。

（4）调试结论。

（5）调试组成员的签字。

（6）其他必要的系统调试说明。

5.1.3 项目竣工文档

项目竣工文档主要由系统验收文档及工程竣工总结报告组成。其中系统验收文档主要包括系统测试计划、测试报告、验收计划、验收报告等。

1. 系统测试文档

1）说明

系统测试文档是对系统各项配置、功能和性能等指标进行测试的详细内容。

2）内容要求

（1）配置测试，主要包括硬件设备的外观、软件产品的许可证或序列号等。

（2）系统的功能测试计划及结果。

（3）系统的性能测试计划及结果。

（4）其他必要的测试。

2. 系统培训文件

1）说明

系统培训文件是对系统操作和管理人员进行培训的文字资料。

2）内容要求

（1）系统培训大纲。

（2）系统设备、设计文件和图纸等资料。

（3）系统日常操作。

（4）系统例行维护。

（5）系统故障处理。

3. 系统初步验收报告

1）说明

系统初步验收报告是系统施工结束后，在试运行前系统验收的内容、方法和结果的记录文件。

2）内容要求

（1）系统初步验收大纲。

（2）系统初步验收依据和标准。

（3）系统初步验收内容、方法和记录：系统配置验收、系统功能和性能验收。

（4）验收结论。

（5）验收小组成员签字。

（6）其他必要的验收说明。

4. 系统验收报告

1）说明

系统验收报告是系统在初步验收和试运行的基础上，进行系统投入正式运行前的最终验收的内容、方法和结果的记录文件。

2）内容要求

（1）系统验收大纲和说明。

（2）系统试运行记录（包括系统变更和修改记录等）。

（3）系统验收依据和标准。

（4）系统验收内容、验收方法和验收记录：配置验收、功能验收和性能验收。

（5）验收结论。

（6）验收专家组签字。

（7）其他必要的验收说明。

5. 系统移交清单和文件

1）说明

系统移交清单和文件是系统移交时，承建方必须提供的移交清单和清单中所列的所有文件和资料。

2）内容要求

（1）全套工程图纸和有关文件资料。

（2）系统用户手册。

（3）系统操作手册。

（4）产品说明书。

（5）系统保修和维护文件。

（6）其他有必要移交的文件。

5.1.4 项目维护文档

项目维护文档包括系统管理制度、系统运行记录、系统维护保修记录等。

1. 系统管理制度

1）说明

系统管理制度是系统日常维护和管理的规章制度。

2）内容要求

（1）系统设备文件和资料的管理规定。

（2）系统日常操作的规定。

（3）系统日常维护的规定。

（4）系统事故紧急处理程序。

（5）机房出入、环境和设备使用等管理规定。

（6）其他有关系统和机房管理的规定。

2. 系统运行记录

1）说明

系统运行记录是对系统运行所作的定制记录，以作为维护和保修的依据。

2）内容要求

（1）系统各类重要运行参数日常记录。

（2）系统运行环境参数记录。

（3）系统异常记录。

（4）其他必要的系统运行记录。

3. 系统维护保修记录

1）说明

系统维护保修记录是系统进行保修和维护时所作的记录,以作为系统下次保修和维护的依据。

2）内容要求

（1）系统保修和维护计划。

（2）系统定期维护记录。

（3）系统故障原因分析。

（4）系统部件修理或更换记录。

（5）系统设置更改记录。

（6）系统软件、硬件升级记录。

（7）其他系统保修维护记录。

综上所述,对工程项目文档进行归纳,如图5-1所示。

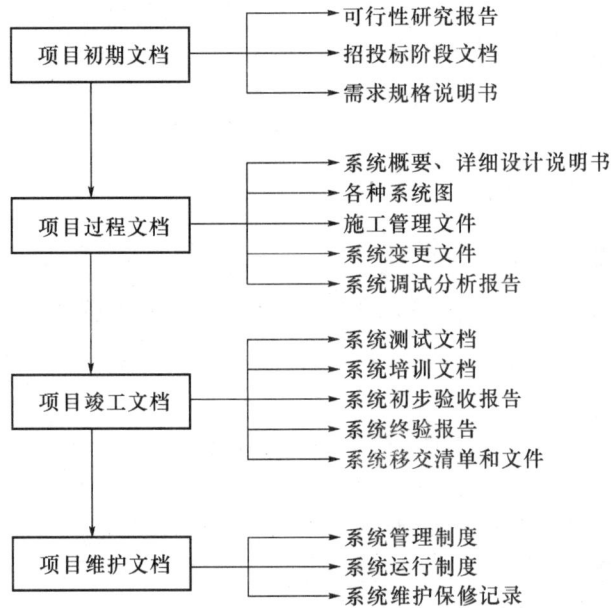

图5-1 工程项目文档

5.2 工程监理文档

工程监理文档是项目中极其重要的资料,它是站在监理角度对项目实际情况的客观描述。监理文档反映了工程的进展和现状,是工程质量的保证。监理资料的编写、整理是监理工作中的重要环节,是监理服务工作价值的体现,同时也是工程后期工作开展和评定的基础。

5.2.1 监理初期文档

工程监理方在项目初期所做工作主要是在总监理工程师的带领下编制监理大纲、监理规划和监理实施细则;同时协助建设方做好招投标工作,拟定招标方案,对投标单位的资质、服务水平、总体技术方案和价格等进行综合审查,并协助建设方选定合适的承建方。

1. 监理大纲

1)说明

项目监理大纲是在建设单位选择合适的监理单位时,监理单位为了获得监理任务而在项目监理招标阶段编制的项目监理方案性文件。它是监理单位参与投标时,投标书内容的重要组成部分。编制监理大纲的目的是要使业主信服,采用本监理单位制定的监理方案,能够圆满实现建设方的投资目标和建设意图,进而赢得竞争投标的胜利。

2)编制依据

(1)建设方的监理招标文件。

(2)监理单位可供利用的资源。

3)内容要求

(1)拟派往项目的监理机构人员情况介绍。

(2)拟采用的监理方案(如监理组织方案、目标控制方案、合同管理方案、组织协调方案等)。

(3)明确说明将提供给建设方的反映监理阶段性成果的文件。

2. 监理合同

1)说明

监理合同是监理初期最重要的监理文档,它是关系着监理单位的利益与收益的具有法律效应的监理文档。

2)编制依据

(1)监理合同要具有公平性。

(2)监理合同要具有合法性。

(3)监理合同内容要具有真实性、准确性,不能有歧义。

3)内容要求

(1)词语的定义。

(2)注明工程名称、单位。

(3)监理合同期以及报酬。

(4)法规、语言和联系方式。

(5)双方关系与监理依据。

(6)双方的责任和义务。

(7)合同的变更和解除。

(8)人员的更换。

(9)奖励与赔偿。

(10)违约、争议与仲裁等。

3. 监理规划

1）说明

项目监理规划是在监理委托合同签订后，由监理单位制定的指导监理工作开展的纲领性文件。它起着指导监理单位规划自身的业务工作，并协调与建设方在开展项目监理活动中的统一认识、统一步调、统一行动的作用。

在监理工作实施过程中，如实际条件发生重大变化而需要调整监理规划时，应由本项目总监理工程师组织专业监理工程师进行研究修改，按原报审程序经过批准后报建设方。

2）编制依据

（1）建设工程的相关法律、法规及项目审批文件。

（2）与建设工程项目有关的标准、设计文件、技术资料。

（3）监理大纲、委托监理合同文件以及与建设工程项目相关的合同文件。

3）内容要求

（1）工程建设项目概况。

（2）监理工作的范围、内容、目标和依据。

（3）项目监理机构的组成形式。

（4）项目监理机构的人员配备计划和岗位职责。

（5）监理工作的程序、方法和制度。

（6）监理设施。

4. 监理实施细则

1）说明

监理实施细则是在监理规划指导下，项目监理机构已经建立，各项专业监理工作责任制已经落实，配备的专业监理工程师已经上岗，再由专业监理工程师根据专业项目特点、本专业技术要求所编制的具有可实施性和可操作性的业务性文件。

在监理工作实施过程中，监理实施细则的编制并非一劳永逸的，随着工程范围的增减、施工方法的改变、施工人员的更换，监理实施细则应根据实际情况进行补充、修改和完善。

2）编制依据

（1）已批准的监理规划。

（2）与专业工程相关的标准、设计文件和技术资料。

（3）施工技术方案、施工组织设计等。

3）内容要求

（1）工程的专业特点。

（2）监理工作流程。

（3）监理工作的控制要点。

（4）监理工作的方法及措施。

（5）监理的范围、目标和服务内容。

（6）监理的组织机构及职责。

5. 监理大纲、监理规划和监理实施细则的主要区别

项目监理大纲、监理规划和监理实施细则三者都是由监理单位针对特定的监理项目而编制的监理工作文件,且编制的依据具有一定的共同性,编制的文件格式也具有一定的相似性。但是,由于三者的作用不同、编制对象不同、编制负责人不同、编制时间不同、编制目的不同等,在编制内容侧重点、深度、广度和细度诸方面上,都有着显著区别。

具体来说,监理大纲在编制内容上应重点编写监理方应该做和将要做的方面,监理规划应重点编写如何做这些方面,而监理实施细则是对监理规划的细化。

三者的具体区别如表 5 - 1 所列。

表 5 - 1　监理大纲、监理规划和监理实施细则的比较

名称	编制对象	编制负责人	编制时间	目的	作用
监理大纲	项目整体	公司总监	监理招标阶段	供建设方审查监理能力	增强监理任务中标的可能性
监理规划	项目整体	项目总监	监理委托合同签订后	项目监理的工作纲领	对监理自身工作业务指导、考核
监理实施细则	某项专业监理工作	专业监理工程师	项目监理组织建立后	专业监理实施操作指南	规定专业监理程序、方法、标准,使监理工作规范化

5. 2. 2　监理过程文档

工程施工是工程建设中最重要的一个环节,它直接影响到工程的质量。因此,监理方在这个阶段的责任重大,而监理过程文档正是如实反应工程状况的文档,它对工程的后期进行和最终评定有着重要作用。

监理过程文档主要有监理日志、监理月报、监理意见、监理通知单以及监理初验报告等。

1. 监理日志

1) 说明

监理日志是监理人员在现场对当日工程施工状况、问题处理情况的详细记录表。它如实反映了承建单位的工作进度,工程所出现问题以及解决情况;如实反映了监理单位现场监理人员处理问题的能力和监理工作量等。

2) 书写要求

(1) 应符合法律、法规的要求,全面、真实体现工程参建各方履行合同的程度,公正记录工程进展情况,准确反映监理的工作情况及工作成效。

(2) 监理日志不允许记录与监理工作无关的内容,禁止作假,不能为了某种目的修改日志,不得随意涂改、刮擦。

(3) 监理人员应按时填写监理日志,尽量避免事后补记,及时提交专业监理工程师(或驻地监理工程师)审查,日志应有相关责任人的签名。

(4) 记录问题时应清楚描述问题,其处理措施和结果应进行跟踪记录,不得有头无尾。

(5) 书写工整、清晰,用语规范,语言表达简明扼要,措辞严谨,记录应尽量采用专业术语,不宜用过多修饰词语。

3）主要内容

（1）工程名称、承建单位、监理日期以及相关在场人员。

（2）施工过程描述。

（3）施工过程中出现的问题。

（4）对以往提出问题的复查。

（5）监理对工程的若干建议。

2. 监理月报

1）说明

监理月报是在监理日志的基础上，由监理工程师定期向建设方提供的一项重要工作成果，同时也是监理工程师与建设方进行信息交流的主要渠道之一。

监理月报中提供的信息，往往是建设方了解工程情况并对重大问题进行决策的重要依据之一，因此监理方应认真编写监理月报，有效地反映工程状况和监理工作实施情况，为建设方提供专业化的优质服务。

2）书写要求

（1）应符合法律、法规和相关规范的要求，客观、公正、真实、准确地反映项目进度和监理实施情况。

（2）应层次分明、语言简洁、措词严谨、重点突出、描述形象、简单易懂。

（3）应做到对现有问题和前期问题的比较和分析，并提出解决问题的措施。

（4）应注意对前期月报中所提出问题的处理结果，做到前后呼应，无漏洞。

3）主要内容

（1）施工总体情况描述。

（2）工程质量、进度、投资、变更控制。

（3）工程合同、安全管理。

（4）工程的组织协调。

（5）重大事件或事故的处理情况。

（6）监理工作小结。

3. 监理意见

1）说明

项目监理意见是在事前控制阶段，为防止工程中可能出现的问题，监理方以建议的方式，及时书面通知建设方和承建方的一种文档。

通过递交监理意见，既可以提醒承建方在施工中应重点注意的地方，也可以让建设方明白工程的重点所在，做到有的放矢。

2）书写要求

（1）用语不宜过于强硬，措辞应严谨。

（2）对工程中可能出现问题（或安全隐患）的地方要表述详细。

（3）应提出监理方的观点，且有理有据。

（4）应及时送达业主和承建单位。

3）主要内容

（1）详细说明工程中可能出现的问题（或安全隐患）并附上依据。

（2）提出问题的建议整改措施。

（3）指出工程的整改结果。

4. 监理通知单

1）说明

监理工程师通知单（简称"监理通知单"）是指监理工程师经过口头通知（或以监理意见的形式告知）承建方在项目实施过程中应整改的问题无效后，用通知单这一书面形式通知承建方（同时抄送建设方）并要求其进行整改，整改后再报监理工程师复查的文档。

监理通知单的目的是督促承建单位按照国家有关法律法规、合同约定、施工规范和设计文件进行工程施工，保证工程建设中出现的问题（不符合设计要求、不符合施工技术标准、不符合合同约定等）能得到及时纠正。

2）书写要求

（1）监理通知单在措辞上应区分清晰，比如"必须""严禁""应""不应""不得"和"宜""可""不宜"等。

（2）项目中存在问题部位的表述应具体。

（3）用数据说话，详细叙述问题存在的违规内容，一般应包括监理实测值、设计值、允许偏差值、违反规范的种类及条款等。

（4）总/专业监理工程师签名栏应亲笔手签，坚持"谁签发、谁签字、谁负责"的原则。

（5）反映的问题如果能用照片予以记录，最好附上照片。

（6）及时抄送建设方。

3）主要内容

（1）详细说明工程存在的问题。

（2）明确注明要求承建单位的整改时限。

（3）明确注明承建单位申诉的形式和时限。

（4）要求承建单位在监理通知单回复时，针对提出问题深刻分析问题产生的原因，并阐述整改采取的措施、整改经过和整改结果等。

（5）要求承建单位采取预防措施，防止类似问题的再次发生。

5. 开工令

1）说明

开工令是当项目具备开工条件后，由承建单位提出书面申请，监理单位经详细审核后由该项目的总监理工程师签发的文档。

在临近开工日期时，由总监理工程师签发的下达开工的书面文件。

开工日期相当重要，它是计算项目工期的起点。同时，承建单位也需要一个明确的开工日期，以便从分包商、供应商及其他有关方面预先得到所需要的承诺（如订货、租用设备、寻找工作人员等事项），并获得业主的预付款。对于业主而言，则要在总监理工程师签发开工令的同时，按照合同的相关约定，把项目开工所需要的条件提供给承建方。

2）签发条件

（1）详细审核了承建单位提交的施工技术方案和施工组织设计。

（2）详细审核了承建单位提交的施工图纸。

（3）主要材料和施工设备已经到位。

（4）主要的人员安排已经完成。

（5）其他辅助事项已经准备妥当。

3）主要内容

（1）注明项目的承建单位与建设单位。

（2）工程施工前已具备的条件。

（3）工程进行施工的具体时间。

6. 停工令

1）说明

工程停工令是由于工程中出现重大问题并严重影响到工程的质量,总监理工程师为确保项目质量而签发的强制阻止工程继续违规实施的文档。

工程停工令是工程文档中性质最为严重的,它的签发必须是由总监理工程师签字确认并通知业主,且经调查确认后方可签发的监理文档。在使用工程停工令的过程中要格外谨慎。

2）签发条件

（1）签发前应确认工程中存在的严重问题。

（2）监理方必须及时通知建设方工程停工的时间及原因。

（3）及时下达停工命令,防止不必要的损失。

3）主要内容

（1）准确、详细地说明工程停工的原因。

（2）注明承建单位与建设单位。

（3）注明停工日期。

（4）注明停工处理意见。

7. 复工令

1）说明

复工令是工程因为安全、质量等严重问题引起工程停工,承建单位根据整改意见进行整改后重新具备了工程继续施工的要求。此时由承建单位起草,经过监理单位的详细审核而签发的工程文档。

2）签发条件

（1）由承建单位对工程停工的问题进行整改。

（2）监理单位对承建单位整改问题进行审核。

（3）审核通过后,由总监理工程师签发复工令,并及时通知建设方。

3）主要内容

（1）注明工程停工的问题。

（2）注明工程问题的整改情况。

（3）监理单位的审核意见。

（4）注明工程复工的具体时间。

5.2.3　监理竣工文档

1. 竣工验收监理报告

1）说明

竣工验收监理报告是工程竣工后产生的监理文档,它是在初步验收和试运行的基础上,监理工程师在工程质量控制、进度控制、投资控制、合同执行、文档管理等方面对项目的总结报告。

2）书写要求

(1) 必须真实、具体地反映工程的实际情况。

(2) 应反映工程的施工过程,以及工程建设过程中的问题和解决措施。

(3) 应反映初步验收提出问题的整改情况。

(4) 应提出承建方根据合同对系统的维护承诺。

3）主要内容

(1) 详细、切实说明工程概况。

(2) 工程建设管理过程记录。

(3) 系统试运行记录(包括系统变更和修改记录)。

(4) 系统验收依据和标准。

(5) 系统验收内容、验收方法和验收记录。

(6) 专家认证的竣工证书。

(7) 系统维护保证措施。

综上所述,对工程监理文档进行归纳,如图 5-2 所示。

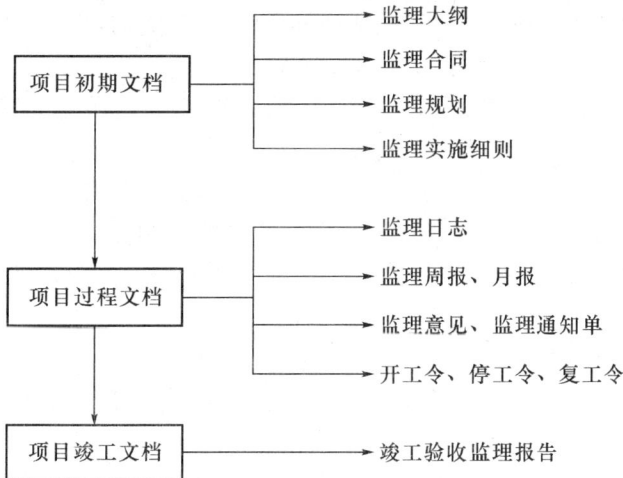

图 5-2　工程监理文档

5.3　文档的管理及应用

信息化工程在实施过程中,项目各方(建设方、承建方、监理方)都必须了解开发进度、存在的问题和预期目标等。大多数信息系统工程通常被划分成若干个任务，并由不同的单位去完成。建设单位组织学科方面的专家对建设项目做出多方面的建议；承建单位的分析员阐述系统需求，设计员为程序制定总体设计，程序员编制详细的程序编码，质量保证专家和审查员评价整个系统性能和功能的完整性，负责维护的程序员改进各种操作或增强某些功能；监理单位控制项目质量、进度、投资等。对于以上众多方面，工程文档就是各项目方之间联系最有效的桥梁。建设单位需要通过工程文档了解项目具体情况，承建单位需要查阅文档以解决相关问题，监理单位需要制作相关文档进行有效协调等。同时，一套完整、高质量的项目文档是该项目继续发展的必备基础，因此，文档管理工作的质量一定程度上决定了整个项目的质量，做好文档管理工作至关重要。

对于文档管理工作而言，其基本方法如下：

（1）项目相关信息要分类别、分层次，且按标准规范形成文档。

（2）文档采用纸面与电子两种形式，电子形式的文档要存入文档管理信息系统中以便于检索和编辑。

（3）项目管理中的各种管理活动如果能够形成文档，应以文档形式记录并妥善管理。

（4）对文档管理系统的权限设定要有明确规定并严格执行。

（5）文档信息管理系统要有备份系统，重大项目的文档管理应该有异地备份系统。

5.3.1　监理单位的文档管理

监理资料是一个项目的组成部分，同时也是监理公司的一笔财富，它能对同类项目的文档资料整理工作起到示范和提示作用。各项目的监理资料归集到监理单位后，监理单位的文档管理人员在工作中应把握以下原则：

（1）工程监理档案应该与工程项目进度同步建立，按类别及时整理归档，要求真实齐全；项目监理文档应编有检索目录，方便检索。

（2）尽可能实现计算机辅助管理，实现监理信息处理的规范化，提高监理工作效率和管理水平。

（3）监理文档应该有备份，对于重要文档应该具有异地备份。

（4）对文档的借阅应该有一套健全的制度，保证文档的安全。

其中，对监理文档资料进行分类是关键点，没有进行分类的资料难以进行查阅，其价值也大大降低。在实际工作中，常见的分类方法如下：

1. 按照文件来源分类

按照文件来源监理资料主要可分为建设方资料、设计资料、施工资料、监理资料等。

2. 按照文件保存要求分类

按照文件保存要求可分为长期保存资料、施工期保存资料等，建设方归档资料和监理单位归档资料等。

3. 按照 ISO9000 贯标要求分类

ISO9000 贯标从质量管理体系出发，要求按照质量手册、程序文件、管理文件、公司文件、项目文件、外来文件、记录等分类。

4. 按照文件属性分类

按照文件属性可以分为投资控制（包括计量支付、工程变更、工程索赔）资料、进度控制(包括施工组织设计和施工方案审批、进度计划修订)资料、质量检验及评定资料以及监理日志、监理周报、监理月报、会议纪要、监理工作报告等。

5. 按照目录组成分类

仅就监理文件的目录组成又可分为对承建单位的批复文件、施工过程指示(令)文件、施工质量或合同支付认证文件、工程建设施工协调文件、工程完工及验收签证文件、提交建设方的建议函件、工程表报与记录文件、监理工作报告、监理管理文件和其他文件。

综上所述监理文档资料常见的分类方法如图5-3所示。

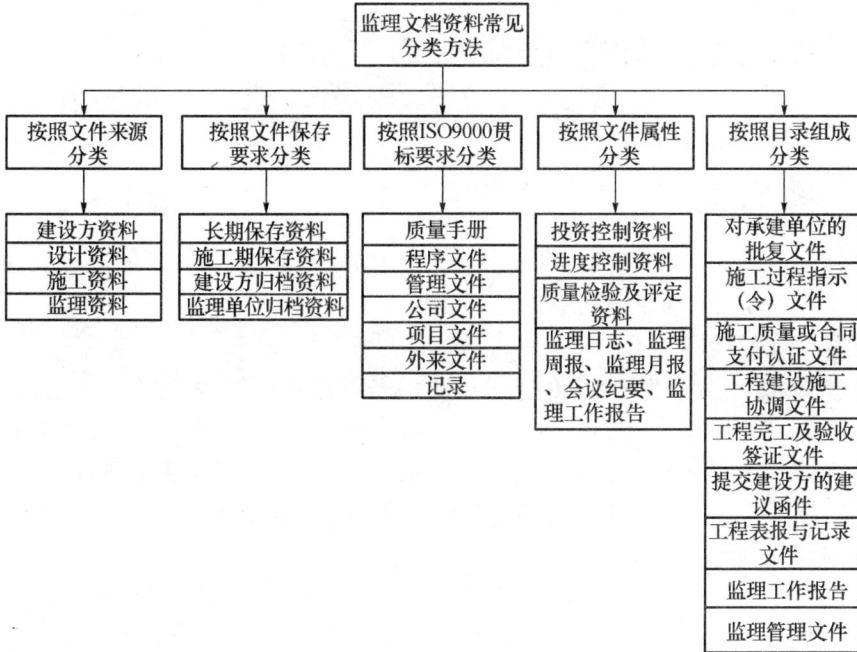

图5-3 监理文档资料分类方法

当然,按照文件来源进行分类的方法在实际工作中用的较多。实际上,最为有效的分类方法其实就是按照查阅者的习惯进行分类。但值得注意的是,文档管理人员还应考虑公司所有项目文档分类的一致性原则,这样有利于文档的规范管理。

对于具体项目的监理工程师而言,在整理该项目的文档资料时应注意以下方面:

(1)监理资料应及时整理,注意资料的阶段性和完整性。

(2)监理资料的分类应有序,方便以后查找。

(3)对于整个项目的监理资料管理应由该项目的总监理工程师负责,并指定专人具体实施。

(4)监理档案的编制及保存应按有关规定执行。

5.3.2 文档的表述

工程技术文档之所以在项目中有如此重要的作用,其根本原因在于文档中对内容的描述。因此,项目各方应该注意对文档的表述,重点应注意以下原则:

1. 文档标准应被标识和使用

编制文档时应尽可能地采纳现行标准。若没有合适的现行标准,必要时可制定适用的标准或指南。

2. 文档应适合于它的读者

文档的读者可能是监理单位的人员、建设单位(或业主单位)的人员,可能是具有相应技术背景的人员,也可能是没有相应计算机(或通信)基础知识的人员。根据任务的执行,他们要求不同的材料表述和详尽程度。因此,针对不同的读者提供文档的表述应有不同。

3. 文档应使用规定的工具进行辅助编写

辅助工具(如 Word、Visio、Project 等)有助于提高编写效率,但在对辅助工具的选择上应该统一,方便文档的管理、查阅。

5.3.3 文档的交互

文档的交互是项目各方理解某一重要问题的基础。下面,以软件系统开发为例来说明文档交互的过程以及这一过程中监理人员需着重注意之处。

1. 需求调研阶段

在需求调研阶段,承建方编制的需求说明书需要提交业主、建设方、监理方以及有关各方进行评审,并解答各方提出的质疑。如果各方均无异议,就可以共同签字确认。如果存在异议,则需提供书面修改记录。在该阶段中,监理方将记录发生的事件、提出的问题和承建方的应对措施,并向建设方提交《系统需求说明书监理意见》。

2. 系统设计阶段

在系统设计阶段,承建方编制的系统设计方案(系统概要设计说明书、系统详细设计说明书、系统数据库设计说明书)需要提交建设方、监理方以及有关各方评审。监理方在审查完毕后,应向建设方提交《系统设计方案监理意见》。

3. 系统实施阶段

(1)在系统实施阶段,承建方编制的项目周报、项目月报、工程情况说明等需提交建设单位和监理单位,监理方编制的监理周报和监理月报也需送达建设单位和承建单位。

(2)由建设方、承建方或是监理方提议的变更都应该以书面形式提交项目管理委员会审核,同时抄送其余两方。

(3)由承建方编制的系统测试方案和测试用例应提交建设方、监理方以及有关各方评审。监理方在审查完毕后,应向建设方提交《系统测试方案监理意见》。

(4)有关项目停工令、复工令的交互。

4. 试运行与验收阶段

在系统试运行阶段,监理方应协助建设方、承建方制定试运行方案,制定试运行阶段的业务周期、范围、组织机构和应急处理计划。试运行方案应包括与原系统的并行运行、应急切换和最终过渡方案等。

在系统验收阶段,监理方应协助建设方做好项目的验收评审工作。对于不具备验收条件的验收申请,监理方应该以验收申请审查意见的方式明确相关标准或理由,同时以系统整改意见的方式明确要求承建方立即整改。对于具备验收条件的申请,监理方应该及时在验收申请上签字,并报建设方确认。

5. 系统移交和运行维护阶段

在该阶段中,监理方应该重点确保向建设方移交项目文档资料的完整性和一致性。

5.3.4 文档的保密

文档资料的保密工作在信息系统工程监理过程中有着非常重要的地位。建设单位的保密资料,承建单位的商业秘密及专利设计等文档都需要建设方、承建方及监理方共同保守。一旦失密现象发生,后果不堪设想。因此,要求监理方在使用项目文档资料的同时,务必严格遵守保密制度,既要确保文档的安全,又要为文档使用提供有效服务。

目前,由于某些监理单位在保密制度上有疏漏,加之人们也对信息监理这一新兴行业不熟悉,导致监理的作用发挥受到限制。如在签订合同时,有的建设方不愿意让监理方介入,担心泄露单位机密而不愿意为监理方提供应有的配合。因此,监理工程师在进行监理工作时,务必严格遵守保密制度,努力消除偏见,使信息化工程监理最终得到社会的认可。

第6章　信息工程监理实例分析

6.1　综合布线监理

案例分析　A市会展中心综合布线工程

监理方根据用户(A市会展中心)提供的建筑工程图通过对会展中心实施综合布线系统的相关建筑物进行实地考察,了解相关建筑的建筑结构,分析施工难易程度,了解相关数据、中心机房的位置、信息点数、信息点与中心机房的最远距离、电力系统供应状况等。在此基础上协助业主组织具有相应资质的设计单位进行设计方案竞标、评审及比选活动,包括传输介质的选型、综合布线系统品牌选择、价格表等,由此初步确定网络选型、综合布线系统平台、网络设备品牌及数量等,并根据网络应用的安全性、可靠性及适时性等要求提供相应的硬件装置。最后选中该市通信设计院完成相关施工图设计,监理协助用户组织评审。

6.1.1　用户需求分析

需求描述:该市会展中心是集展览、会议、商务、餐饮、娱乐为一体,功能齐全、设备先进的大型综合性会议展览中心。它有一个能容纳3500个国际标准展位的展览厅,一个能容纳5000人的多功能厅、两个400座位的会议厅、一个1200座位的国际会议厅以及中西餐厅、会展公司办公室等辅助用房。不仅可以举办商品展览、召开会议、进行商务洽谈,还兼顾展示、演示、表演、宴会、新闻发布以及大型集会、庆典等功能。要求配备一套高效的信息网络,必须建立一套完整的高品质综合布线系统。

会展中心的综合布线系统要求能提供满足数据、图像、音频、视频等多媒体应用的服务和传输能力,同时还能适应今后10年甚至更长时间内网络和通信技术的高速发展,要求能适合当今流行的网络技术(如交换以太网技术1000BASE – T),甚至为今后更先进的万兆位网络系统应用打好坚实的基础。

根据上述系统的要求,本工程选用了高速、稳定和高性价比的CommScope公司的SYSTIMAX端到端六类铜缆及光纤结构化布线系统。

6.1.2　设计原则

可靠性,整个系统采用高可靠性措施,具备长期和稳定工作的能力。

实用性,整个综合布线系统的语音点和数据点都按六类标准设计,每个信息点能够随时转换接插电话、计算机或数据终端。同时考虑到会展中心需要传输大量的多媒体信息,还设计了若干个光纤到桌面信息点,适合国际上普遍应用的千兆以太网技术的要求。

先进性,采用CommScope公司的SYSTIMAX端到端六类铜缆和LazrSPEED万兆多模光纤及TeraSPEED100G单模光纤解决方案,不仅能满足目前千兆位网络的应用,也能为今后更先进的万兆位甚至 10 万兆位网络系统应用打好坚实的基础。

开放性,系统支持任何厂家的任意网络产品,支持任意网络类型(总线型、星型、环型等),所提供的软件、硬件、通信、网络、操作系统和数据库管理系统都符合国际标准并遵循开放性原则,其他系统的接入无需再做特别的开发。系统具备良好的灵活性、兼容性、扩展性和可移植性。

模块化结构,除去固定于建筑物内的线缆外,其余所有的接插件都是模块化的标准件,方便管理和扩充。

6.1.3　监理角色的引入及监理工作组织

1. 监理角色的引入

由于该项目在该市信息化建设中的重要地位,为了高效稳妥地推进项目的实施工作,市信息办领导组织了专家会议专门研究本项目实施的管理模式。会议中有人提出采用国内其他地区已经实行过的"信息系统工程监理模式",由有实力、有经验的监理公司协助建设单位做好项目的实施管理工作。招标中心接受市信息办的委托向全国公开招信息系统工程监理公司。来自北京、广州、深圳的六家公司参与了竞标,最终选定了一家监理公司承担本项目全程的监理工作。

2. 监理工作的组织

监理公司为此成立了该项目的监理组织:由总监理工程师负责,各专业领域委派专业监理工程师,再配备一定的现场监理员(见图 6－1)。

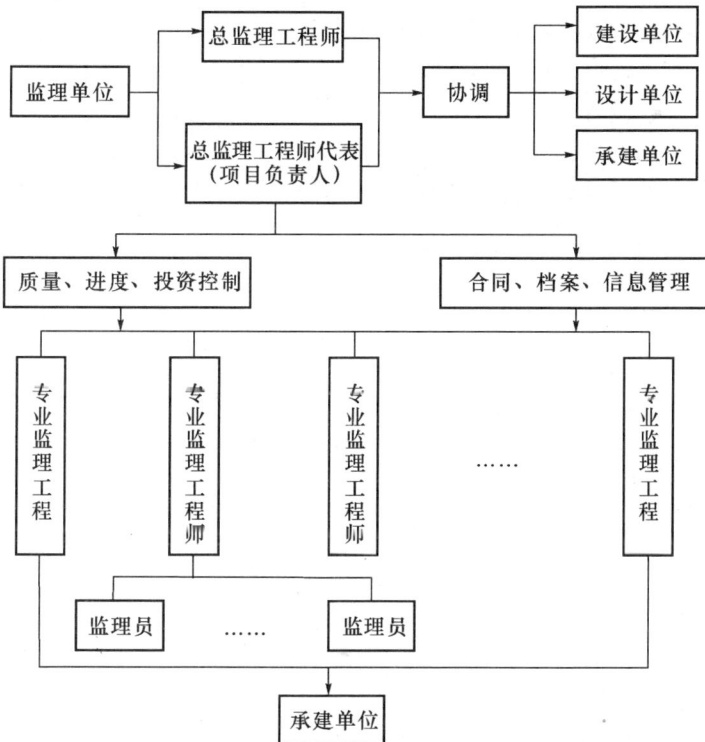

图 6－1　监理组织结构图

6.1.4 监理过程概述

1. 监理工作内容

为了保证会展中心工程建成后能够稳定、可靠、安全地运行,本工程引入了监理公司实行全过程监理,保证工程的每个环节均能按照合同要求按时保质地完成。整个工程监理过程涵盖工程前期准备阶段、工程实施阶段、综合布线系统测试阶段、工程初验阶段、工程试运行阶段和最终验收阶段。具体的监理工作范围包括工程质量、进度、投资控制,知识产权保护控制和系统安全控制。

2. 实施过程中监理把握的原则

(1)事前控制原则。

(2)标准性原则。

(3)阶段控制原则。

(4)定性测试和量化测试相结合的原则。

3. 监理规划的要点

1)前期准备阶段的监理要点

(1)设备采购的监理。

(2)通信线路的确认。

(3)协同三方论证工程技术方案。

(4)指导建设单位进行机房建设。

2)实施阶段监理要点

(1)组织三方进行工程具体实施方案的讨论。

(2)组织三方进行设备到货的验收。

(3)监督中心点设备的安装调试。

(4)监督网络割接过程,协助解决相关问题。

(5)协助进行整个网络系统及综合布线系统联调。

3)系统测试阶段监理要点

(1)审查测试方案。

(2)协助承建单位进行测试。

(3)审核承建单位提交的系统测试分析报告。

(4)检查测试进展情况,对发现的问题进行汇总并定期汇报。

(5)做好项目往来文档的整理及存档工作。

4)系统初验阶段监理要点

(1)接收承建单位的初验申请,审查工程实施情况。

(2)组织三方讨论承建单位提交的工程初验方案。

(3)监督工程初验过程,检查工程初验质量,协助解决有关工程问题。

(4)建议进行工程的第三方测试。

5)系统试运行阶段监理要点

(1)协助建设单位记录系统试运行的状况。

(2)协助解决试运行阶段出现的问题。

（3）协助建设单位进行系统使用意见调查,及时发现系统中存在的问题并加以解决。

6）最终验收监理要点

（1）接受承建单位的终验申请,鉴定工程是否可以进入终验。

（2）组织三方讨论承建单位提交的终验方案。

（3）监督工程终验测试过程,检查工程终验质量。

（4）积极准备工程各种文档。

（5）协助准备工程终验会议。

6.1.5　工程准备及实施阶段的监理工作内容及流程

1. 监理工作内容

1）准备阶段监理的主要工作

（1）协助用户招标、评标、定标及签订合同等。本项目的招投标工作是在监理单位监督下本着公开性、保密性的精神进行的。监理单位协助用户进行招标文件的编制、资质审查、网络工程有关问题的咨询、协助邀请计算机专家及网络专家组成评标委员会、开标、评标、定标、审核合同相关条款、提出建设性意见。

（2）编制智能建筑综合布线监理实施细则,报总监批准并报业主备案后实施。

（3）熟悉设计图纸,协助业主组织设计交底及图纸会审。

（4）审核施工方的《施工组织设计》及质量保证体系、质量保证措施等。

（5）审核有关网络设备、综合布线系统的合格证,入网许可证等质量保证资料。

（6）审查有关各方开工前的准备工作状况及材料供应计划。

2）实施阶段监理的主要工作

（1）材料报验,对主机、配线件、分线箱、线缆、面板等材料、设备进行进场前检验,签发报验单。

（2）督促承建单位按批准的进度计划施工,控制工程变更,确保施工工期。

（3）制定资金使用计划及控制计划,公正处理索赔,严格计量支付,根据合同管理,使投资在控制范围之内。

（4）严把质量关。重要的质量控制环节有:审查系统集成方案是否合理;设备、材料质量状况;基础建设是否达到安装要求;综合布线是否合理,是否满足规范要求,信息系统硬件平台环境是否合理,可扩充性如何;软件平台环境是否统一合理,能否实现相应功能;是否便于维护管理;相关人员的培训效果是否达到要求等。监理还在施工过程中对安装程序、安装工艺进行巡检、抽检或全检,发现偏差则立即要求改正,督促承建单位按规定的工艺流程施工。

3）监理工作的重点

审查好施工组织方案,重点检查是否有保证工程质量的措施,控制好施工人员资质,严格贯彻《建筑智能化系统工程实施及验收规范》,深入现场落实随装随测的要求。

综合布线工程包括综合布线设备安装、布放线缆、缆线端接三个环节。综合布线的监理内容主要有两项:按照国家相关标准审查承建方人员施工是否规范,到场设备的验收。

隐蔽工程的监理包括：

（1）金属线槽安装：支、吊架以及线槽按照相关标准安装；线槽内配线按照要求安装，线缆不得扭绞、两端贴标签等。

（2）管道安装：要点与金属线槽基本相同，应注意管道的弯曲半径要大于管道直径的6倍。

网络系统安装调试的监理：任何一个网络系统的实施都至少包括两个部分，即逻辑设计与物理实现。网络系统的调试与安装通常分为以下几步：

（1）网络系统的详细逻辑设计。

（2）全部网络设备加电测试。

（3）模拟建网调试及连通性测试。

（4）实际网络安装调试。

2. 监理工作流程

工程实施阶段监理工作流程如图6-2所示。

6.1.6 综合布线系统测试

系统的测试及验收参照国家通信行业标准《综合布线系统电气特性通用测试方法》（YD/T1013—1999）、《综合布线系统工程验收规范》（GB 50312—2007）。会展中心综合布线系统测试内容主要有干线、支线连通情况，跳线测试，数据线参数测试。

（1）测试连接方式。主要内容包括基本链路和测试信道。

（2）验证测试。主要是测试线缆及连接件的连接性能，包括链路是否正确。主要是进行开路、断路和接线图测试。

（3）认证测试。主要内容有回波损耗、衰减串扰比、综合近端串扰、等效远端串扰、综合远端串扰、传输延迟、延迟偏离、环路电阻、阻抗等。除了对综合布线工程的线缆系统进行全面测试以外，还应考虑相关的地线工程的测试。

综合布线验收测试是监理的一项非常系统的工作，分为工前检测、随工检测、隐蔽工程检测、竣工检测。本项目测试验收中涉及的测试方法及测试指标简介如下：

1. 测试方法

（1）验证测试（随工检测）。通过简单的测试设备来确认链路的通断、长度及接线图等物理性能。

（2）电气性能测试（随布随测）。施工过程中为确保布线工程的施工质量，及时发现物理故障（如模块、接头线序错误，链路的开路、短路、超长等），及时发现电气性能故障（如近端串扰、衰减、回波损耗等），利用测试仪器随布随测。

（3）认证测试。以公共的测试标准为基础对布线系统的物理性能和电气性能进行严格测试，只有优于标准的才是合格链路，因此对仪器精度要求也较高。认证测试往往是完工后设计方、用户、监理、承建方共同参与由第三方进行的验收测试。

（4）测试仪器。可采用 FLUKE-DST2000 测试仪，仪器精度的校准保证精度要求，仪器主机与远端之间的自校准要确保主机与远端数据的一致性。此外，还要保证有正确的测试方法及良好的测试环境。

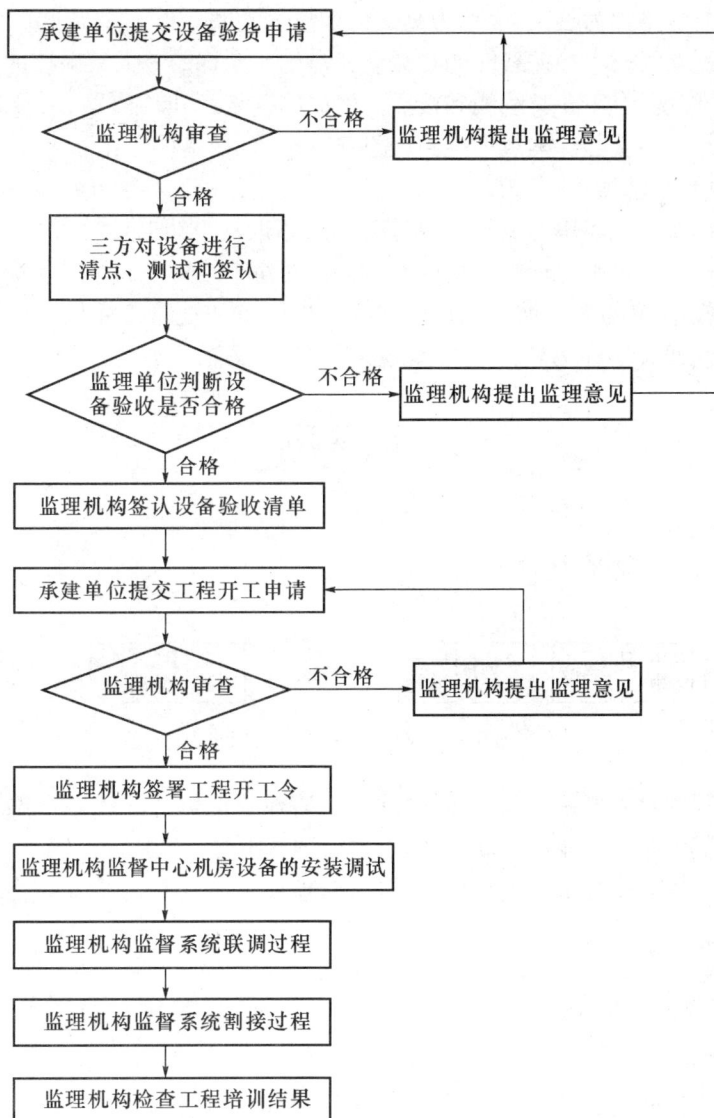

图 6-2 工程实施阶段监理工作流程图

2. 测试的部分内容或指标

(1) 特性阻抗。特性阻抗指链路在规定工作频率范围内呈现的电阻。综合布线用缆线为 100Ω，无论 3 类、4 类、5 类、5e 类或 6 类线缆，其每对芯线的特性阻抗在整个工作带宽范围内应保证恒定、均匀。链路上仼何点的阻抗不连续性将导致该链路信号反射和信号畸变。链路特征阻抗与标准值之差小于或等于 20Ω。

(2) 直流环路电阻。无论 3 类、4 类、5 类、5e 类或 6 类宽带线缆，在基本链路方式、永久链路方式或是通道链路方式下，线缆每个线对的直流环路电阻在 $20\sim30℃$ 环境下的最大值: 3 类链路不超过 170Ω, 3 类以上链路不超过 30Ω。

(3) 衰减。衰减是指由于集肤效应、绝缘损耗、阻抗不匹配、连接电阻等因素，信号沿链路传输损失的能量称为衰减,表示为测试传输信号在每个线对两端间的传输损耗值及同一条电缆内所有线对中最差线对的衰减量相对于所允许的最大衰减值的差值。实际测试时,根据现场温度,对于3类线缆和接插件构成的链路,每增加1℃,衰减量增加1.5%。对于4类以上线缆和接插件构成的链路,温度变化1℃衰减量变化0.4%,线缆走向靠近金属表面时,衰减量增加2%~3%。

(4)近端串扰。又叫串音,类似于噪声,是从邻近一个线对传输过来的不期望信号,通过电容或电感耦合过来。近端串扰的测试必须对每个线对在两端进行测量。

(5)回波损耗(RL)。回波损耗是由线缆特性阻抗和链路接插件偏离标准值导致功率反射引起的。回波损耗为输入信号幅度和由链路反射回来的信号幅度的差值,如图6-3所示。

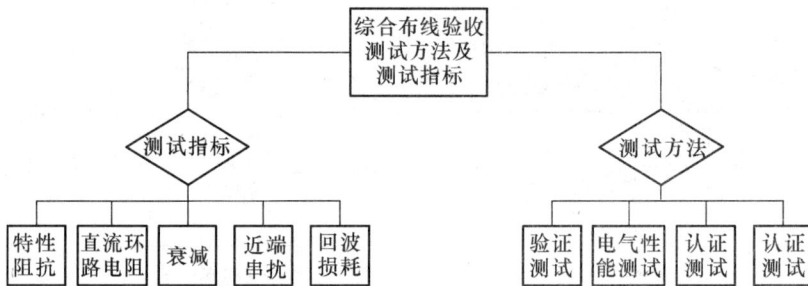

图6-3 测试方法及测试指标

在测试过程中对未能达到预定功能的线缆,监理单位监督承建方根据测试情况进行修正。最后与其他相关专业进行联动调试,填写测试报告。

系统测试完毕后建设单位组织承建单位、监理单位以及有关技术和管理人员对整个系统进行验收。

6.1.7 系统验收

1. 验收内容

监理单位审核验收及竣工资料,参照《建筑与建筑群综合布线系统工程验收规范》(GB/T 5032—2000)、《智能建筑工程质量验收规范》(GB 50339—2003)等相关国家或行业标准及设计图纸进行验收。

竣工时承建公司提交的资料和文件有竣工图及竣工文件、工程实施及质量控制检验报告及记录、系统检测报告及记录、系统的技术操作和维护手册、监理文件、主要材料及设备合格证、隐蔽工程验收单等。以上资料均为原件,有相关部门的盖章及相关人员的签字,填写内容应真实、符合规范、可靠、齐全。所有资料经监理单位审核签字后方可进入竣工验收阶段。

验收需具备下列前提条件:
(1)所有建设项目按照批准的设计方案要求全部建成,并满足使用要求。
(2)各个分项工程全部初验合格。
(3)各种技术文档和验收资料完备,符合集成合同的内容。
(4)系统建设和数据处理符合信息安全的要求。

（5）外购的操作系统、数据库、中间件、应用软件和开发工具符合知识产权相关政策法规的要求。

（6）各种设备经加电试运行，状态正常。

（7）经过用户同意。

在此过程中，监理方对验收方案进行审核与实施的步骤为：

（1）确认工程验收的基本条件是否符合合同规定的各项内容，文档、售后服务以及培训计划是否完备。

（2）建议业主、承建方共同推荐人员组成验收小组。

（3）确认工程验收应达到的标准和要求。

（4）确认验收程序。

如图6-4所示。

监理方组织工程的验收。工程验收小组一般由业主方组织，监理方、承建方共同参与；验收小组应有明确分工，一般为测试小组、资料文档评审小组、工程质量鉴定小组。

监理验收的主要内容：

（1）系统整体功能、性能。

（2）主要设备（包括子系统）的功能、性能。

（3）承建方提交文档的种类和内容。

（4）系统设计、开发、实施、测试各个阶段涉及的工具和设备都具备合法的知识产权。

（5）承建方的质量保证和售后服务体系。

（6）承建方采取必要的管理和工程措施，以方便系统的扩容和升级。

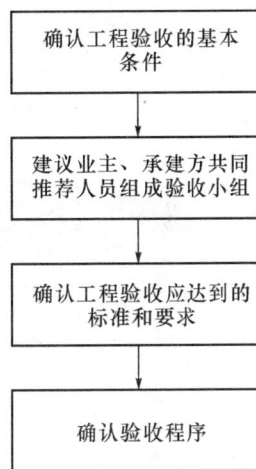

图6-4 审核验收方案步骤

验收分为以下五个子系统：

（1）网络基础平台的验收：

① 网络基础平台的整体性能（网络连通性能、网络传输性能、网络安全性能、网络可靠性能、网络管理性能），服务器整体性能（服务器设备连通性能、服务器设备提供的网络服务、服务器设备可靠性能、服务器设备的压力测试），系统整体压力测试验收（网络压力测试、系统运行监控测试）。

② 网络设备：网络检测主要考虑的指标如吞吐量、包丢失、延时、背靠背性能是否达到要求。

③ 服务器和操作系统。

④ 数据存储和备份系统。

（2）服务平台的验收：

① Internet 网络服务（电子邮件服务器、WWW 服务器）。

② 多媒体业务网络（VOIP 网络、视频会议系统）。

③ 数字证书系统（CA 系统，RA 系统）。

（3）网络安全和管理平台的验收：主要是对系统中的设备进行验收，包括防火墙、入侵监测和漏洞扫描系统(入侵监测、漏洞扫描)、其他网络安全系统(网络防病毒、安全审计、Web信息防篡改系统)、网络管理系统(网络管理、系统管理、运行维护管理)等设备。

(4)环境平台的验收:机房工程主要系统的验收(包括UPS电源系统、接地系统、门禁系统、消防系统、照明系统、空调系统)。

(5)综合布线系统的验收:

① 环境的验收,主要是各配线间场地的选择以及温湿度的控制。

② 器材的验收,必须与合同规格等要求相符,符合相关的国家标准,线缆必须满足各项参数要求,机柜等的安装注意事项。

③ 设备安装的验收。

2. 验收流程

验收基本流程如图6-5所示。

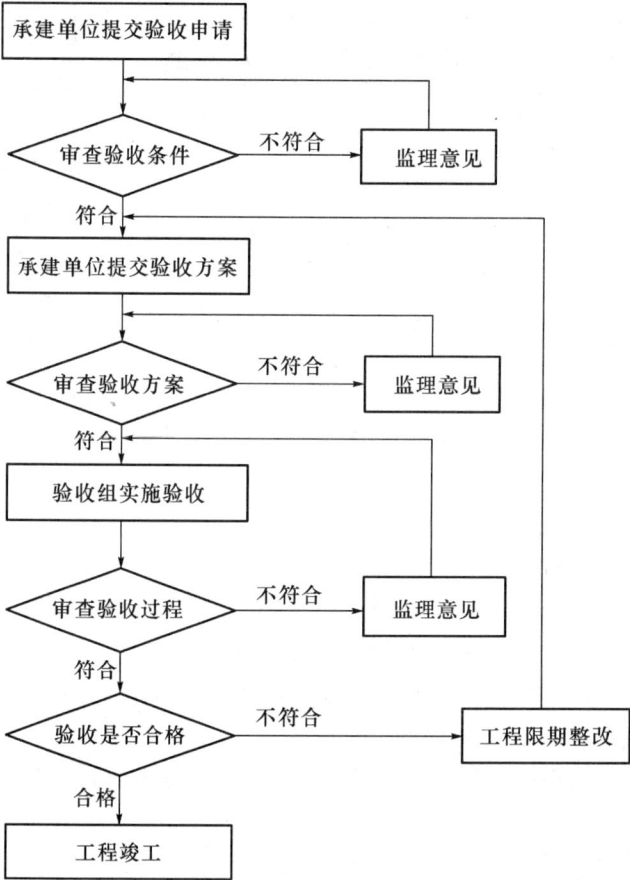

图6-5 验收基本流程图

6.1.8 系统保修

这一阶段,监理单位做了如下工作:

(1)督促承包商按合同要求提交保修书。

144

（2）定期走访用户检查网络系统运行情况。

（3）缺陷责任期内发生质量问题确认责任方，并督促其尽快解决。

（4）移交监理业务手册，终止监理合同。

6.2 系统集成监理

案例分析 B市奥体中心中央集成管理系统工程。

6.2.1 用户需求分析

1. 业主提出系统功能需求

B市奥体中心（以下简称"奥体中心"）工程的体育智能化系统是一个庞大的系统工程。由于该奥体中心每个场馆都是独立的，各个场馆的分系统信息不能互通，更不用说系统之间的联动了。并且由于奥体中心占地面积大，各个场馆之间的距离远，如果没有一个很好的集成系统的话，业主在日常使用、管理及维护设备系统等方面将面临很大的困难。通过与业主、顾问以及物业管理公司的广泛接触，监理公司帮助业主提炼出在该系统集成平台中应该实现的功能：

（1）系统信息的实时传送和历史数据的存储。

（2）集成门户网站的功能。

（3）统一的安全认证功能，个性化界面的定制功能。

（4）自动转换到产生故障或报警的界面。

（5）系统提供可扩充的服务。

（6）系统综合分析和处理功能。

（7）现场监督和辅助决策功能。

（8）提供重要事件的短信通知。

（9）辅助分析决策，提高全局管理能力。

（10）通过集成加强对各系统值班人员的管理。

（11）全面提高设备的运营管理水平。

（12）设备维护管理功能。

（13）设备故障累计分析处理功能。

（14）后期集成功能扩展。

（15）实现远程系统维护和"专家会诊"为关键任务保驾护航。

2. 按系统功能划分子系统

（1）综合布线系统：包括普通综合布线、体育竞赛布线系统、电视转播及评论系统布线、场地扩声联络管线敷设、场地照明联络管线敷设、体育馆、游泳馆升旗系统布线、其他布线。

（2）信息网络系统：包括有线网络、无线网络、网络安全、VOD点播、多媒体制作、多媒体触摸屏查询、公共显示系统、UPS电源。

（3）通信系统与广播系统：包括虚拟电话网＋电话程控交换机、800M微蜂窝指挥调度、安全警卫，交通无线通信系统、背景音乐及应急广播。

145

（4）卫星接收及有线电视系统：包括卫星接收、有线电视。

（5）建筑设备监控系统：包括电气设备监控、照明系统监控、通风空调及供暖设备监控、给排水设备监控、消防设备监控。

（6）安全防范系统：包括电视监控、防盗入侵报警、门禁及出入口管理、巡更、停车场管理、检票及售票一卡通。

（7）火灾自动报警及联动系统。

（8）多功能会议系统。

（9）运动会技术支持系统：包括注册及制证、计时记分、运动会信息平台（现场成绩处理、综合查询等）、主赛场新闻中心、各场馆新闻发布中心。

（10）机房建设与防雷接地。

3. 中央集成管理系统概述

中央集成管理系统（IBMS）主要的目标是设计弱电集成系统的整体框架和在框架下各部分的主要功能和实现方式，以及在体育中心实际应用中所需的多种应用模式。并由此要求弱电各子系统提供硬件设备和布线设计，保证集成系统与相关的各子系统之间实现顺利的衔接，从而利用有限的资金，完成用户需要的系统功能，实现业主投资的价值。在体育中心要实现弱电系统集成的区域包括体育场、体育馆、网球场、游泳馆和科技中心五部分。其中科技中心设有总控制室，并设有显示大屏。各场馆相对独立管理、相对独立运营，同时在科技中心实现各场馆综合的管理。因此要求首先在各场馆内部实现集成，然后在科技中心实现总集成。各场馆要实现集成的控制系统包括楼宇自控、消防、监控、安防等一级子系统。其中楼宇自控系统还包括空调、新风、变配电、照明、冷水机组锅炉、泳池水处理、冰场等二级子系统；安防系统包括防盗报警、门禁、停车场、售检票、巡更等二级子系统。在奥体中心的集成系统结构中，根据实际的情况有部分二级子系统直接接入集成系统，其中包括变配电系统、泛光照明、防盗报警系统、门禁系统、停车场系统售检票系统。

4. 中央集成管理系统设计

中央集成管理系统，采用 ezIBS 智能建筑信息集成系统将弱电各子系统的信息通过计算机网络有机地整合在一起，实现各控制系统之间的协调运行和整个建筑信息资源的合理共享、分配，并提供对信息全面的分析结果作为管理的参考。

5. 集成系统深化设计

中央集成管理系统通过信息的迅速分析和传递综合处理奥体中心突发性或灾难性事件；为保障生命和财产安全提供有效的手段和强有力的支持；为各控制系统的管理提供可靠的依据；为保障奥体中心的安全、舒适、高效节能地运行提供有效的解决方案。

进行深化设计的步骤如图 6-6 所示。

6.2.2 设计原则

根据对中心资料的分析，集成系统的整体框架需要遵循两个原则：一是各场馆相对独立管理的原则；二是在科技中心进行各场馆综合管理的原则。要求每个场馆各自集成，然后统一将数据传送到科技中心，实现总的集成。监理方采纳了承建公司的这种方案并向建设单位阐述这种方案的优势：整个系统的层次分明、易于理解易于实现、全面地满足了

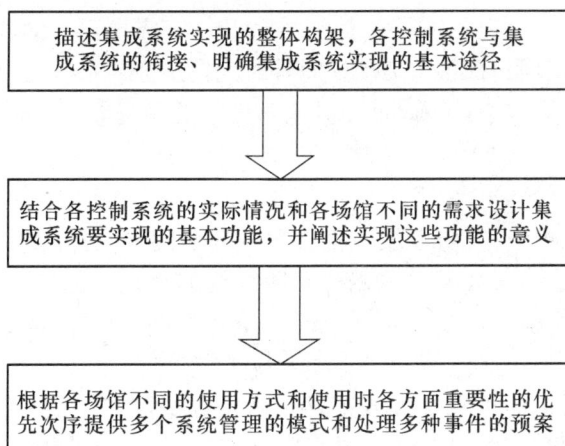

图 6-6 深化设计的步骤

业主对系统集成的要求。

6.2.3 方案设计

1. 楼宇自控系统

楼宇自控系统包含空调机组、新风机组、变配电、室外泛光照明、冷水机组锅炉、冰场、泳池水处理等多个子系统。在体育中心项目中,根据实际的系统构架,我们把变配电、室外泛光照明这两个子系统直接接入集成系统,其他的部分由楼宇自控系统的承包方接入楼宇自控系统的监控软件中。楼宇自控系统的承包方为上海某公司,采用 HoneyweⅡ的系统,监控软件为 EBI,该软件能够直接提供 OPC Server,可以很方便地接入到集成系统中去。变配电系统和室外泛光照明的厂家提供相应的通信端口及通信协议,承包方开发与之对应的 OPC Server 直接与集成系统实现对接。在完成通常的楼控监视和控制功能之外。还必须做到:

(1)设备当前运行状态列表统计、信息查询功能。例如:所有正在运行的风机有哪些,所有关闭的风机有哪些等。

(2)楼控系统设备报警列表功能。

(3)某设备运行时间统计功能。

(4)全部设备能耗数据列表统计,能耗信息查询功能,增加可配置的参数公式来计算功率与能耗。

(5)楼控设备巡检记录查询功能,维护记录查询功能。用户需要手动添加设备检修的时间与内容。

2. 照明控制系统

奥体中心外景灯光的控制体育场、体育馆、游泳馆、网球中心、体育科技中心五个建筑各有特色。每个建筑体外都覆盖金属或玻璃材料,在灯光下更是熠熠生辉。室外泛光照明和园区照明的照射角度、亮度、均匀度都决定着这颗明珠的外观效果。

在控制室内可以通过摄像机传来的图像作为调节泛光照明的参考。根据在不同的角度看到的实际效果,综合夜的深度、环境的总体亮度以及节能等多方面的因素做相应调

147

整。根据实际需要预先设定多种照明模式,在使用时不需要再手动调节照明效果,但要能够根据工作日、周末、节假日、重大活动期间等时间段分别对各个场馆进行设定可以远程异地监视所有灯的开关状态。可以远程异地开启或关闭任意一个回路上的所有灯、可以配置各种灯的开启模式。

3. 安防系统

在项目的弱电工程中,安防系统包括报警、门禁、巡更、停车场、售检票等多个部分。这几部分是既相互独立,又相互关联的。安防系统的承包方为广东某公司,其中防盗报警、门禁系统能够提供串行口接口,停车场系统能提供网络接口、巡更系统、售检票系统提供数据库接口。

为了保证集成系统的可靠性和规范性。承包方按照统一的 OPC 标准,完成防盗报警、门禁、停车场、巡更、售检票等子系统的 OPC Server 软件开发和数据库 JDBC 的接口开发。

4. 监控系统

体育中心的闭路电视监控系统分为两级控制系统:位于科技中心的监控系统属于一级控制系统,各场馆内部的监控系统属于二级控制系统。二级系统通过专用光纤将一路或多路视频信号传送到一级系统。监控系统的承包方为福建某公司,采用的设备是 AD 公司的矩阵切换主机。一级系统能够通过网络接口对二级系统进行控制。各场馆的监控系统都备有实时的录像监控设备,并可通过网络进行传输。集成系统可以从录像监控设备取得实时监控图像,进行全面的监控。这种方式的实现对网络带宽的要求较高,需要网络系统的支持。通过直接从录像监控系统取得监控图像,可以方便地提供面向多种模式的监视界面,例如,提供电子地图的人性化界面随意选取摄像头,显示传来的图像;任意选取摄像头送来的图像;监视贵宾通道所有摄像头的图像等。

5. 消防系统

智能大厦的弱电系统中的消防系统是比较特殊的。根据国家的有关规定,该系统不允许其他系统的控制,但允许该系统对外输出。

消防系统的承包方是天津某公司。它们的产品能够提供串行通信接口,通过开发与之对应的 OPC Server,实现消防系统与其他系统联动对接集成。采用硬接点的方式通过集成系统,实现在局域网内任何地点对消防系统运行状态的监视。

6. 集成门户网站系统

按照体育中心项目的实际情况及业主要求,监理方向承包方提出应设计各场馆集成系统和总集成系统的门户网站。各场馆集成和总集成的网站,登录后首先看到的是统一的界面,同时又有各部分自身的标签,以示区别。用户访问首先需要输入用户名称和密码进行登录。系统根据用户身份将许可访问的集成信息提供给用户。各场馆的集成信息按照系统进行分类,以菜单的方式逐项地提供给用户。同时在右侧留个菜单作为模式选择,用户可以在不同的状态下选择适合的模式进行监控。

6.2.4 工程准备及实施

系统集成项目与通常意义上的智能化子系统在实施方式上有不同之处。主要是它比较依赖于被集成的子系统,需要各系统的资料和接口的协议。监理工作的主要步骤如下:

1. 准备及招标阶段

准备阶段监理要做的主要内容有:进行需求的规划与分析,与业主就实现功能、管理流程、方式达成一致,形成系统集成功能规划大纲和实施细则;协助用户招标、评标、定标及签合同等;协助用户编制招标文件、资质审查、有关问题咨询、协助邀请专家组成评标委员会,开标、评标、定标;审核合同相关条款,提出建设性意见。

监理方通过对投标单位资质的评审及投标单位项目参与人资格的评审,协助业主选定投标单位。

监理工作位在本阶段的重点有:

1)评估投标单位总体技术方案是重中之重

由于信息系统工程一般选用第三方的成熟产品,在招标和合同谈判过程一旦确定了系统整体架构和设备的型号、数量和配置,系统的功能和性能就基本已经确定。因此对投标单位总体技术方案的评估是招标阶段监理工作的重中之重,从工程和技术角度,监理应重点评估投标文件中以下方面的内容:

(1)选用的技术路线是否是主流的,重点是网络架构、网络安全体系、服务器选型。

(2)系统整体是否存在安全漏洞(必须和应用系统结合分析)。

(3)各系统之间的接口兼容性如何,如防火墙和入侵检测系统的联动性能、智能建筑项目中设备与集中监控系统之间的接口性能。

(4)各分系统的配置规划是否合理,有无提供定量化的规划方法,包括网络交换机、服务器、存储系统、备份系统等。

(5)系统中有无影响性能的瓶颈。

(6)对于某些新技术领域,选择的产品是否得到实践的验证。

(7)有无到货期影响整体进度的设备。

2)审查承建方是重点

由于承建方的实力、技术能力、服务水平直接关系着信息网络系统实施的成败,因此在信息网络系统招标监理过程中,监理方对承建方资质的审查非常重要。

3)把好工程投资关是关键

由于信息和网络技术的飞速发展,产品的更新速度很快,市场会不断推出性能更高、价格更低的产品。从投资控制的角度,为了最大限度地保护业主的投资,在系统招标阶段,监理应重视对以下方面的监理把关:

(1)总体技术方案的适用性,即不要盲目追求技术的先进性,应把用户的实际需求放在第一位。

(2)主要设备的价格应与当时最新的市场行情相符。

(3)应尽量缩短到货和工程实施时间。

4)对工程的每一环节质量把关,监理方应重点检的内容

(1)系统集成方案是否合理,所选设备规格、软件功能、布线结构等能否达到用户要求。

(2)基础建设是否完整,布线质量、设备性能是否合格,有关资料、证书是否齐全。

(3)硬件平台环境是否合理、可扩充性如何、软件平台是否统一合理,应用软件能否实现相应功能,是否便于使用、管理和维护。

（4）培训教材、时间、内容是否合适。

2. 设计阶段

在设计阶段，集成系统工程设计阶段目标控制的主要任务是通过目标规划和计划、动态控制、组织协调、合同管理、信息管理，力求使工程设计能够达到保障工程项目的可靠性，满足适用性、安全性和经济性，保证设计工期要求，使设计阶段的各项工作能够在预定的投资、进度、质量目标内予以完成。

监理方在该阶段的监理工作方向，主要是进行方案评审，包括设计组织人员与职责的评审、需求分析符合程度的评审、风险分析、技术经济分析、设计进度的检查、系统边界清晰和完整性评审、系统安全性评审、知识产权保护建议等。设计阶段监理工作主要包括：

（1）结合信息工程项目特点，收集设计所需的技术经济资料。

（2）配合设计单位对方案设计进行技术经济分析，优化设计。

（3）协助业主进行设计文件的评审。

（4）参与主要设备、材料的选型工作。

（5）审核方案中主要设备、材料清单。

（6）审核系统设计方案及其他详细设计文件。

（7）组织设计文件的报批。

（8）对方案设计内容进行知识产权保护监督。

（9）审核技术方案中的信息安全保障措施。

（10）协助业主对工程建设周期总目标进行分析讨论。

（11）审核承建方编制的工程项目总进度计划，并在项目实施过程中控制其执行。如果与合同有冲突，应督促承建方调整工程进度计划。

（12）审核承建方编制的各分项工程阶段进度计划，根据实际环境的变化，督促承建方及时调整进度计划。

（13）审核工程设计和承建方的设备/材料清单和采购计划，并检查、督促其执行。

信息网络集成系统工程施工阶段监理工作的重点，主要是对工程组织与技术总体方案的把关，进行工程质量的控制、项目进度的控制、项目投资的控制、项目合同的管理、信息与项目文档的管理，协调好项目所涉及的各方的关系，协调解决项目建设中的各种纠纷。

3. 工程开工前的监理内容

（1）审核实施方案。开工前，由监理方组织实施方案的审核，内容包括设计交底，了解工程需求、质量要求，依据设计招标文件，审核总体设计方案和有关的技术合同附件，以降低因设计失误造成工程实施的风险，审核安全施工措施。审核综合布线系统设计、施工单位与人员的资质是否符合合同要求；审核网络系统集成的设计、实施单位与人员的资质是否符合合同要求。

（2）审核实施组织计划。对实施单位的实施准备情况进行监督。

（3）审核实施进度计划。对实施单位的实施进度计划进行评估和评审。

（4）审核工程实施人员、承建方资质。

4. 实施准备阶段的监理内容

（1）审批开工申请,确定开工日期。

（2）了解承建方设备订单的订购和运输情况。

（3）了解实施条件准备情况。

（4）了解承建方工程实施前期的人员到岗情况、实施设备到位的情况。

5. 系统集成中的进度控制

图6-7所示为进度控制监理工作程序图。

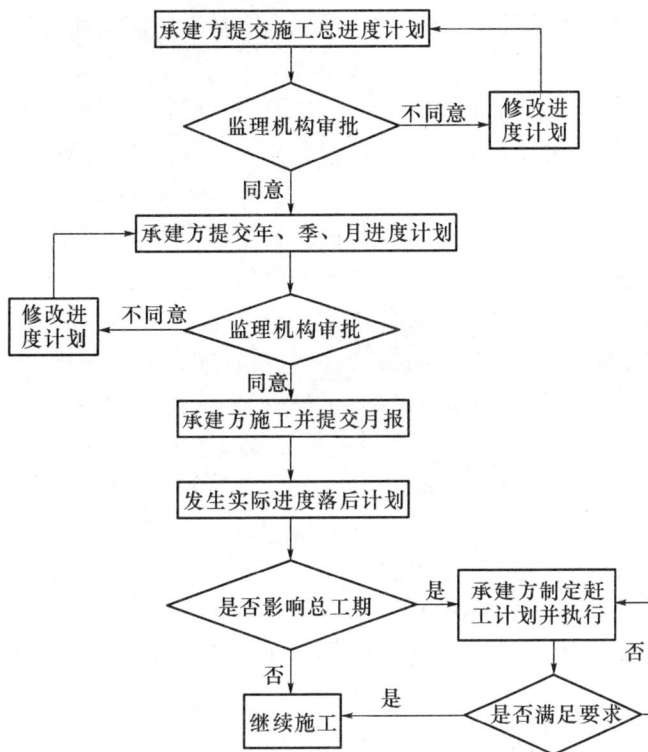

图6-7 进度控制监理工作程序图

6.2.5 网络集成与测试阶段的监理内容

1. 监理单位对工程进行整体控制

（1）对工程组织与技术总体方案的把关。进行工程质量的控制、项目进度的控制、项目投资的控制、项目合同的管理、信息与项目文档的管理,协调好项目所涉及的各方的关系,协调解决项目建设中的各种纠纷。

（2）帮助用户控制工程进度。帮助用户掌握工程进度,按期分段对工程验收,在保证工程质量的前提下督促乙方根据合同要求按时完成。

（3）帮助用户做好各项测试工作。严格遵循相关标准,对信息系统进行包括布线、网络等各方面的测试工作。

2. 集成测试的监理主要工作

（1）评审项目验收大纲及各子系统测试报告。

（2）评审承建方应交付的各类文档。

（3）组织计算机系统和网络系统的集成测试；督促施工单位进行网络布线测试，根据测试结果，判定网络布线系统施工是否合格，若合格则继续履行合同，若不合格，则敦促施工单位根据测试情况进行修正，直至测试达标。

（4）检查布线施工和布线测试情况，进行布线系统的监理确认测试并组织网络系统的连通性测试。

（5）网络硬件设备和配套软件的监理确认测试，组织软件系统集成测试等。

（6）督促施工单位进行网络系统集成性能测试，对存在的问题，督促系统集成商及时解决。

（7）督促施工单位进行网络应用测试，包括网络应用软件配置是否合理、各种网络服务是否能实现、网络安全性及可靠性是否符合合同要求等，并督促系统集成商按合同要求认真、及时解决。

在监理过程中，及时发现网络系统在集成过程中存在的技术问题，减少工程返工量，密切协调用户与集成商的关系，与甲乙双方充分合作，共同如期完成网络系统工程。

3. 集成系统工程中监理的主要工作内容

（1）组织布线、网络和安全系统方案设计评审：首先是需求分析，主要是通过对甲方实施综合布线的相关建筑物进行实地考察，了解相关建筑物的建筑结构。

（2）分析施工需要解决的问题和达到的要求；需了解的其他数据，包括中心机房的位置、信息点数、信息点与中心机房的最远距离、电力系统供应状况、建筑接地情况等。

（3）网络系统集成应用需求分析。了解甲方的网络应用和整体投资概况等，了解甲方数据量的大小、数据的重要程度、网络应用的安全性、实时性及可靠性等要求。

（4）了解乙方的网络系统集成方案。

（5）了解网络系统的功能（包括硬件与软件），其硬件包括网络物理结构拓扑图、网络系统平台选型、网络基本应用平台选型、网络设备选型、网络服务器选型以及系统设备报价等。衡量乙方的方案是否满足甲方的需求。

（6）确定验收标准，协助甲方签订网络系统建设项目合同，以达到招、投标书的要求。

6.2.6 验收阶段监理的主要工作

（1）网络系统集成验收。协助用户组织验收工作，包括验收委员会的成立、各验收参数的确定和审核验收技术资格等；验收主要包括合同履行情况、网络系统是否达到预期效果、各种技术文档等。

（2）网络综合布线系统材料验收；网络设备及系统软件验收，包括装箱单、保修单、配置情况、设备产地证明、系统软件的合法性、网络设备加电试机等。

（3）综合布线系统进度考核。监督实施进度，根据实际情况，协调业主与系统集成商之间的问题，设法促成工程如期进行。

（4）根据合同进行网络综合布线系统验收，包括综合布线系统文档。

（5）项目验收后，督促用户按照合同付款。

监理单位审核验收及竣工资料，相关国家或行业标准及设计图纸进行验收。竣工时各承建单位提交的资料和文件有竣工图及竣工文件、工程实施及质量控制检验报告及记录、系统检测报告及记录、系统的技术操作和维护手册、监理文件、主要材料及设备合格证、隐蔽工程验收单等。以上资料均原件,有相关部门盖章及相关人员签字,填写内容真实、符合规范、可靠、齐全。经监理单位验收,同意竣工。

6.2.7 系统保修

本阶段主要完成可能出现的质量问题的协调工作。
(1) 定期走访用户,检查网络系统运行状况。
(2) 出现质量问题,确定责任方,督促其及时解决。
(3) 保修期结束,与用户商谈监理结束事宜。

6.3 软件系统开发监理

本节中所论述的软件系统开发监理,是针对一套需要经过需求分析、设计、实施、试运行、验收这一全过程的软件系统。对该类项目进行监理,其目的是帮助建设方建设一个高效、可靠的软件系统。监理人员在实施监理的过程中,必须参照如下依据:
(1) 中华人民共和国合同法。
(2) 建设方和监理方签订的监理委托合同。
(3) 建设方和承建方签订的工程建设合同。
(4) 承建方提交的商务标书和技术标书。
(5) 已确认的项目开发计划书。
(6) 承建方提交的已通过审核的系统需求说明书、概要设计方案和详细设计方案。
(7) 现行的系统开发技术质量标准规范。
(8) 其他相关的法律、法规以及行业规范等。
下面结合重庆菲迪克信息系统工程咨询监理有限公司的实际案例进行分析。
案例:重庆菲迪克信息系统工程咨询监理有限公司(监理方)接受某市医疗保险中心(建设方,同时也是业主)的委托,对该市的医疗保障计算机信息网络系统工程进行监理,该项目的承建方为某软件股份有限公司。
接下来按照需求分析阶段、设计阶段、实施阶段、试运行阶段、系统测试及验收阶段这一流程进行介绍。

6.3.1 需求分析阶段

1. 主要工作内容

在需求分析阶段,监理的主要任务是沟通协调业主和承建方相关人员,确保双方能正确理解对方。同时对需求说明书进行详细的审核,确保文档与需求的一致性,将其中歧义、错漏之处向承建方人员指出并要求整改。对需求说明书的任何修改,都必须由三方人员共同协商确定。
在本项目中,监理方是在该医疗保障计算机信息网络系统工程需求调研结束后,接到建设方的正式委托后全面介入的。工作启动后,监理方就建设方和承建方所提供的技术开发合同、软件需求说明书、投标书等相关文档进行了详细分析和评审。主要内容包括:

根据该医疗保险中心软件任务书的要求,认真评审了承建单位的需求说明、数据要求说明中规定的功能、性能、接口、数据、环境需求等;确保需求无歧义性、每个需求的内容、格式和输入数据的定义完整性、每个需求都可以验证、每个需求与任务书一致,相互间不矛盾。

2. 重点问题处理

在需求分析阶段,对需求说明书的评审是最为重要的内容。需求说明书是需求分析阶段的最终产物,通过建立完整的信息描述、详细的功能和行为描述、性能需求和设计约束的说明、合适的验收标准,给出对目标软件的各种需求。总地来说,需求说明书应包括以下主要内容:

(1)性能需求:定量地描述软件系统的精度要求、时间特性要求等。

(2)功能需求:详细说明软件系统的各项功能。

(3)接口需求:说明该软件与其他软件、软件与硬件数据传递、数据格式、度量单位、值域及接口规程,包括远程通信。

(4)输入和输出:描述输入和输出的每个数据元素的名称、定义、格式、值域、度量单位以及对数据的约束。

(5)数据库特性:详细描述数据库中使用到的各种数据元素的名称、定义、格式、值域、度量单位,并根据记录的规模和数量来估计数据存储要求,并要预测数据的增长率。

(6)故障处理要求。

(7)安全保密性要求。

具体而言,软件需求说明书的评审内容如表6-1所列。

表6-1 软件需求说明书评审内容

序号	监理的内容	记分	主要问题
1	是否规定了所有用户要求的功能		
2	是否在处理每个功能时,规定了时间约束、存储约束的需求		
3	所有输入信息是否给出格式、接收方法、数量、范围、精度、时间和优先顺序要求		
4	所有输出信息是否给出传送方法、格式、数量、范围、精度、时间和优先顺序要求,是否符合用户要求		
5	是否对合法和非法输入数据的处理给出了规定		
6	与所有硬件和其他软件的接口是否都已经描述		
7	是否列举了所有必须的安装操作		
8	是否存在技术上和经济上可行的手段对每项需求进行验证和确认		
9	提供的文档资料是否齐全		
10	文档中所有的描述是否完整、清晰、准确地反映用户的要求		
11	所使用的数据流、数据结构等软件需求分析方法是否充分		
12	所有图表是否清楚,在不补充说明时易于理解		
13	软件需求说明中规定的约束条件或限制条件是否符合实际		
14	有没有遗漏、重复或不一致的地方		
15	是否考虑过软件需求的其他方案		
16	软件需求说明等各配置项是否按配置管理程序标识入库		

6.3.2 系统设计阶段

1. 主要工作内容

当需求说明书通过评审之后,进入系统设计阶段。监理一方面应监督和控制承建单位工作过程的规范性,另一方面需对该阶段的成果进行评审,保障系统设计过程和产品符合规范和要求。

在本项目中,监理方不仅对承建方提交的系统概要设计说明书、系统详细设计说明书、系统数据库设计说明书进行评审,而且督促承建方完成了以下两个计划:一是软件项目开发计划(按照惯例,该计划应在需求分析阶段以前完成,但监理方是在需求调研完成后才正式介入本项目,只能要求承建方补齐该文档),二是软件测试计划。同时对上述计划进行了评审。

由于建设方和承建方在网络系统具体采用什么结构上存在严重分歧,监理方为公平、公正、科学地推动项目的进程,特别组织了由项目相关单位参与的专家论证会,邀请该市在本领域的知名专家讨论了承建方就本项目在医院端的解决办法提出的两种方案:只读在线方案和基于交易中间件的完全在线方案。经过反复论证,实施方案得以最终确认,为该项目的进一步开展奠定了重要基础。

2. 重点问题处理

1) 系统设计说明书评审

通常,系统设计说明书有三种:系统概要设计说明书、系统详细设计说明书、数据库设计说明书(可以涵盖在系统详细设计说明书中)。系统设计说明书的主要内容应包括:

(1) 评审软件设计说明能否覆盖软件需求说明中描述的所有软件需求。

(2) 是否采用面向对象设计或结构化设计等先进的设计方法。

(3) 是否采用规定的方法和工具来描述软件单元。

(4) 是否详细、清晰地规定各单元间的接口和用户界面。

(5) 评审概要设计与软件需求说明、详细设计与概要设计的一致性。

具体而言,系统概要设计说明书的评审内容如表6-2所列。

表6-2 系统概要设计说明书评审内容

序号	监理的内容	记分	丰要问题
1	软件概要设计是否采用规范化的设计方法,设计结果是否容易理解		
2	软件单元(如模块、类等)的分解是否清晰、合理,定义是否完整、准确		
3	所采用的图表和文字是否清晰、准确地描述软件的总体结构和逻辑流程		
4	所采用的图表和文字是否清晰、准确地描述软件全局数据库或数据结构		
5	是否清晰、准确地描述软件单元间的控制流及接口关系		
6	软件概要设计是否覆盖了软件需求说明中规定的所有软件		
7	软件概要设计说明是否完整、准确		
8	软件概要设计说明等各配置项是否按配置管理程序标识入库		

系统详细设计说明书的评审内容如表6-3所列。

表 6-3　系统详细设计说明书评审内容

序号	监理的内容	记分	主要问题
1	软件详细设计是否采用规范化的方法描述各软件单元		
2	对每个软件单元的描述的输入、处理、输出是否完整、准确		
3	是否详细地规定了软件单元间的接口		
4	采用的图表是否形式清晰、准确地描述各软件单元的流程		
5	是否清晰、准确地给出软件的所用户界面		
6	软件详细设计和软件概要设计是否一致		
7	单元测试的要求和方法是否正确		
8	软件详细设计说明是否完整、准确		
9	软件详细设计说明等各配置项是否按配置管理程序标识入库		

数据库设计说明书的评审内容如表 6-4 所列。

表 6-4　数据库设计说明书评审内容

序号	监理的内容	记分	主要问题
1	数据库设计是否采用规范化的方法		
2	数据库结构是否合理、准确		
3	是否详细地规定了数据文件、记录、域、项目		
4	是否详细规定了存取规则、操作规则和限制条件		
5	数据库设计是否满足数据要求说明中的规定		
6	数据库设计说明等各配置项是否按配置管理程序标识入库		

2）软件测试计划评审

通常,对软件测试计划的评审主要应包括以下内容:

（1）测试方法是否可行。

（2）能否对软件单元之间所有调用进行测试,验证每个调用接口的完整性和一致性。

（3）对边界条件和非法输入的识别及测试能力。

（4）满足各项功能、性能要求。

具体而言,软件测试计划的评审内容如表 6-5 所列。

表 6-5　软件测试计划评审内容

序号	监理的内容	记分	主要问题
1	软件测试组织的组成和职责是否合适		
2	软件测试通过的准则是否合理、准确		
3	软件测试项和测试用例是否覆盖软件需求说明中的所有功能和性能		
4	测试项和测试用例是否覆盖软件需求说明中的所有接口		
5	软件测试项和测试用例是否覆盖所有用户界面		
6	强度测试时是否使被测设备达到要求的饱和状态		

序号	监理的内容	记分	主要问题
7	是否对边界条件、非法输入、非常规操作和误操作规定了测试项目和测试用例		
8	是否详细规定了测试异常终止处理		
9	测试步骤和进度是否合理		
10	软件测试计划等各配置项是否按配置管理程序标识入库		

3）软件开发计划评审

通常,软件开发计划的评审工作应放在需求分析阶段前。由于本项目的特殊性(监理方在需求调研完成后正式接到建设方的委托),软件开发计划评审列入系统设计阶段,其主要评审内容如表 6-6 所列。

表 6-6　软件项目开发计划监理内容

序号	监理的内容	记分	主要问题
1	任务的分解和人员分工是否明确		
2	进度安排是否合理		
3	是否详细列出应交付的文档种类、软件产品和时间节点		
4	是否详细列出向用户提供的培训、安装、维护和运行支持等各项服务的范围和期限		
5	对确定的软件产品和服务项目是否给出验收标准		
6	软件配置基线的划分是否明确		
7	软件配置项是否明确,配置标识是否规范		
8	软件配置更改控制程序是否规范		
9	软件项目开发计划等各配置项是否按配置管理程序标识入库		
10	采用的软件标准和规范是否明确		

6.3.3　系统实施阶段

监理单位在系统实施阶段主要监督承建单位严格按照软件开发计划、系统设计说明书进行开发工作,检查承建单位是否进行相关测试工作,测试是否有详细记录并进行修改与回归测试,必要情况下可由监理单位对测试结果进行抽检。

在本项目中,监理方按照上述内容对软件系统的开发进行监控,其主要工作内容如表 6-7 所列。

表 6-7　软件实现阶段监理内容

序号	监理的内容	记分	主要问题
1	用户手册的描述是否完整、清晰、准确		
2	操作手册的描述是否完整、清晰、准确		
3	程序维护手册的描述是否完整、清晰、准确		

序号	监理的内容	记分	主要问题
4	单元测试结果记录、单元测试分析报告是否记录完整、准确		
5	各软件单元源代码、软件单元测试辅助程序、测试用例、单元测试结果记录、单元测试分析报告等各配置项是否按配置管理程序标识入库		

6.3.4　系统试运行阶段

1. 主要工作内容

系统试运行是指软件在正式交付客户之前要经过一段时间的实际环境测试，以进一步检查系统的有效性和可靠性的阶段。

在本项目中，在开发商完成系统软件等待上线时，建设方产生了新的担忧：系统能否全面铺开并且平稳运行？于是系统处于不敢联网的尴尬状态，针对这种想法，监理方在认真分析承建方开发的系统软件的基础上，提出让承建方和建设方都能接受的方案：先选定两个分中心进行联网试运行，待平稳运行后再全面铺开，圆满协调了双方的分歧，极大地推进了项目的顺利实施。同时，在是否让医院联网上线的问题上，建设方和承建单位再次产生了不同意见，监理方提出在医院进行联网试点的构想，选定该市某医院为试点医院，成功保证部分医院的及时上线，进而极大地推动了医保信息系统的扩面工作，前后共有四批定点医院（近100家）联网上线。

2. 重点问题处理

（1）在网络系统联网运行过程中出现了很多问题，但由于两个分中心和各家定点医疗机构在地域上较为分散，出现问题后无法及时反馈并解决，在日常业务中发现问题又容易忘记。

解决方法：针对这一具体情况，为了增加解决问题的透明度，便于管理，明确责任，提高解决问题的效率，监理方提出使用异常情况报告单，也就是各具体业务人员在工作中发现问题时，可以记录在异常情况报告单上，监理方工作人员定时收取，并全部向建设方和承建方提交，一方面可以让业主及时准确地了解到网络系统运行情况，一方面又可以让项目相关各方清晰地了解到出现问题的解决情况。异常报告单的提出，提高了解决问题的效率，对项目在实施过程和运行过程中出现的问题与情况有了很好的文档管理。

（2）在分中心进行联网试运行期间系统出现了较多问题。如：网络速度很慢，并不时有断线等异常情况产生。对此，项目相关各方互推责任，不利于项目的推进。

解决方法：为了较好地协调各方的关系，真正解决问题，监理方要求相关各方分别拿出有关的测试报告数据，一起客观地分析原因，最后终于顺利地解决了问题，保证了网络系统的平稳运行。

6.3.5　系统测试及验收阶段

1. 主要工作内容

软件系统在试运行完成后，承建单位可向建设方和监理单位提交正式的软件验收申请报告，以进行软件系统的验收。软件系统验收应成立软件验收委员会，对软件系统进行验收测试和配置审计,以及验收评审工作。待系统验收通过后,承建单位必须按验收评审意见,做好后续工作,并在得到验收委员会或其指定人员认可后,按合同要求进行系统的移交和保障工作;若验收未通过,承建单位应根据评审意见尽快修正有关问题,重新进行验收或转入合同争议处理程序。

在本项目中,监理方严格按照上述程序进行项目的推进,该软件系统通过验收并成功移交。

2. 重点问题处理

验收测试是整个验收过程中最为重要的一环。验收测试一般包括对系统的功能测试、性能测试和压力测试。

通常,验收测试的步骤如下:

(1)验收测试前的检查。在验收测试开始之前,交办单位必须提前将软件验收的有关资料分发给验收委员会委员。验收委员会必须进行验收环境与条件检查、程序检查、文档检查,以确定是否应进入验收测试。

(2)验收环境与条件检查。验收委员会必须审定软件验收测试计划,并检查全部测试项目的测试用例是否准备好,验收场地环境是否已符合要求,有关验收测试人员是否已全部到位。

(3)程序检查。承办单位必须向验收委员会展示全套软件的源程序清单,验收委员会检查所交付的程序和数据以及相应的软件支持环境是否符合要求。

(4)文档检查。验收委员会必须检查承办单位交付的文档与任务书或合同中规定的是否一致,是否包括规定内容和格式。特别要检查文档与程序的一致性、文档的准确性和完整性,是否通过了有关的评审。

(5)演示。承办单位应向验收委员会演示验收软件的所有功能,以证明软件功能与任务书或合同要求相一致。验收委员会可以选用对所验收的软件进行演示考核,以证实与软件需求的一致性,程序和文档的一致性。

(6)功能测试。必须根据软件需求说明中规定的功能,对被验收的软件逐项进行测试或检查已有的测试结果,以确认该软件符合任务书或合同中规定的功能要求。

(7)性能测试。必须根据软件需求说明书中规定的性能要求,如精度、时间和适应性要求等,对所验收的软件逐项进行测试或检查已有的测试结果,以确认该软件完全符合任务书或合同中规定的性能要求。

(8)压力测试。其压力测试用例必须结合软件测试计划并征得业主的同意,对系统的稳定性进行测试,更有效地发现系统稳定性的隐患以及系统在负载峰值条件下的功能隐患。

验收测试步骤如图 6-8 所示。

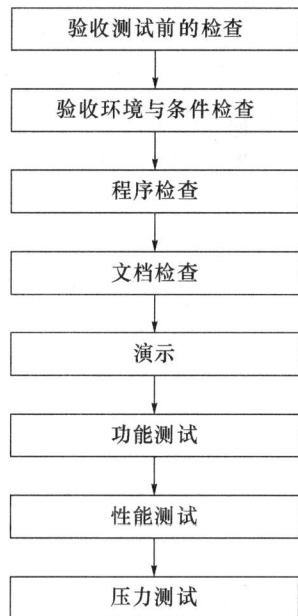

验收测试前的检查

↓

验收环境与条件检查

↓

程序检查

↓

文档检查

↓

演示

↓

功能测试

↓

性能测试

↓

压力测试

图 6-8 验收测试步骤

6.4 软件系统集成监理

案列分析:D 市无线电管理综合信息平台——应用系统工程。

重庆菲迪克信息系统工程咨询监理有限公司(监理方)在 2007 年 1 月接受 D 市无线电监测站(项目建设方)的委托,对 D 市无线电管理综合信息平台——应用系统工程进行监理,该项目的承建方为某市实业发展有限公司。

本项目按照统一设计、统一建设、需求导向、分步实施、资源共享、互联互通的指导思想,针对 D 市无线电管理工作的性质、要求以及今后工作的发展方向,结合 D 市无线电管理机构的实际情况,以各业务数据库和地理信息系统为基础,办公的自动化为主线,工作任务为驱动,工作流程为纽带,将 D 市无线电管理机构的各项业务和各个部门的日常事务性工作纳入其中并加以整合,最大限度地发挥信息资源的使用价值,提高工作质量、办公效率和管理水平;符合国家无线电管理机构规定的数据库格式、软件系统开发技术规范及系统安全配置,使用国家下发的 AAA 认证平台和地理信息系统作为支撑平台,充分利用已有软硬件,能在现有硬件环境下正常运行,各应用模块能够实现数据共享。

根据重庆市无线电管理综合信息平台——应用系统项目建设的可扩展性、持续性及项目实际情况与客户需求等要求,将项目分为几个子系统进行实施,如表 6-8 所列。

表 6-8　无线电管理综合信息平台子系统

序号	系统名称	说明
1	办公自动化系统	实现一个集成的办公环境,让所有工作人员能够利用网络实现协同工作
2	固定资产管理系统	实现固定资产的信息化管理
3	行政执法管理系统	实现行政执法过程的自动化管理,更好地促进行政执法水平的提高
4	频率资源管理系统	实现无线电频率管理的信息化管理
5	台站管理系统	根据《无线电管理台站数据库结构技术标准》,实现无线电台站数据管理以及与台站相关的一些业务的管理功能
6	设备检测管理系统	主要实现设备的送检审批过程自动化管理以及各类检测设备的信息化管理
7	地理信息系统	利用电子地图与各应用系统有机结合,使用户更为方便地使用相关功能模块
8	全国无线电监测管理系统	基于 RMTP 协议连接各类监测设备实现无线电监测及测向公功能,并实现不同地区的监测站的联网
9	监测统计分析系统	基于标准监测数据库,对数据库中的监测数据进行业务统计和分析

重庆菲迪克信息系统工程咨询监理有限公司本着公平、公正、客观的工作原则,对 D 市无线电管理综合信息平台——应用系统工程项目进行全面的监理。监理工作的开展是从监理方与建设方签订监理委托合同开始,到完成监理合同规定的阶段结束为止,主要包括项目前期准备阶段、项目实施阶段和项目投入使用后阶段。监理工作的主要内容是根据承建方提交的工程需求报告、技术资料、软件开发计划、进度计划等一切相关资料,对承建方所进行的软件开发的设计、开发进度、软件质量、软件系统集成、系统安全、开发成本及合同管理、文档管理等过程实施监理。

由于该项目在该市信息化建设中的重要地位,为了高效稳妥地推进项目的实施工作,监理公司为此成立了该项目的监理组织:由总监理工程师负责,各专业领域委派专业监理工程师,再配备一定的现场监理员,如图 6 - 9 所示。

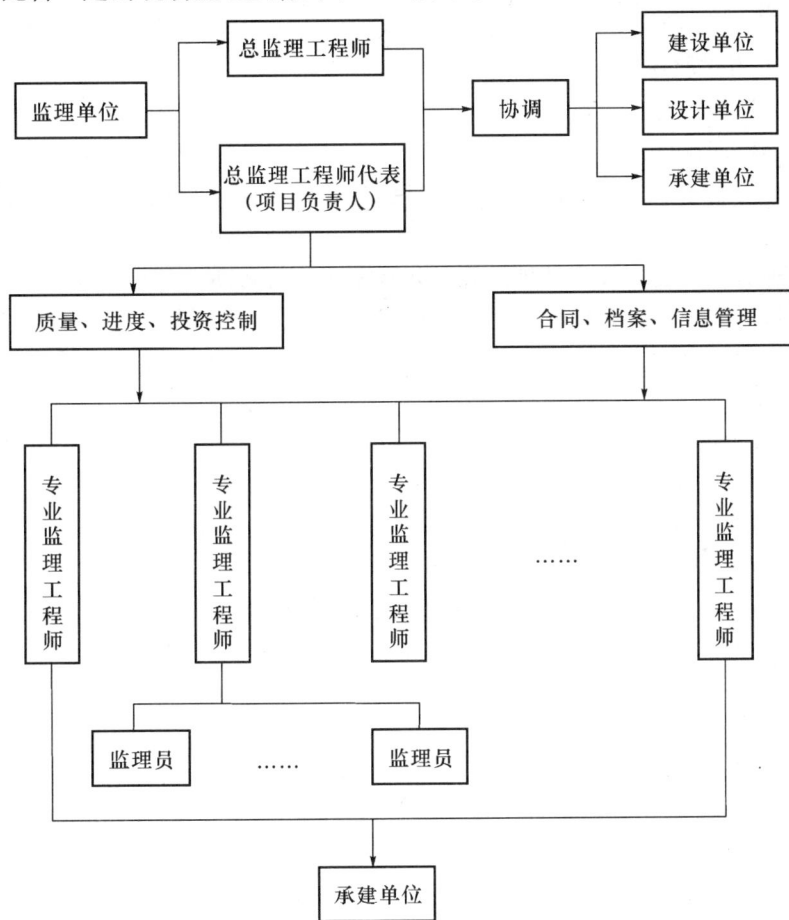

图 6 - 9 监理组织结构图

6.4.1 监理依据

监理依据内容如下:

(1) 工程合同。

(2) 甲方需求。

（3）方案设计书。

（4）项目投资概预算报告。

（5）国家标准相关规范，如 GA308—2001 安全防范系统验收规范，B/T 12504 计算机软件质量保证计划规范，B/T 12505 计算机软件配置管理计划规范，GB/T 14394 计算机软件可靠性和维护性管理，GB/T 15532 计算机软件单元测试，GB/T 16260 信息技术、软件产品评价、质量特性及其使用指南，GB 1526 信息处理——数据流程图、程序流程图、系统流程图、程序网络图和系统资源图的文件编制符号及约定等。

（6）公司通过信息产业局的有关规范，如信息系统工程咨询和监理技术规范、乙方资质的调查评估格式规范、软件开发过程监理规范等。

6.4.2　软件开发部分监理工作

1. 软件开发过程中的监理工作

软件开发阶段的监理工作内容：

1）需求分析阶段

（1）监理方要求乙方为软件需求分析过程的实施制定详细的计划，并要求甲方给予相应的配合。

（2）监理方监督乙方按照计划的要求开展需求分析活动。

（3）监理方要求乙方分析软件需求并形成文档。

（4）组织甲方通过审核、联合评审、确认等方式评价软件需求。评价时考虑下列准则：

① 与合同的一致性和可追溯性。

② 与业务目标和系统目标的一致性。

③ 系统需求和系统设计的可追溯性、一致性。

④ 内部一致性。

⑤ 基于信息资源规划和业务指标评价体系的可测试性。

⑥ 业务流程再造、业务持续改进、信息资源开发的可行性。

⑦ 软件设计的可行性。

⑧ 运行和维护的可行性。

（5）监理方监督乙方解决软件需求分析中发现的问题和不合格项。

2）结构设计阶段

（1）监理方要求乙方为软件结构设计过程的实施制定详细的计划。

（2）监理方监督乙方按照计划的要求开展软件详细设计活动。

（3）监理方检查乙方编制用户文档的最初版本。

（4）监理方检查乙方规定软件集成的初步测试需求和进度安排。

（5）监理方评价软件设计接口和数据库设计结构，评价时考虑如下准则：

① 软件项需求的可追溯性。

② 与软件项需求的外部一致性。

③ 软件部件之间的内部一致性。

④ 所采用的设计方法和标准的适宜性。

⑤ 测试的可行性。

⑥ 运作与维护的可行性。

（6）监理方监督乙方解决软件结构设计中发现的问题和不合格项。

3）详细设计阶段

（1）监理方要求乙方为软件详细设计过程的实施制定详细的计划。

（2）监理方监督乙方按照计划的要求开展软件详细设计活动。

（3）监理方要求乙方编制软件项的每一软件部件的详细设计，并形成文档。

（4）监理方要求乙方规定要测试的软件单元的测试需求和进度安排。

（5）监理方评价软件详细设计和测试需求，评价时宜考虑下列准则：

① 软件项需求的可追溯性。

② 与结构设计的外部一致性。

③ 所采用的设计方法和标准的适宜性。

④ 测试的可行性。

⑤ 运作与维护的可行性。

（6）监理方监督乙方解决软件详细设计中发现的问题和不合格项。

4）软件编码和测试阶段

（1）监理方要求乙方为软件编码过程的实施制定详细的计划。

（2）监理方监督乙方按照计划的要求开展软件编码活动。

（3）监理方监督乙方按测试需求和进度安排进行单元测试。

（4）监理方检查乙方单元测试过程中的错误记录及其改正。

（5）必要时，监理方评价软件编码和测试结果。评价时考虑如下准则：

① 软件项需求的可追溯性。

② 与软件项的需求及设计的外部一致性。

③ 所采用的编码方法和标准的适宜性。

④ 软件集成与测试的可行性。

⑤ 运作与维护的可行性。

5）软件集成阶段

（1）乙方要求乙方制定集成计划，包括需求规程、数据、职责和进度安排。

（2）乙方监督乙方按照计划的要求开展软件集成活动。

（3）监理方要求乙方按照集成计划将软件单元和软件部件作为集合体进行集成、测试，并形成文档。

（4）监理方评价集成和测试结构，评价时考虑如下准则：

① 系统需求的可追溯性。

② 与系统需求的外部一致性。

③ 内部一致性。

④ 软件项需求的测试范围。

⑤ 的测试方法和标准的适宜性。

⑥ 结构的符合程度。

⑦ 软件合格性测试的可行性。

⑧ 运作与维护的可行性。

（5）监理方监督乙方解决软件集成中发现的问题和不合格项。

6）软件合格性测试阶段

（1）监理方要求乙方为实施软件合格性测试时需对软件项的每一鉴定需求，开发确定的测试集、测试用例以及测试规程。

（2）监理方监督乙方按照计划的要求开展软件合格性测试活动。

（3）监理方要求乙方按照软件项鉴定需求实施合格性测试，并形成文档。

（4）监理方评价设计、编码、测试、测试结果和用户文档，评价时考虑下列准则：

① 与合同的一致性。

② 软件项需求的测试范围。

③ 与预期结果的符合程度。

④ 实施时系统集成和测试的可行性。

⑤ 运作与维护的可行性。

（5）当获取现货软件产品时，监理方验收现货软件产品是否满足下面条件：

① 满足合同的要求。

② 满足系统建设目标和系统需求。

③ 具有有效的文档。

④ 满足知识产权的要求。

⑤ 有此软件产品的未来支持计划。

（6）监理方监督乙方解决软件合格性测试中发现的问题和不合格项。

2. 软件开发监理工作的重点、难点

1）需求分析监理

需求分析阶段是一个项目的开端，也是项目建设的基石。根据统计数据显示，在失败的软件项目中，80%是由于需求分析的不明确而造成的。因此一个项目成功的关键因素之一，就是对需求分析的把握程度。在原则上，需求阶段监理方会尊重承建方的项目管理和项目分析能力；在具体的任务开展上，以不深入、不干扰承建方的自主权为主，除非在项目合作过程中发现承建方的项目管理以及项目分析能力存在较大的差距和不足。但由于 D 市无线电监测站业务具有专业性强的特点，所以在需求分析阶段，监理方将确定软件设计方是否已正确理解用户的功能需求、进度要求和相关文件、标准要求，监理直至通过评审，才进入下一步监理步骤。

2）软件流程、功能和数据设计监理

主要审查承建方提交的文档是否齐全，文档编制与描述工具是否符合规范。确定承建方提出的软件总体结构设计是否实现了软件需求规格说明的要求，评价软件设计方案与数学模型的可行性，评价接口设计方案和运行环境的适应性，审查软件集成测试计划的合理性和完备性，审查数据库设计的完备性和一致性。并确定该阶段文档能否作为详细设计的依据，决定可否转入详细设计阶段。确认软件详细设计文档的内容符合软件编码的要求。对其中一般的技术问题主要通过会议和研讨进行，关键技术问题必须由设计方和建设方组织专家评审通过。评审的主要内容包括可追溯性、接口、风险、实用性、技术清晰度、可维护性等重要指标。

3）软件试运行(非上线)和测试监理

测试监理主要是指对承建单位的自测试方法、过程和结果进行评估性监理,并对第三方测试结论进行分析和评估,重复直至符合相关要求。通常测试是伴随着编码而同时进行的。广义上软件测试并非只在这个阶段才有,而是贯穿软件需求分析、概要设计、详细设计等阶段的。此处的测试,则指代码测试。在测试阶段,监理方依据测试原则对承建方的测试进行监督,在这个过程中监理方督促承建方尽早地和不断地进行软件测试,并检查测试用例的组成,检查测试用例的输入条件;充分注意测试中的群集现象;监督承建方严格执行测试计划,排除测试的随意性;并监督承建方对每一个测试结果做全面检查。

由于软件一般都是系统较多的软件,因此在完成了系统测试后还需要经过一段时间的试运行。系统试运行实际是测试的延续,检查系统的稳定性、适用性等。监理方在这个阶段的主要工作包括审核竣工文档资料的完整性、可读性及其与工程实际的一致性,审核操作系统、应用系统等软件配置与设计方案的符合性,检测验证系统功能性能与合同的符合性,检查人员培训计划落实情况,出具验收报告,帮助用户制定系统运行管理规章制度。

4）系统上线运行和用户(含操作管理者及用户)接受程度监理

在这个阶段,监理工作重点是确保承建方按照合同和业主要求及时高效地提供系统保障服务,保证业主对系统的接受程度。其主要内容包括督导承建方按照合同规定及时进行系统保障和维护,抽查系统维护的执行情况;对业主方提出的质量问题进行记录;督促承建方进行系统修复和维护;对承建方进行修复或升级维护的内容进行确认。

6.4.3 验收测试部分监理

1. 验收测试过程中的监理工作

监理单位在软件测试验收阶段主要检查承建方是否按照设计中制定的规范与计划进行测试。

1）软件测试监理的目标

(1)监督和控制承建方的软件测试过程,确保软件测试按照承建方的测试文档规范和业主的软件要求实施。

(2)软件测试反映出、记录着软件产品的真实情况。

(3)软件测试的各个阶段按计划步骤实施。

(4)对于软件测试反映出的问题能有效地按回归测试规范进行处理。

(5)最后得到符合软件任务书要求的软件产品集。

(6)软件测试的进度与计划保持一致。

2）软件测试的监理工作

(1)监督承建方将合适的软件测试工程方法和工具集成到项目定义的软件过程中。

(2)监督承建方依据项目定义的软件过程,对软件测试进行开发、维护、监理文档和验证,以满足软件测试计划要求。

(3)监督承建方依据项目定义的软件过程、计划和实施软件的确认测试。

(4)计划和实施软件系统测试,实施系统测试以保证软件满足软件要求。

(5)软件监理组跟踪和记录软件测试的结果。

2. 验收测试监理工作的重点、难点

监理方在验收测试工作中监理的重点、难点如下：

（1）定期审查软件测试的工程活动和工作进度。

（2）根据实际需要对软件测试工程活动进行跟踪、审查和评估。

（3）对软件测试工程活动和产品进行评审和审核，并报告结果，评审和审核包括：

① 软件测试工程任务的准备就绪和完成准则得到满足。

② 软件测试符合规定的标准和需求。

③ 已完成所需测试。

④ 检测出的问题和缺陷已建立文档，并被跟踪和处理。

⑤ 通过软件测试，软件产品符合软件需求的要求。

⑥ 在软件产品提交前，依据软件基线验证来管理和维护软件的文档。

注：按国家相应行业规范，测试方案通常是由承建方在工程阶段生成并提交建设方、监理方审查确认，建设方、监理方对其方案的科学性、完整性等进行严格检查，并将不准确部分按要求进行修改，直到符合要求，如实际工程中遇到争议性问题，由建设方、承建方和监理方共同选取第三方测试机构进行认证测试。第三方通常为专业测试机构，如软件评测机构、网络系统测试机构等。监理方与第三方测试机构共同进行验收测试，并出具验收报告。

6.4.4　培训部分监理

1. 培训过程中的监理工作

1）项目前期招投标阶段

监理方提供相应咨询服务，帮助承建单位细化培训需求，以满足系统正常运行和管理需要。

2）培训准备阶段

监督承建单位制定培训计划，并参照职业培训教育关键步骤审核培训计划的可操作性，主要有以下几个方面：

（1）培训对象，包括对培训人员的要求、参加培训的人数。

（2）培训环境，包括时间、地点、培训所用设备。

（3）培训内容，包括培训科目是否达到培训需求标准。

（4）培训方式，一般培训方式有远程、集中、现场等方式，其中软件开发、系统集成过程中的现场培训不能作为正式培训计算。承建单位计划中的培训方式应当明确并切合实际。

（5）培训师资，审核师资是否具备资格，投入的师资力量是否足够等。

3）培训实施阶段

该阶段的主要工作是监督技术培训计划的实施，对培训教材和师资进行评估，以及及时将培训计划执行情况和效果通报给建设单位。

4）培训阶段的效果检验

通过评审考核方式并监督执行来检验培训效果。

2. 培训监理工作的重点、难点

监理方在培训监理过程中的重点、难点如下：

1）培训方式的监理

对于培训方式的监理,监理方工作重点在于综合实际情况为建设单位提供培训方式选择的咨询,并在现场通过考察现场培训效果,对于培训效果不佳的,监理方将督促承建单位对培训方式进行整改,以获得优化的培训效果。

2）培训师资的监理

监理方在培训师资的监理工作中,重点在于审核培训师资的资质,监督人员到场情况。

3）培训内容的监理

在培训监理方面,监理方工作的难点在于对培训内容的监理。由于接受培训的人员素质参差不齐,接受培训的内容也不一致,故而监理方应当严格审核承建单位提交的培训计划,分析内容是否达到分级、分层、分类的要求,是否紧扣系统培训工作的目的要求。

6.4.5 实际监理过程描述

建设方与承建方签订合同的时间为 2007 年 1 月 23 日,按照合同第一条工期要求,"项目完工期为合同签订起 180 天",因此本次工程应该在 2007 年 7 月 23 日竣工。

工程在 2007 年 3 月 12 日正式开工,主要进行需求调研、设计开发、系统测试、数据库的安装配置、应用程序服务器的安装配置、客户端软件的安装配置、系统初始化及调试等工作,承建方于 9 月 30 日完成合同中的所有软件的安装工作,其中,一部分客户端无法集成 AAA,并且涉及文档在线编辑的所有功能模块无法在 AAA 环境下正常运行。承建方与国家科委就 AAA 的问题进行多次协商,在多方努力下解决了 AAA 集成的问题,并于 11 月 19 日至 11 月 31 日完成了对国家科委及区县系统的升级调试。

该工程实际上已经延期,监理方已要求承建方提交工程延期说明,在经过与甲方协商后,同意工程延期。

对于需求调研过程中形成的《需求分析说明书》,监理方要求承建方提交需求确认书,并由三方签字确认,要求三方务必完整理解《需求分析说明书》中的内容。

对于软件设计开发和系统集成等过程中出现的问题,监理方要求承建方及时解决,并提交问题及 bug 清单存档,以备以后查阅。

工程进展情况、工程中出现的问题以及遗留问题等都会在工程监理日志中体现出来,并且监理方还定期地向建设方提交监理周报和监理月报,让建设方对工程进展情况有清楚的了解。

应用系统项目内容实施完毕以后,承建方进入验收资料准备阶段,并对系统进行了多次自测。在自测的基础上,由建设方、承建方以及监理方组成的验收测试小组对系统进行了功能测试,以确认各项功能的完备性和正确性。

在培训过程中,监理方对项目实施现场的培训以及集中培训的执行情况进行了监理,培训内容有系统软件功能介绍、各软件模块的操作与使用方法、系统日常维护方法、基本故障诊断与排错,其目的是为了使用户能够更好地理解和使用各软件功能模块。另外,监理方还要求承建方提交了培训人员签到表作为工程资料存档。

为保证系统可靠运行,以及 D 市无线电监测站长期发展的需要,D 市软件评测中心受承建方委托,于 2008 年 12 月 11 日至 2008 年 12 月 17 日对系统在功能度、可靠性、易用性、安全性、兼容性、可维护性、资源占用率、可移植性、用户文档、技术合同等 10 个方面进行了测试,并于 2008 年 12 月 12 日至 2008 年 12 月 15 日对系统进行了性能测试,最终形成功能测试报告和性能测试报告。

经监理方审查,承建方在项目的系统开发、人员培训等方面已基本完成建设任务;在系统维护、故障处理等方面达到了合同要求;在质量、成本等方面达到了项目建设的预期主体目标;并且验收所需相关文档、资料已准备齐全。因此,应用系统项目在 2009 年 1 月 15 日顺利通过了专家组的最终验收。

附录1 信息产业部《信息系统工程监理暂行规定》

（信部信【2002】570号）

第一章 总则

第一条 为推进国民经济和社会信息化建设,确保信息系统工程的安全和质量,规范信息系统工程监理行为,依据国家有关规定,制定本规定。

第二条 在中华人民共和国境内从事信息系统工程监理活动,必须遵守本规定。

第三条 本规定所称信息系统工程是指信息化工程建设中的信息网络系统、信息资源系统和信息应用系统的新建、升级、改造工程。

（一）信息网络系统是指以信息技术为主要手段建立的信息处理、传输、交换和分发的计算机网络系统。

（二）信息资源系统是指以信息技术为主要手段建立的信息资源采集、存储、处理的资源系统。

（三）信息应用系统是指以信息技术为主要手段建立的各类业务管理的应用系统。

第四条 本规定所称信息系统工程监理是指依法设立且具备相应资质的信息系统工程监理单位(以下简称监理单位),受业主单位委托,依据国家有关法律法规、技术标准和信息系统工程监理合同,对信息系统工程项目实施的监督管理。

第五条 本规定所称监理单位是指具有独立企业法人资格,并具备规定数量的监理工程师和注册资金、必要的软硬件设备、完善的管理制度和质量保证体系、固定的工作场所和相关的监理工作业绩,取得信息产业部颁发的《信息系统工程监理资质证书》,从事信息系统工程监理业务的单位。

监理单位资质分为甲、乙、丙三级。

第二章 主管部门及其职责

第六条 信息产业部负责全国信息系统工程监理的管理工作,其主要职责是:

（一）制定、发布信息系统工程监理法规,并监督实施;

（二）审批及管理甲级、乙级信息系统工程监理单位资质;

（三）负责信息系统监理工程师的资格管理;

（四）监督并指导全国信息系统工程监理工作。

第七条 省、自治区、直辖市信息产业主管部门负责本行政区域内信息系统工程监理的管理工作,其主要职责是:

（一）执行国家信息系统工程监理法规和行政规章;

（二）审批及管理本行政区域内丙级信息系统工程监理单位资质,初审本行政区域内甲级、乙级信息系统工程监理单位;

（三）负责本行政区域内信息系统工程监理工程师的管理工作;

（四）监督本行政区域内的信息系统工程监理工作。

第三章　监理范围和监理内容

第八条　下列信息系统工程应当实施监理：

（一）国家级、省部级、地市级的信息系统工程；

（二）使用国家政策性银行或者国有商业银行贷款，规定需要实施监理的信息系统工程；

（三）使用国家财政性资金的信息系统工程；

（四）涉及国家安全、生产安全的信息系统工程；

（五）国家法律、法规规定应当实施监理的其他信息系统工程。

第九条　监理的主要内容是对信息系统工程的质量、进度和投资进行监督，对项目合同和文档资料进行管理，协调有关单位间的工作关系。

第四章　监理活动

第十条　从事信息系统工程监理活动，应当遵循守法、公平、公正、独立的原则。

第十一条　信息系统工程监理业务可以由业主单位直接委托监理单位承担，也可以采用招标方式选择监理单位。

第十二条　监理单位承担信息系统监理业务，应当与业主单位签订监理合同，合同内容包括：

（一）监理业务内容；

（二）双方的权利和义务；

（三）监理费用的计取和支付方式；

（四）违约责任及争议的解决办法；

（五）双方约定的其他事项。

第十三条　监理费用计取标准应当结合信息系统工程监理的特点，由双方协商确定。

第十四条　信息系统工程实行总监理工程师负责制。总监理工程师行使合同赋予监理单位的权限，全面负责受委托的监理工作。

第十五条　信息系统工程监理按下列程序进行：

（一）组建信息系统工程监理机构，监理机构由总监理工程师、监理工程师和其他监理人员组成；

（二）编制监理计划，并与业主单位协商确认；

（三）编制工程阶段监理细则；

（四）实施监理；

（五）参与工程验收并签署监理意见；

（六）监理业务完成后，向业主单位提交最终监理档案资料。

第十六条　实施监理前，业主单位应将所委托的监理单位、监理机构、监理内容书面通知承建单位。

承建单位应当提供必要的资料，为监理工作的开展提供方便。

第十七条　监理活动中产生的争议，应当依据监理合同相关条款协商解决，或者依法进行仲裁，或者依法提起诉讼。

第五章 监理单位和监理工程师

第十八条 监理单位的权利和义务：

（一）应按照"守法、公平、公正、独立"的原则，开展信息系统工程监理工作，维护业主单位与承建单位的合法权益；

（二）按照监理合同取得监理收入；

（三）不得承包信息系统工程；

（四）不得与被监理项目的承建单位存在隶属关系和利益关系，不得作为其投资者或合伙经营者；

（五）不得以任何形式侵害业主单位和承建单位的知识产权；

（六）在监理过程中因违犯国家法律、法规，造成重大质量、安全事故的，应承担相应的经济责任和法律责任。

第十九条 信息系统工程监理工程师应当是经培训考试合格、并取得《信息系统工程监理工程师资格证书》的专业技术人员。

第二十条 监理工程师的权利和义务：

（一）根据监理合同独立执行工程监理业务；

（二）保守承建单位的技术秘密和商业秘密；

（三）不得同时从事与被监理项目相关的技术和业务活动。

第六章 附则

第二十一条 信息系统工程监理单位资质管理办法和信息系统工程监理工程师资格管理办法另行制定。

第二十二条 本规定自 2002 年 12 月 15 日起实施。

附录 2 《信息系统工程监理单位资质管理办法》

（信部信【2003】142 号）

第一章　总则

第一条　为了实施信息系统工程监理单位资质的管理,依据《信息系统工程监理暂行规定》,制定本办法。

第二条　本办法适用于《信息系统工程监理暂行规定》第五条所指的信息系统工程监理单位(以下简称监理单位)。

第三条　监理单位资质管理工作,由信息产业部计算机信息系统集成资质认证工作办公室具体组织实施。

第二章　资质等级条件

第四条　监理单位资质各相应等级基本条件如下:

(一)甲级

1. 监理工程师不少于 30 名。

2. 注册资金不少于 500 万元。

3. 财务状况良好。

4. 有固定的工作场所和必要的软硬件设备。

5. 有完善的单位管理制度,有通过认证的质量管理体系,并能有效实施。

6. 有良好的监理信誉。

7. 申请时前三年完成过 12 个以上信息系统工程项目的监理(其中至少有 1 个 5000 万元以上或者 6 个 1000 万元以上项目)。

(二)乙级

1. 监理工程师不少于 15 名。

2. 注册资金不少于 300 万元。

3. 财务状况良好。

4. 有固定的工作场所和必要的软硬件设备。

5. 有完善的单位管理制度,有完备的质量管理体系,并能有效实施。

6. 有良好的监理信誉。

7. 申请时前三年完成过 9 个以上信息系统工程项目的监理(其中至少有 2 个 1000 万元以上或者 5 个 400 万元以上项目)。

(三)丙级

1. 监理工程师不少于 6 名。

2. 注册资金不少于 100 万元。

3. 财务状况良好。

4. 有固定的工作场所和必要的软硬件设备。

5. 有完善的单位管理制度,有较完备的质量管理体系,并能有效实施。

6. 有良好的监理信誉。

7. 申请时前三年完成过 6 个以上信息系统工程项目的监理(其中至少有 2 个 300 万元以上或者 4 个 150 万元以上项目)。

第三章 资质申请、评审和审批

第五条 资质评定按照评审和审批分离的原则进行。申请单位应先经信息产业主管部门授权的评审机构评审,再按程序提出申请,由信息产业主管部门按规定权限审批。

第六条 信息产业部授权的评审机构可以受理申请甲级、乙级、丙级资质的评审。

省、自治区、直辖市(以下简称省市)信息产业主管部门授权的评审机构可以受理所在行政区域内申请丙级资质的评审。没有设置评审机构的可以委托信息产业部授权的或其他省市授权的评审机构评审。

第七条 申请评审时,申请单位应提交下列申请资料:

(一)《信息系统工程监理单位资质申请表》(表式附后)。

(二)单位营业执照副本。

(三)本单位监理工程师资格证书。

(四)需要出具的其他有关证明、资料。

第八条 评审机构按下列程序进行评审:

(一)对申请单位提交的申请资料进行审查。

(二)对申请单位进行现场审查。

(三)出具评审报告,签署评审意见。

第九条 经评审合格后,申请单位向信息产业主管部门提出资质申请。其中:

甲级、乙级资质申请,由所在省市信息产业主管部门初审,报信息产业部审批。

丙级资质申请,由所在省市信息产业主管部门审批,报信息产业部备案。

第十条 申请资质时,申请单位应提交下列资料:

(一)申请资料。

(二)评审机构出具的评审报告。

第十一条 获得监理资质的单位,由信息产业部统一颁发《信息系统工程监理资质证书》。《信息系统工程监理资质证书》由信息产业部统一印制。

第四章 资质管理

第十二条 各等级监理单位监理相应投资规模的信息系统工程。

甲级:不受投资规模限制。

乙级:投资规模 1500 万元以下。

丙级:投资规模 500 万元以下。

第十三条 《信息系统工程监理资质证书》有效期为四年,届满四年更换新证。超过有效期 30 天不更换的,视为自动放弃资质,原资质证书予以注销。

第十四条 信息系统工程监理资质实行年检制度。甲级、乙级资质由信息产业部负责年检;丙级资质由省市信息产业主管部门负责年检,并将结果报信息产业部备案。

第十五条 年检内容包括:监理单位的法人代表、人员状况、经营业绩、财务状况、管理制度等。

第十六条 年检不合格的监理单位,按照年检要求限期整改,逾期达不到要求的,视情节轻重给予降低资质等级直至取消资质的处分。

第十七条 丙级和乙级监理单位在获得资质两年后可向评审机构提出升级申请,资质升级按照本办法第三章规定进行。

第十八条 监理单位变更法人代表或技术负责人以及因分立、合并、歇业、破产或其他原因终止业务的,应当在其发生上述各种情况取得具有法律性的文件后30日内向信息产业部报告并办理有关手续。

第十九条 监理单位不得伪造、转让、出卖《信息系统工程监理资质证书》;不得转让或越级承接监理业务。对违反本条规定的,视情节轻重分别给予责令改正、停业整顿、降低资质等级、取消资质的处分。

第五章　附则

第二十条 本办法由信息产业部负责解释。

第二十一条 本办法自2003年4月1日起实施。

附录3 信息系统工程监理工程师资格管理办法

(信部信【2003】142号)

第一章 总则

第一条 为了实施信息系统工程监理工程师资格的管理,依据《信息系统工程监理暂行规定》,制定本办法。

第二条 本办法所称信息系统工程监理工程师(以下简称监理工程师)是指经信息产业部批准、取得《信息系统工程监理工程师资格证书》并经登记备案、从事信息系统工程监理的专业技术人员。

第三条 监理工程师资格管理工作,由信息产业部计算机信息系统集成资质认证工作办公室(以下简称部资质管理办公室)具体组织实施。

第二章 资格取得

第四条 申请监理工程师资格应当具备以下基本条件:

(一)具有大学本科学历、二年以上从事信息系统工程设计、实施、监理工作经历;或者具有大专学历、四年以上从事信息系统工程设计、实施、监理工作经历;

(二)经过培训,取得培训结业证书;

(三)经过监理工程师资格考试合格。

第五条 培训。申请监理工程师资格须经过信息产业部指定的培训机构培训,并取得培训结业证书。参加培训时,需提供下列申请资料:

(一)学历证明;

(二)工作经历和业绩证明。

第六条 考试。取得监理工程师培训结业证书者可申请参加信息产业部统一组织的监理工程师资格考试。

第七条 审批。考试合格后,填写《信息系统工程监理工程师资格申请表》(表式附后),经部资质管理办公室审核,由信息产业部批准,颁发《信息系统工程监理工程师资格证书》。《信息系统工程监理工程师资格证书》由信息产业部统一印制。

第三章 资格管理

第八条 监理工程师资格实行登记制度。信息产业部负责登记管理,省市信息产业主管部门负责本行政区域内登记。

第九条 取得《信息系统工程监理工程师资格证书》者,须在一年内向所在地方登记机构登记。经登记后方可从事信息系统工程监理业务。登记手续由聘用单位统一办理。

第十条 申请登记者,应当具备下列条件:

(一)取得《信息系统工程监理工程师资格证书》;

(二)遵纪守法,遵守监理工程师职业道德;

（三）身体健康,能胜任监理工程师工作;

（四）所在单位同意。

第十一条　批准登记后,由登记机构在《信息系统工程监理工程师资格证书》中的登记栏内加盖登记专用印章,并报信息产业部备案。

第十二条　监理工程师变更工作单位应及时办理变更登记手续。

第十三条　监理工程师登记有效期为三年,有效期届满,应当向原登记机构重新办理登记手续。超过有效期60天不登记,原登记失效。重新登记时,除符合第十条规定条件外,还须有参加继续教育的证明。

第十四条　监理工程师出现下列情况之一,原聘用单位应当在60天内向登记机构办理注销登记手续:

（一）死亡或被宣告失踪;

（二）受刑事处分;

（三）受取消监理工程师资格处分;

（四）被聘用单位解聘;

（五）因其他原因已不适合做监理工作。

注销登记后,由登记机构向信息产业部备案。

第十五条　监理工程师有下列行为,视情节轻重分别给予通报批评、撤销登记、吊销《信息系统工程监理工程师资格证书》的处分:

（一）未经登记,从事信息系统工程监理业务;

（二）以不正当手段取得资格证书;

（三）以个人名义承揽监理业务;

（四）因个人过错造成严重经济损失。

第四章　附则

第十六条　本办法由信息产业部负责解释。

第十七条　本办法自2003年4月1日起实施。

附录4 建设工程监理规范

（GB 50319—2000）

1 总则

1.0.1 为了提高建设工程监理水平,规范建设工程监理行为,编制本规范。

1.0.2 本规范适用于新建、扩建、改建建设工程施工、设备采购和制造的监理工作。

1.0.3 实施建设工程监理前,监理单位必须与建设单位签订书面建设工程委托监理合同,合同中应包括监理单位对建设工程质量、造价、进度进行全面控制和管理的条款。建设单位与承包单位之间与建设工程合同有关的联系活动应通过监理单位进行。

1.0.4 建设工程监理应实行总监理工程师负责制。

1.0.5 监理单位应公正、独立、自主地开展监理工作,维护建设单位和承包单位的合法权益。

1.0.6 建设工程监理除应符合本规范外,还应符合国家现行的有关强制性标准、规范的规定。

2 术语

项目监理机构 监理单位派驻工程项目负责履行委托监理合同的组织机构。

监理工程师 取得国家监理工程师执业资格证书并经注册的监理人员。

总监理工程师 由监理单位法定代表人书面授权,全面负责委托监理合同的履行、主持项目监理机构工作的监理工程师。

总监理工程师代表 经监理单位法定代表人同意,由总监理工程师书面授权,代表总监理工程师行使其部分职责和权力的项目监理机构中的监理工程师。

专业监理工程师 根据项目监理岗位职责分工和总监理工程师的指令,负责实施某一专业或某一方面的监理工作,具有相应监理文件签发权的监理工程师。

监理员 经过监理业务培训,具有同类工程相关专业知识,从事具体监理工作的监理人员。

监理规划 在总监理工程师的主持下编制、经监理单位技术负责人批准,用来指导项目监理机构全面开展监理工作的指导性文件。

监理实施细则 根据监理规划,由专业监理工程师编写,并经总监理工程师批准,针对工程项目中某一专业或某一方面监理工作的操作性文件。

工地例会 由项目监理机构主持的,在工程实施过程中针对工程质量、造价、进度、合同管理等事宜定期召开的、由有关单位参加的会议。

工程变更 在工程项目实施过程中,按照合同约定的程序对部分或全部工程在材料、工艺、功能、构造、尺寸、技术指标、工程数量及施工方法等方面做出的改变。

工程计量 根据设计文件及承包合同中关于工程量计算的规定,项目监理机构对承包单位申报的已完成工程的工程量进行的核验。

见证　由监理人员现场监督某工序全过程完成情况的活动。

旁站　在关键部位或关键工序施工过程中,由监理人员在现场进行的监督活动。

巡视　监理人员对正在施工的部位或工序在现场进行的定期或不定期的监督活动。

平行检验　项目监理机构利用一定的检查或检测手段,在承包单位自检的基础上,按照一定的比例独立进行检查或检测的活动。

设备监造　监理单位依据委托监理合同和设备订货合同对设备制造过程进行的监督活动。

费用索赔　根据承包合同的约定,合同一方因另一方原因造成本方经济损失,通过监理工程师向对方索取费用的活动。

临时延期批准　当发生非承包单位原因造成的持续性影响工期的事件,总监理工程师所做出暂时延长合同工期的批准。

延期批准　当发生非承包单位原因造成的持续性影响工期事件,总监理工程师所做出的最终延长合同工期的批准。

3　项目监理机构及其设施

3.1　项目监理机构

3.1.1　监理单位履行施工阶段的委托监理合同时,必须在施工现场建立项目监理机构。项目监理机构在完成委托监理合同约定的监理工作后可撤离施工现场。

3.1.2　项目监理机构的组织形式和规模,应根据委托监理合同规定的服务内容、服务期限、工程类别、规模、技术复杂程度、工程环境等因素确定。

3.1.3　监理人员应包括总监理工程师、专业监理工程师和监理员,必要时可配备总监理工程师代表。

总监理工程师应由具有三年以上同类工程监理工作经验的人员担任;总监理工程师代表应由具有二年以上同类工程监理工作经验的人员担任;专业监理工程师应由具有一年以上同类工程监理工作经验的人员担任。

项目监理机构的监理人员应专业配套、数量满足工程项目监理工作的需要。

3.1.4　监理单位应于委托监理合同签订后十天内将项目监理机构的组织形式、人员构成及对总监理工程师的任命书面通知建设单位。当总监理工程师需要调整时,监理单位应征得建设单位同意并书面通知建设单位;当专业监理工程师需要调整时,总监理工程师应书面通知建设单位和承包单位。

3.2　监理人员的职责

3.2.1　一名总监理工程师只宜担任一项委托监理合同的项目总监理工程师工作。当需要同时担任多项委托监理合同的项目总监理工程师工作时,须经建设单位同意,且最多不得超过三项。

3.2.2　总监理工程师应履行以下职责:

1. 确定项目监理机构人员的分工和岗位职责。

2. 主持编写项目监理规划、审批项目监理实施细则,并负责管理项目监理机构的日常工作。

3. 审查分包单位的资质,并提出审查意见。

4．检查和监督监理人员的工作，根据工程项目的进展情况可进行监理人员调配，对不称职的监理人员应调换其工作。

5．主持监理工作会议，签发项目监理机构的文件和指令。

6．审定承包单位提交的开工报告、施工组织设计、技术方案、进度计划。

7．审核签署承包单位的申请、支付证书和竣工结算。

8．审查和处理工程变更。

9．主持或参与工程质量事故的调查。

10．调解建设单位与承包单位的合同争议、处理索赔、审批工程延期。

11．组织编写并签发监理月报、监理工作阶段报告、专题报告和项目监理工作总结。

12．审核签认分部工程和单位工程的质量检验评定资料，审查承包单位的竣工申请，组织监理人员对待验收的工程项目进行质量检查，参与工程项目的竣工验收。

13．主持整理工程项目的监理资料。

3.2.3 总监理工程师代表应履行以下职责：

1．负责总监理工程师指定或交办的监理工作。

2．按总监理工程师的授权，行使监理工程师的部份职责和权力。

3.2.4 总监理工程师不得将下列工作委托总监理工程师代表：

1．主持编写项目监理规划、审批项目监理实施细则。

2．签发工程开工/复工报审表、工程暂停令、工程款支付证书、工程竣工报验单。

工程开工/复工报审表应符合附录 A1 表的格式；工程暂停令应符合附录 B2 表的格式；工程款支付证书应符合附录 B3 表的格式；工程竣工报验单应符合附录 A10 表的格式。

3．审核签认竣工结算。

4．调解建设单位与承包单位的合同争议、处理索赔、审批工程延期。

5．根据工程项目的进展情况进行监理人员的调配，调换不称职的监理人员。

3.2.5 专业监理工程师应履行以下职责：

1．负责编制本专业的监理实施细则。

2．负责本专业监理工作的具体实施。

3．组织、指导、检查和监督本专业监理员的工作，当人员需要调整时，向总监理工程帅提出建议。

4．审查承包单位提交的涉及本专业的计划、方案、申请、变更，并向总监理工程帅提出报告。

5．负责本专业分项工程验收及隐蔽工程验收。

6．定期向总监理工程师提交本专业监理工作实施情况报告，对重大问题及时向总监理工程师汇报和请示。

7．根据本专业监理工作实施情况做好监理日记。

8．负责本专业监理资料的收集、汇总及整理，参与编写监理月报。

9．核查进场材料、设备、构配件的原始凭证、检测报告等质量证明文件及其质量情况，根据实际情况认为有必要时对进场材料、设备、构配件进行平行检验，合格时予以签认。

10. 负责本专业的工程计量工作,审核工程计量的数据和原始凭证。

3.2.6 监理员应履行以下职责:

1. 在专业监理工程师的指导下开展现场监理工作。

2. 检查承包单位投入工程项目的人力、材料、主要设备及其使用、运行状况,并做好检查记录。

3. 复核或从施工现场直接获取工程计量的有关数据并签署原始凭证。

4. 按设计图及有关标准,对承包单位的工艺过程或施工工序进行检查和记录,对加工制作及工序施工质量检查结果进行记录。

5. 担任旁站工作,发现问题及时指出并向专业监理工程师报告。

6. 做好监理日记和有关的监理记录。

3.3 监理设施

3.3.1 建设单位应提供委托监理合同约定的满足监理工作需要的办公、交通、通信、生活设施。项目监理机构应妥善保管和使用建设单位提供的设施,并应在完成监理工作后移交建设单位。

3.3.2 项目监理机构应根据工程项目类别、规模、技术复杂程度、工程项目所在地的环境条件,按委托监理合同的约定,配备满足监理工作需要的常规检测设备和工具。

3.3.3 在大中型项目的监理工作中,项目监理机构应实施监理工作的计算机辅助管理。

4 监理规划及监理实施细则

4.1 监理规划

4.1.1 监理规划的编制应针对项目的实际情况,明确项目监理机构的工作目标,确定具体的监理工作制度、程序、方法和措施,并应具有可操作性。

4.1.2 监理规划编制的程序与依据应符合下列规定:

1. 监理规划应在签订委托监理合同及收到设计文件后开始编制,完成后必须经监理单位技术负责人审核批准,并应在召开第一次工地会议前报送建设单位。

2. 监理规划应由总监理工程师主持、专业监理工程师参加编制。

3. 编制监理规划应依据:建设工程的相关法律、法规及项目审批文件;与建设工程项目有关的标准、设计文件、技术资料;监理大纲、委托监理合同文件以及与建设工程项目相关的合同文件。

4.1.3 监理规划应包括以下主要内容:

1. 工程项目概况;

2. 监理工作范围;

3. 监理工作内容;

4. 监理工作目标;

5. 监理工作依据;

6. 项目监理机构的组织形式;

7. 项目监理机构的人员配备计划;

8. 项目监理机构的人员岗位职责;

9. 监理工作程序;

10. 监理工作方法及措施;

11. 监理工作制度;

12. 监理设施。

4.1.4 在监理工作实施过程中,如实际情况或条件发生重大变化而需要调整监理规划时,应由总监理工程师组织专业监理工程师研究修改,按原报审程序经过批准后报建设单位。

4.2 监理实施细则

4.2.1 对中型及以上或专业性较强的工程项目,项目监理机构应编制监理实施细则。监理实施细则应符合监理规划的要求,并应结合工程项目的专业特点,做到详细具体、具有可操作性。

4.2.2 监理实施细则的编制程序与依据应符合下列规定:

1. 监理实施细则应在相应工程施工开始前编制完成,并必须经总监理工程师批准;

2. 监理实施细则应由专业监理工程师编制;

3. 编制监理实施细则的依据:已批准的监理规划;与专业工程相关的标准、设计文件和技术资料;施工组织设计。

4.2.3 监理实施细则应包括下列主要内容:

1. 专业工程的特点;

2. 监理工作的流程;

3. 监理工作的控制要点及目标值;

4. 监理工作的方法及措施。

4.2.4 在监理工作实施过程中,监理实施细则应根据实际情况进行补充、修改和完善。

5 施工阶段的监理工作

5.1 制定监理工作程序的一般规定

5.1.1 制定监理工作总程序应根据专业工程特点,并按工作内容分别制定具体的监理工作程序。

5.1.2 制定监理工作程序应体现事前控制和主动控制的要求。

5.1.3 制定监理工作程序应结合工程项目的特点,注重监理工作的效果。监理工作程序中应明确工作内容、行为主体、考核标准、工作时限。

5.1.4 当涉及到建设单位和承包单位的工作时,监理工作程序应符合委托监理合同和施工合同的规定。

5.1.5 在监理工作实施过程中,应根据实际情况的变化对监理工作程序进行调整和完善。

5.2 施工准备阶段的监理工作

5.2.1 在设计交底前,总监理工程师应组织监理人员熟悉设计文件,并对图纸中存在的问题通过建设单位向设计单位提出书面意见和建议。

5.2.2 项目监理人员应参加由建设单位组织的设计技术交底会,总监理工程师应对设计技术交底会议纪要进行签认。

5.2.3 工程项目开工前,总监理工程师应组织专业监理工程师审查承包单位报送的施工组织设计（方案）报审表,提出审查意见,并经总监理工程师审核、签认后报建设单位。施工组织设计（方案）报审表应符合附录 A2 表的格式。

5.2.4 工程项目开工前,总监理工程师应审查承包单位现场项目管理机构的质量管理体系、技术管理体系和质量保证体系,确能保证工程项目施工质量时予以确认。对质量管理体系、技术管理体系和质量保证体系应审核以下内容:

1. 质量管理、技术管理和质量保证的组织机构。

2. 质量管理、技术管理制度。

3. 专职管理人员和特种作业人员的资格证、上岗证。

5.2.5 分包工程开工前,专业监理工程师应审查承包单位报送的分包单位资格报审表和分包单位有关资质资料,符合有关规定后,由总监理工程师予以签认。分包单位资格报审表应符合附录 A3 表的格式。

5.2.6 对分包单位资格应审核以下内容:

1. 分包单位的营业执照、企业资质等级证书、特殊行业施工许可证、国外（境外）企业在国内承包工程许可证。

2. 分包单位的业绩。

3. 拟分包工程的内容和范围。

4. 专职管理人员和特种作业人员的资格证、上岗证。

5.2.7 专业监理工程师应按以下要求对承包单位报送的测量放线控制成果及保护措施进行检查,符合要求时,专业监理工程师对承包单位报送的施工测量成果报验申请表予以签认:

1. 检查承包单位专职测量人员的岗位证书及测量设备检定证书;

2. 复核控制桩的校核成果、控制桩的保护措施以及平面控制网、高程控制网和临时水准点的测量成果。

施工测量成果报验申请表应符合附录 A4 表的格式。

5.2.8 专业监理工程师应审查承包单位报送的工程开工报审表及相关资料,具备以下开工条件时,由总监理工程师签发,并报建设单位:

1. 施工许可证已获政府主管部门批准;

2. 征地拆迁工作能满足工程进度的需要;

3. 施工组织设计已获总监理工程师批准;

4. 承包单位现场管理人员已到位,机具、施工人员已进场,主要工程材料已落实;

5. 进场道路及水、电、通信等已满足开工要求。

5.2.9 工程项目开工前,监理人员应参加由建设单位主持召开的第一次工地会议。

5.2.10 第一次工地会议应包括以下主要内容:

1. 建设单位、承包单位和监理单位分别介绍各自驻现场的组织机构、人员及其分工;

2. 建设单位根据委托监理合同宣布对总监理工程师的授权;

3. 建设单位介绍工程开工准备情况;

4. 承包单位介绍施工准备情况;

5. 建设单位和总监理工程师对施工准备情况提出意见和要求;

6. 总监理工程师介绍监理规划的主要内容;

7. 研究确定各方在施工过程中参加工地例会的主要人员,召开工地例会周期、地点及主要议题。

5.2.11 第一次工地会议纪要应由项目监理机构负责起草,并经与会各方代表会签。

5.3 工地例会

5.3.1 在施工过程中,总监理工程师应定期主持召开工地例会。会议纪要应由项目监理机构负责起草,并经与会各方代表会签。

5.3.2 工地例会应包括以下主要内容:

1. 检查上次例会议定事项的落实情况,分析未完事项原因;

2. 检查分析工程项目进度计划完成情况,提出下一阶段进度目标及其落实措施;

3. 检查分析工程项目质量状况,针对存在的质量问题提出改进措施;

4. 检查工程量核定及工程款支付情况;

5. 解决需要协调的有关事项;

6. 其他有关事宜。

5.3.3 总监理工程师或专业监理工程师应根据需要及时组织专题会议,解决施工过程中的各种专项问题。

5.4 工程质量控制工作

5.4.1 在施工过程中,当承包单位对已批准的施工组织设计进行调整、补充或变动时,应经专业监理工程师审查,并应由总监理工程师签认。

5.4.2 专业监理工程师应要求承包单位报送重点部位、关键工序的施工工艺和确保工程质量的措施,审核同意后予以签认。

5.4.3 当承包单位采用新材料、新工艺、新技术、新设备时,专业监理工程师应要求承包单位报送相应的施工工艺措施和证明材料,组织专题论证,经审定后予以签认。

5.4.4 项目监理机构应对承包单位在施工过程中报送的施工测量放线成果进行复验和确认。

5.4.5 专业监理工程师应从以下五个方面对承包单位的试验室进行考核:

1. 试验室的资质等级及其试验范围。

2. 法定计量部门对试验设备出具的计量检定证明。

3. 试验室的管理制度。

4. 试验人员的资格证书。

5. 本工程的试验项目及其要求。

5.4.6 专业监理工程师应对承包单位报送的拟进场工程材料、构配件和设备的工程材料/构配件/设备报审表及其质量证明资料进行审核,并对进场的实物按照委托监理合同约定或有关工程质量管理文件规定的比例采用平行检验或见证取样方式进行抽检。

对未经监理人员验收或验收不合格的工程材料、构配件、设备,监理人员应拒绝签认,并应签发监理工程师通知单,书面通知承包单位限期将不合格的工程材料、构配件、设备撤出现场。

工程材料/构配件/设备报审表应符合附录 A9 表的格式;监理工程师通知单应符合附录 B1 表的格式。

5.4.7 项目监理机构应定期检查承包单位的直接影响工程质量的计量设备的技术状况。

5.4.8 总监理工程师应安排监理人员对施工过程进行巡视和检查。对隐蔽工程的隐蔽过程、下道工序施工完成后难以检查的重点部位,专业监理工程师应安排监理员进行旁站。

5.4.9 专业监理工程师应根据承包单位报送的隐蔽工程报验申请表和自检结果进行现场检查,符合要求后予以签认。

对未经监理人员验收或验收不合格的工序,监理人员应拒绝签认,并要求承包单位严禁进行下一道工序的施工。

隐蔽工程报验申请表应符合附录 A4 表的格式。

5.4.10 专业监理工程师应对承包单位报送的分项工程质量验评资料进行审核,符合要求后予以签认;总监理工程师应组织监理人员对承包单位报送的分部工程和单位工程质量验评资料进行审核和现场检查,符合要求后予以签认。

5.4.11 对施工过程中出现的质量缺陷,专业监理工程师应及时下达监理工程师通知,要求承包单位整改,并检查整改结果。

5.4.12 监理人员发现施工存在重大质量隐患,可能造成质量事故或已经造成质量事故,应通过总监理工程师及时下达工程暂停令,要求承包单位停工整改。整改完毕并经监理人员复查,符合规定要求后,总监理工程师应及时签署工程复工报审表。总监理工程师下达工程暂停令和签署工程复工报审表,宜事先向建设单位报告。

5.4.13 对需要返工处理或加固补强的质量事故,总监理工程师应责令承包单位报送质量事故调查报告和经设计单位等相关单位认可的处理方案,项目监理机构应对质量事故的处理过程和处理结果进行跟踪检查和验收。

总监理工程师应及时向建设单位及本监理单位提交有关质量事故的书面报告,并应将完整的质量事故处理记录整理归档。

5.5 工程造价控制工作

5.5.1 项目监理机构应按下列程序进行工程计量和工程款支付工作:

1. 承包单位统计经专业监理工程师质量验收合格的工程量,按施工合同的约定填报工程量清单和工程款支付申请表。

工程款支付申请表应符合附录 A5 表的格式。

2. 专业监理工程师进行现场计量,按施工合同的约定审核工程量清单和工程款支付申请表,并报总监理工程师审定。

3. 总监理工程师签署工程款支付证书,并报建设单位。

5.5.2 项目监理机构应按下列程序进行竣工结算:

1. 承包单位按施工合同规定填报竣工结算报表。

2. 专业监理工程师审核承包单位报送的竣工结算报表。

3. 总监理工程师审定竣工结算报表,与建设单位、承包单位协商一致后,签发竣工结算文件和最终的工程款支付证书报建设单位。

5.5.3 项目监理机构应依据施工合同有关条款、施工图,对工程项目造价目标进行风险分析,并应制定防范性对策。

5.5.4　总监理工程师应从造价、项目的功能要求、质量和工期等方面审查工程变更的方案,并宜在工程变更实施前与建设单位、承包单位协商确定工程变更的价款。

5.5.5　项目监理机构应按施工合同约定的工程量计算规则和支付条款进行工程量计量和工程款支付。

5.5.6　专业监理工程师应及时建立月完成工程量和工作量统计表,对实际完成量与计划完成量进行比较、分析,制定调整措施,并应在监理月报中向建设单位报告。

5.5.7　专业监理工程师应及时收集、整理有关的施工和监理资料,为处理费用索赔提供证据。

5.5.8　项目监理机构应及时按施工合同的有关规定进行竣工结算,并应对竣工结算的价款总额与建设单位和承包单位进行协商。当无法协商一致时,应按本规范第6.5节的规定进行处理。

5.5.9　未经监理人员质量验收合格的工程量,或不符合施工合同规定的工程量,监理人员应拒绝计量和该部分的工程款支付申请。

5.6　工程进度控制工作

5.6.1　项目监理机构应按下列程序进行工程进度控制:

1. 总监理工程师审批承包单位报送的施工总进度计划。

2. 总监理工程师审批承包单位编制的年、季、月度施工进度计划。

3. 专业监理工程师对进度计划实施情况检查、分析。

4. 当实际进度符合计划进度时,应要求承包单位编制下一期进度计划;当实际进度滞后于计划进度时,专业监理工程师应书面通知承包单位采取纠.偏措施并监督实施。

5.6.2　专业监理工程师应依据施工合同有关条款、施工图及经过批准的施工组织设计制定进度控制方案,对进度目标进行风险分析,制定防范性对策,经总监理工程师审定后报送建设单位。

5.6.3　专业监理工程师应检查进度计划的实施,并记录实际进度及其相关情况,当发现实际进度滞后于计划进度时,应签发监理工程师通知单指令承包单位采取调整措施。当实际进度严重滞后于计划进度时应及时报总监理工程师,由总监理工程师与建设单位商定采取进一步措施。

5.6.4　总监理工程师应在监理月报中向建设单位报告工程进度和所采取进度控制措施的执行情况,并提出合理预防由建设单位原因导致的工程延期及其相关费用索赔的建议。

5.7　竣工验收

5.7.1　总监理工程师应组织专业监理工程师,依据有关法律、法规、工程建设强制性标准、设计文件及施工合同,对承包单位报送的竣工资料进行审查,并对工程质量进行竣工预验收。对存在的问题,应及时要求承包单位整改。整改完毕由总监理工程师签署工程竣工报验单,并应在此基础上提出工程质量评估报告。工程质量评估报告应经总监理工程师和监理单位技术负责人审核签字。

5.7.2　项目监理机构应参加由建设单位组织的竣工验收,并提供相关监理资料。对验收中提出的整改问题,项目监理机构应要求承包单位进行整改。工程质量符合要求,由总监理工程师会同参加验收的各方签署竣工验收报告。

5.8 工程质量保修期的监理工作

5.8.1 监理单位应依据委托监理合同约定的工程质量保修期监理工作的时间、范围和内容开展工作。

5.8.2 承担质量保修期监理工作时,监理单位应安排监理人员对建设单位提出的工程质量缺陷进行检查和记录,对承包单位进行修复的工程质量进行验收,合格后予以签认。

5.8.3 监理人员应对工程质量缺陷原因进行调查分析并确定责任归属,对非承包单位原因造成的工程质量缺陷,监理人员应核实修复工程的费用和签署工程款支付证书,并报建设单位。

6 施工合同管理的其他工作

6.1 工程暂停及复工

6.1.1 总监理工程师在签发工程暂停令时,应根据暂停工程的影响范围和影响程度,按照施工合同和委托监理合同的约定签发。

6.1.2 在发生下列情况之一时,总监理工程师可签发工程暂停令:

1. 建设单位要求暂停施工、且工程需要暂停施工。

2. 为了保证工程质量而需要进行停工处理。

3. 施工出现了安全隐患,总监理工程师认为有必要停工以消除隐患。

4. 发生了必须暂时停止施工的紧急事件。

5. 承包单位未经许可擅自施工,或拒绝项目监理机构管理。

6.1.3 总监理工程师在签发工程暂停令时,应根据停工原因的影响范围和影响程度,确定工程项目停工范围。

6.1.4 由于非承包单位且非6.1.2条中2、3、4、5款原因时,总监理工程师在签发工程暂停令之前,应就有关工期和费用等事宜与承包单位进行协商。

6.1.5 由于建设单位原因,或其他非承包单位原因导致工程暂停时,项目监理机构应如实记录所发生的实际情况。总监理工程师应在施工暂停原因消失,具备复工条件时,及时签署工程复工报审表,指令承包单位继续施工。

6.1.6 由于承包单位原因导致工程暂停,在具备恢复施工条件时,项目监理机构应审查承包单位报送的复工申请及有关材料,同意后由总监理工程师签署工程复工报审表,指令承包单位继续施工。

6.1.7 总监理工程师在签发工程暂停令到签发工程复工报审表之间的时间内,宜会同有关各方按照施工合同的约定,处理因工程暂停引起的与工期、费用等有关的问题。

6.2 工程变更的管理

6.2.1 项目监理机构应按下列程序处理工程变更:

1. 设计单位对原设计存在的缺陷提出的工程变更,应编制设计变更文件;建设单位或承包单位提出的工程变更,应提交总监理工程师,由总监理工程师组织专业监理工程师审查。审查同意后,应由建设单位转交原设计单位编制设计变更文件。当工程变更涉及安全、环保等内容时,应按规定经有关部门审定。

2. 项目监理机构应了解实际情况和收集与工程变更有关的资料。

3. 总监理工程师必须根据实际情况、设计变更文件和其他有关资料,按照施工合同

的有关条款,在指定专业监理工程师完成下列工作后,对工程变更的费用和工期做出评估:

1)确定工程变更项目与原工程项目之间的类似程度和难易程度。

2)确定工程变更项目的工程量。

3)确定工程变更的单价或总价。

4. 总监理工程师应就工程变更费用及工期的评估情况与承包单位和建设单位进行协调。

5. 总监理工程师签发工程变更单。

工程变更单应符合附录 C2 表的格式,并应包括工程变更要求、工程变更说明、工程变更费用和工期、必要的附件等内容,有设计变更文件的工程变更应附设计变更文件。

6. 项目监理机构应根据工程变更单监督承包单位实施。

6.2.2 项目监理机构处理工程变更应符合下列要求:

1. 项目监理机构在工程变更的质量、费用和工期方面取得建设单位授权后,总监理工程师应按施工合同规定与承包单位进行协商,经协商达成一致后,总监理工程师应将协商结果向建设单位通报,并由建设单位与承包单位在变更文件上签字。

2. 在项目监理机构未能就工程变更的质量、费用和工期方面取得建设单位授权时,总监理工程师应协助建设单位和承包单位进行协商,并达成一致。

3. 在建设单位和承包单位未能就工程变更的费用等方面达成协议时,项目监理机构应提出一个暂定的价格,作为临时支付工程进度款的依据。该项工程款最终结算时,应以建设单位和承包单位达成的协议为依据。

6.2.3 在总监理工程师签发工程变更单之前,承包单位不得实施工程变更。

6.2.4 未经总监理工程师审查同意而实施的工程变更,项目监理机构不得予以计量。

6.3 费用索赔的处理

6.3.1 项目监理机构处理费用索赔应依据下列内容:

1. 国家有关的法律、法规和工程项目所在地的地方法规。

2. 本工程的施工合同文件。

3. 国家、部门和地方有关的标准、规范和定额。

4. 施工合同履行过程中与索赔事件有关的凭证。

6.3.2 当承包单位提出费用索赔的理由同时满足以下条件时,项目监理机构应予以受理:

1. 索赔事件造成了承包单位直接经济损失。

2. 索赔事件是出于非承包单位的责任发生的。

3. 承包单位已按照施工合同规定的期限和程序提出费用索赔申请表,并附有索赔凭证材料。

费用索赔申请表应符合附录 A8 表的格式。

6.3.3 承包单位向建设单位提出费用索赔,项目监理机构应按下列程序处理:

1. 承包单位在施工合同规定的期限内向项目监理机构提交对建设单位的费用索赔意向通知书。

2. 总监理工程师指定专业监理工程师收集与索赔有关的资料。

3. 承包单位在承包合同规定的期限内向项目监理机构提交对建设单位的费用索赔申请表。

4. 总监理工程师初步审查费用索赔申请表,符合本规范第6.3.2条所规定的条件时予以受理。

5. 总监理工程师进行费用索赔审查,并在初步确定一个额度后,与承包单位和建设单位进行协商。

6. 总监理工程师应在施工合同规定的期限内签署费用索赔审批表,或在施工合同规定的期限内发出要求承包单位提交有关索赔报告的进一步详细资料的通知,待收到承包单位提交的详细资料后,按本条的第4、5、6款的程序进行。

费用索赔审批表应符合附录B6表的格式。

6.3.4 当承包单位的费用索赔要求与工程延期要求相关联时,总监理工程师在做出费用索赔的批准决定时,应与工程延期的批准联系起来,综合做出费用索赔和工程延期的决定。

6.3.5 由于承包单位的原因造成建设单位的额外损失,建设单位向承包单位提出费用索赔时,总监理工程师在审查索赔报告后,应公正地与建设单位和承包单位进行协商,并及时做出答复。

6.4 工程延期及工程延误的处理

6.4.1 当承包单位提出工程延期要求符合施工合同文件的规定条件时,项目监理机构应予以受理。

6.4.2 当影响工期事件具有持续性时,项目监理机构可在收到承包单位提交的阶段性工程延期申请表并经过审查后,先由总监理工程师签署工程临时延期审批表并通报建设单位。当承包单位提交最终的工程延期申请表后,项目监理机构应复查工程延期及临时延期情况,并由总监理工程师签署工程最终延期审批表。

工程延期申请表应符合附录A7表的格式;工程临时延期审批表应符合附录B4表的格式;工程最终延期审批表应符合附录B5表的格式。

6.4.3 项目监理机构在做出临时工程延期批准或最终的工程延期批准之前,均应与建设单位和承包单位进行协商。

6.4.4 项目监理机构在审查工程延期时,应依下列情况确定批准工程延期的时间:

1. 施工合同中有关工程延期的约定。

2. 工期拖延和影响工期事件的事实和程度。

3. 影响工期事件对工期影响的量化程度。

6.4.5 工程延期造成承包单位提出费用索赔时,项目监理机构应按本规范第6.3节的规定处理。

6.4.6 当承包单位未能按照施工合同要求的工期竣工交付造成工期延误时,项目监理机构应按施工合同规定从承包单位应得款项中扣除误期损害赔偿费。

6.5 合同争议的调解

6.5.1 项目监理机构接到合同争议的调解要求后应进行以下工作:

1. 及时了解合同争议的全部情况,包括进行调查和取证。

2. 及时与合同争议的双方进行磋商。

3. 在项目监理机构提出调解方案后,由总监理工程师进行争议调解。

4. 当调解未能达成一致时,总监理工程师应在施工合同规定的期限内提出处理该合同争议的意见。

5. 在争议调解过程中,除已达到了施工合同规定的暂停履行合同的条件之外,项目监理机构应要求施工合同的双方继续履行施工合同。

6.5.2 在总监理工程师签发合同争议处理意见后,建设单位或承包单位在施工合同规定的期限内未对合同争议处理决定提出异议,在符合施工合同的前提下,此意见应成为最后的决定,双方必须执行。

6.5.3 在合同争议的仲裁或诉讼过程中,项目监理机构接到仲裁机关或法院要求提供有关证据的通知后,应公正地向仲裁机关或法院提供与争议有关的证据。

6.6 合同的解除

6.6.1 施工合同的解除必须符合法律程序。

6.6.2 当建设单位违约导致施工合同最终解除时,项目监理机构应就承包单位按施工合同规定应得到的款项与建设单位和承包单位进行协商,并应按施工合同的规定从下列应得的款项中确定承包单位应得到的全部款项,并书面通知建设单位和承包单位:

1. 承包单位已完成的工程量表中所列的各项工作所应得的款项。

2. 按批准的采购计划订购工程材料、设备、构配件的款项。

3. 承包单位撤离施工设备至原基地或其他目的地的合理费用。

4. 承包单位所有人员的合理遣返费用。

5. 合理的利润补偿。

6. 施工合同规定的建设单位应支付的违约金。

6.6.3 由于承包单位违约导致施工合同终止后,项目监理机构应按下列程序清理承包单位的应得款项,或偿还建设单位的相关款项,并书面通知建设单位和承包单位:

1. 施工合同终止时,清理承包单位已按施工合同规定实际完成的工作所应得的款项和已经得到支付的款项。

2. 施工现场余留的材料、设备及临时工程的价值。

3. 对已完工程进行检查和验收、移交工程资料、该部分工程的清理、质量缺陷修复等所需的费用。

4. 施工合同规定的承包单位应支付的违约金。

5. 总监理工程师按照施工合同的规定,在与建设单位和承包单位协商后,书面提交承包单位应得款项或偿还建设单位款项的证明。

6.6.4 由于不可抗力或非建设单位、承包单位原因导致施工合同终止时,项目监理机构应按施工合同规定处理合同解除后的有关事宜。

7 施工阶段监理资料的管理

7.1 监理资料

7.1.1 施工阶段的监理资料应包括下列内容:

1. 施工合同文件及委托监理合同。

2. 勘察设计文件。

3. 监理规划。

4. 监理实施细则。

5. 分包单位资格报审表。

6. 设计交底与图纸会审会议纪要。

7. 施工组织设计(方案)报审表。

8. 工程开工/复工报审表及工程暂停令。

9. 测量核验资料。

10. 工程进度计划。

11. 工程材料、构配件、设备的质量证明文件。

12. 检查试验资料。

13. 工程变更资料。

14. 隐蔽工程验收资料。

15. 工程计量单和工程款支付证书。

16. 监理工程师通知单。

17. 监理工作联系单。

18. 报验申请表。

19. 会议纪要。

20. 来往函件。

21. 监理日记。

22. 监理月报。

23. 质量缺陷与事故的处理文件。

24. 分部工程、单位工程等验收资料。

25. 索赔文件资料。

26. 竣工结算审核意见书。

27. 工程项目施工阶段质量评估报告等专题报告。

28. 监理工作总结。

7.2　监理月报

7.2.1　施工阶段的监理月报应包括以下内容:

1. 本月工程概况。

2. 本月工程形象进度。

3. 工程进度:

1)本月实际完成情况与计划进度比较。

2)对进度完成情况及采取措施效果的分析。

4. 工程质量:

1)本月工程质量情况分析。

2)本月采取的工程质量措施及效果。

5. 工程计量与工程款支付:

1)工程量审核情况。

2)工程款审批情况及月支付情况。

3）工程款支付情况分析。

4）本月采取的措施及效果。

6. 合同其他事项的处理情况：

1）工程变更。

2）工程延期。

3）费用索赔。

7. 本月监理工作小结：

1）对本月进度、质量、工程款支付等方面情况的综合评价。

2）本月监理工作情况。

3）有关本工程的意见和建议。

4）下月监理工作的重点。

7.2.2　监理月报应由总监理工程师组织编制,签认后报建设单位和本监理单位。

7.3　监理工作总结

7.3.1　监理工作总结应包括以下内容：

1. 工程概况。

2. 监理组织机构、监理人员和投入的监理设施。

3. 监理合同履行情况。

4. 监理工作成效。

5. 施工过程中出现的问题及其处理情况和建议。

6. 工程照片(有必要时)。

7.3.2　施工阶段监理工作结束时,监理单位应向建设单位提交监理工作总结。

7.4　监理资料的管理

7.4.1　监理资料必须及时整理、真实完整、分类有序。

7.4.2　监理资料的管理应由总监理工程师负责,并指定专人具体实施。

7.4.3　监理资料应在各阶段监理工作结束后及时整理归档。

7.4.4　监理档案的编制及保存应按有关规定执行。

8　设备采购监理与设备监造

8.1　设备采购监理

8.1.1　监理单位应依据与建设单位签定的设备采购阶段的委托监理合同,成立由总监理工程师和专业监理工程师组成的项目监理机构。监理人员应专业配套、数量应满足监理工作的需要,并应明确监理人员的分工及岗位职责。

8.1.2　总监理工程师应组织监理人员熟悉和掌握设计文件对拟采购的设备的各项要求、技术说明和有关的标准。

8.1.3　项目监理机构应编制设备采购方案,明确设备采购的原则、范围、内容、程序、方式和方法,并报建设单位批准。

8.1.4　项目监理机构应根据批准的设备采购方案编制设备采购计划,并报建设单位批准。采购计划的主要内容应包括采购设备的明细表、采购的进度安排、估价表、采购的资金使用计划等。

8.1.5　项目监理机构应根据建设单位批准的设备采购计划组织或参加市场调查,并应协助建设单位选择设备供应单位。

8.1.6 当采用招标方式进行设备采购时,项目监理机构应协助建设单位按照有关规定组织设备采购招标。

8.1.7 当采用非招标方式进行设备采购时,项目监理机构应协助建设单位进行设备采购的技术及商务谈判。

8.1.8 项目监理机构应在确定设备供应单位后参与设备采购订货合同的谈判,协助建设单位起草及签定设备采购订货合同。

8.1.9 在设备采购监理工作结束后,总监理工程师应组织编写监理工作总结。

8.2 设备监造

8.2.1 监理单位应依据与建设单位签定的设备监造阶段的委托监理合同,成立由总监理工程师和专业监理工程师组成的项目监理机构。项目监理机构应进驻设备制造现场。

8.2.2 总监理工程师应组织专业监理工程师熟悉设备制造图纸及有关技术说明和标准,掌握设计意图和各项设备制造的工艺规程以及设备采购订货合同中的各项规定,并应组织或参加建设单位组织的设备制造图纸的设计交底。

8.2.3 总监理工程师应组织专业监理工程师编制设备监造规划,经监理单位技术负责人审核批准后,在设备制造开始前十天内报送建设单位。

8.2.4 总监理工程师应审查设备制造单位报送的设备制造生产计划和工艺方案,提出审查意见。符合要求后予以批准,并报建设单位。

8.2.5 总监理工程师应审核设备制造分包单位的资质情况、实际生产能力和质量保证体系,符合要求后予以确认。

8.2.6 专业监理工程师应审查设备制造的检验计划和检验要求,确认各阶段的检验时间、内容、方法、标准以及检测手段、检测设备和仪器。

8.2.7 专业监理工程师必须对设备制造过程中拟采用的新技术、新材料、新工艺的鉴定书和试验报告进行审核,并签署意见。

8.2.8 专业监理工程师应审查主要及关键零件的生产工艺设备、操作规程和相关生产人员的上岗资格,并对设备制造和装配场所的环境进行检查。

8.2.9 专业监理工程师应审查设备制造的原材料、外购配套件、元器件、标准件以及坯料的质量证明文件及检验报告,检查设备制造单位对外购器件、外协作加工件和材料的质量验收,并由专业监理工程师审查设备制造单位提交的报验资料,符合规定要求时予以签认。

8.2.10 专业监理工程师应对设备制造过程进行监督和检查,对主要及关键零部件的制造工序应进行抽检或检验。

8.2.11 专业监理工程师应要求设备制造单位按批准的检验计划和检验要求进行设备制造过程的检验工作,做好检验记录,并对检验结果进行审核。专业监理工程师认为不符合质量要求时,指令设备制造单位进行整改、返修或返工。当发生质量失控或重大质量事故时,必须由总监理工程师下达暂停制造指令,提出处理意见,并及时报告建设单位。

8.2.12 专业监理工程师应检查和监督设备的装配过程,符合要求后予以签认。

8.2.13 在设备制造过程中如需要对设备的原设计进行变更,专业监理工程师应审核设计变更,并审查因变更引起的费用增减和制造工期的变化。

8.2.14 总监理工程师应组织专业监理工程师参加设备制造过程中的调试、整机性能检测和验证,符合要求后予以签认。

8.2.15 在设备运往现场前,专业监理工程师应检查设备制造单位对待运设备采取的防护和包装措施,并应检查是否符合运输、装卸、储存、安装的要求,以及相关的随机文件、装箱单和附件是否齐全。

8.2.16 设备全部运到现场后,总监理工程师应组织专业监理工程师参加由设备制造单位按合同规定与安装单位的交接工作,开箱清点、检查、验收、移交。

8.2.17 专业监理工程师应按设备制造合同的规定审核设备制造单位提交的进度付款单,提出审核意见,由总监理工程师签发支付证书。

8.2.18 专业监理工程师应审查建设单位或设备制造单位提出的索赔文件,提出意见后报总监理工程师,由总监理工程师与建设单位、设备制造单位进行协商,并提出审核报告。

8.2.19 专业监理工程师应审核设备制造单位报送的设备制造结算文件,并提出审核意见,报总监理工程师审核,由总监理工程师与建设单位、设备制造单位进行协商,并提出监理审核报告。

8.2.20 在设备监造工作结束后,总监理工程师应组织编写设备监造工作总结。

8.3 设备采购监理与设备监造的监理资料

8.3.1 设备采购监理的监理资料应包括以下内容:

1. 委托监理合同。

2. 设备采购方案计划。

3. 设计图纸和文件。

4. 市场调查、考察报告。

5. 设备采购招投标文件。

6. 设备采购订货合同。

7. 设备采购监理工作总结。

8.3.2 设备采购监理工作结束时,监理单位应向建设单位提交设备采购监理工作总结。

8.3.3 设备监造工作的监理资料应包括以下内容:

1. 设备制造合同及委托监理合同。

2. 设备监造规划。

3. 设备制造的生产计划和工艺方案。

4. 设备制造的检验计划和检验要求。

5. 分包单位资格报审表。

6. 原材料、零配件等的质量证明文件和检验报告。

7. 开工/复工报审表、暂停令。

8. 检验记录及试验报告。

9. 报验申请表。

10. 设计变更文件。

11. 会议纪要。

12. 来往文件。

13. 监理日记。

14. 监理工程师通知单。

15. 监理工作联系单。

16. 监理月报。

17. 质量事故处理文件。

18. 设备制造索赔文件。

19. 设备验收文件。

20. 设备交接文件。

21. 支付证书和设备制造结算审核文件。

22. 设备监造工作总结。

8.3.4 设备监造工作结束时,监理单位应向建设单位提交设备监造工作总结。

附录5　信息系统工程监理收费标准

（重庆菲迪克信息系统工程咨询监理有限公司2003年建议稿）

一、收费标准制定的说明

制订信息系统工程监理取费标准的主要目的是：其一，作为行业指导价格，供业主通过招评标聘用监理单位时参照，起到市场导向的作用；其二，约束监理企业，避免在价格上出现恶性竞争，维护监理市场的健康发展，最终保护建设业主的根本利益。

信息系统工程监理特点可归纳如下：

信息工程监理属于高技术密集型的"技术＋管理"的工作，因此必须将对信息系统工程的质量、进度、投资及成本、信息安全、知识产权保护等方面进行严格的控制，并进行工程合同管理和文档规范化管理，且协调工程建设中的各种关系，以先进的技术支持和导向以及丰富的工程经验提高信息系统的建设质量和管理水平，即通常所说的"五控制、两管理、一协调"。信息系统工程监理技术要求高、工作量大、涉及的专业面广、不可预见性大，其具体体现如下：

（1）信息系统工程监理内容复杂、专业覆盖面广，贯穿整个工程建设及质保期，包括了前期的技术、方案咨询、工程设计、设备采购和调测安装、各种设备及软件配置审查和质量确认、系统建设实施的进度和质量、投资成本和安全、应用软件系统功能结构和开发过程，以及系统测试或结论技术确认和评估等。

（2）软件监理工作量大，难度极高。软件包括数据库系统、系统软件、应用软件开发。其监理的关键：其一，数据库系统的设计、组建、过渡、迁移等环节内，否则不但新系统无法建成，原有系统也会瘫痪；其二，应用软件开发，监理单位与开发单位相比，除不编写原代码之外，监理人员必须对整个软件结构、各个软件功能流程、实现、测试等进行掌握。监理工作量至少是开发工作的30%，监理人员技术水平不低于开发人员。

（3）信息系统工程监理不可预见的成分很多，承担的风险和责任大。由于用户需求变化、技术和设备的进步完全不能与建设进度同步，出现大量的不可预见的监理工作量，这也是信息系统工程的特点。

（4）信息工程监理，目前的规范和标准尚为完全成熟，因此其工作内容界定很难，其内容伸缩性大。不同于其他行业的监理，目前信息系统监理的工作或多或少承担了如下两部分工作：

① 咨询。由于信息工程多数是一个可重构工程，因此必须通过大量反复的咨询工作，帮助建设方和承建方选择更好的方案、流程、功能和实现方式。

② 测试。包括测试指标、测试方案等确定、筛选、确认，以及测试结论的分析和评估。有时还必须动用价值昂贵的系统测试仪器。

总之，由于信息系统工程本身的高新技术特点，其监理的工作难度和技术要求显著高于建筑工程等的监理,从业的专门人才相对的要求也更高,另一方面信息系统工程需要监理的工程阶段和内容也比建设工程宽,再加上在监理过程中同时可能也会包含一些咨询性等的工作。简单参照其他行业的建设工程监理收费显然是不合理的。因此信息系统工程监理必须根据自身的技术和工程建设特点制定相应的收费标准,以规范信息系统工程监理服务收费行为。

二、工程监理收费标准

为了规范信息系统工程监理取费行为,更好地发挥工程建设监理效能,提高工程建设水平,根据国家计委、建设部印发的《工程建设监理规定》,以及信息产业部《关于发布通信工程建设监理费计费标准规定的通知》(信部规【2000】1219号),综合考虑信息工程监理特点、项目建设周期、地域颁布、监理方式、监理难度以及本地区经济发展状况等因素,制定本收费标准。收费标准的具体项目及内容如下:

(1)按信息系统工程造价或合同价(含设备)的百分比计取。主要根据信息系统工程的规模、阶段、专业、复杂程度、监理成本等多方面因素综合计取。

序号	费率/% 工程费 M /万元	设计阶段(含设计招标) 监理取费 a/%			工程实施阶段(含施工招标) 监理取费 b/%		
	项目名称	机房工程 智能化工程 综合布线	计算机及网络系统集成	软件工程	机房工程 智能化工程 综合布线	计算机及网络系统集成	软件工程
1	$M < 100$	0.56	0.80	1.35	3.92	4.90	8.11
2	$100 \leqslant M < 300$	0.49	0.70	1.16	3.36	4.20	6.10
3	$300 \leqslant M < 500$	0.42	0.60	1.00	3.20	4.00	5.76
4	$500 \leqslant M < 800$	0.35	0.50	0.83	3.12	3.80	5.45
5	$800 \leqslant M < 1000$	0.28	0.40	0.66	2.80	3.50	5.05
6	$1000 \leqslant M < 2000$	0.24	0.34	0.56	2.53	3.16	4.55
7	$2000 \leqslant M < 3000$	0.21	0.30	0.50	2.24	2.80	4.03
8	$3000 \leqslant M < 5000$	0.18	0.27	0.43	1.91	2.38	3.43
9	$5000 \leqslant M < 8000$	0.14	0.20	0.37	1.57	1.96	2.82
10	$8000 \leqslant M < 10000$	0.12	0.18	0.30	1.46	1.82	2.62
11	$10000 \leqslant M$	0.11	0.16	0.27	1.35	1.68	2.42

注:1. 上表中的工程费 M 即是各单项合同价,表示机房工程、综合布线、智能化工程、计算机及网络系统集成、软件工程等多个单项工程;

2. 计算机及网络系统集成:指计算机系统、网络设备系统和传输系统等(含设备和配套软件系统)单一工程项目或组合工程项目的安装、调测等工作;

3. 软件工程是指针对建设业主的管理、业务以及行政流程等需要而开发、移植、安装、过渡的应用软件系统,包含用户数据的移植、迁移、转换及整合等工作;

4. 根据工程的复杂性、技术难度和不可预见性,上述标准可以上浮,其幅度不得超过30%

（2）按参与信息系统工程的监理人员服务费计取，即按人·月取费（单位：元）。

岗位 \ 范围	软件工程监理/元	方案设计监理/元	系统安装调试/元	其他工程实施/元
高级监理工程师	25000～30000	25000～30000	18000～23000	18000～23000
监理工程师	3000～28000	23000～28000	16000～21000	16000～21000
高级监理员	17000～22000	17000～22000	11000～16000	11000～16000
监理员	8000～13000	8000～13000	5000～10000	5000～10000
注：其他工程是指机房工程、智能化工程、综合布线、监控工程等				

（3）无法按上述（1）、（2）两项办法计收监理费的或其他与工程相关的监理内容的收费，由建设单位和监理单位参照上述标准协商计收。

（4）信息系统工程项目的超期监理费收取。非监理单位原因所引起的项目或子项目超过其相应合同约定完成期限的，监理单位按下列方法计算超期监理费，最长超期监理费计算期限为 12 个月，超期监理费按月计算，不足一月（按 22 天计）按一月计算。

$$超期监理费 = (C/T) \times W \times K$$

式中 C 为合同约定的工程监理费，即建设业主与监理签定的监理合同的监理费总额；T 为合同约定的工程建设周期，即建设业主与承建单位（或监理单位）合同约定的工程竣工验收期限，按月（按 22 天）计算，不足一月按一月计算；W 为超期监理期限，从监理合同约定竣工之日起按月计算，不足一月（按 22 天计）按一月计算，原则上 $1 \leqslant T1 \leqslant 12$；$K$ 为超期监理月费率，$K \geqslant 1.5$。

附录6　部分文档格式

表 A1　工程开工申请

开工申请

工程名称：　　　　　　　　　　　　　　　　　　　　文档编号：

致:(建设单位)
（监理单位） 　　　根据合同的有关规定,我方认为工程具备了开工条件。经我单位上级负责人审查批准,特此申请_____项目开工,计划开竣工时间于____年____月____日至____年____月____日,请予以审核批准。 　　　开工条件：   　　　　　　　　　　　　　　　　　　　承建单位(章) 　　　　　　　　　　　　　　　　　　　项目经理：_____ 　　　　　　　　　　　　　　　　　　　日　　期：_____
监理工程师审查意见：   　　　　　　　　　　　　　　　　　　　监理单位(章) 　　　　　　　　　　　　　　　　　　　监理工程师：_____ 　　　　　　　　　　　　　　　　　　　日　　期：_____
建设单位审核意见：   　　　　　　　　　　　　　　　　　　　监理单位(章) 　　　　　　　　　　　　　　　　　　　负　责　人：_____ 　　　　　　　　　　　　　　　　　　　日　　期：_____

表 A2　方案/计划报审表

方案/计划报审表

工程名称：　　　　　　　　　　　　　　　　　　　文档编号：

致:(建设单位) 　　(监理单位) 　　我方已根据施工合同的有关规定完成了＿＿＿＿＿＿＿＿＿＿＿＿＿＿＿＿工程方案/计划的编制,并经我单位上级技术负责人审查批准,请予以审查。 　　附:＿＿＿＿＿＿＿＿＿＿＿＿＿＿＿(方案/计划)   　　　　　　　　　　　　　　　　　　　　　承建单位(章) 　　　　　　　　　　　　　　　　　　　　　项目经理:＿＿＿＿＿＿＿＿＿＿＿ 　　　　　　　　　　　　　　　　　　　　　日　　　期:＿＿＿＿＿＿＿＿＿＿＿
监理工程师审查意见: 　　　　　　　　　　　　　　　　监理单位(章) 　　　　　　　　　　　　　　　　监理工程师:＿＿＿＿＿＿＿＿＿＿＿ 　　　　　　　　　　　　　　　　日　　　期:＿＿＿＿＿＿＿＿＿＿＿
建设单位审核意见: 　　　　　　　　　　　　　　　　建设单位(章) 　　　　　　　　　　　　　　　　负　责　人:＿＿＿＿＿＿＿＿＿＿＿ 　　　　　　　　　　　　　　　　日　　　期:＿＿＿＿＿＿＿＿＿＿＿

表 A3 报验申请表

工程设备/软件/材料报验单

工程名称： 文档编号：

致:(建设单位) 　　(监理单位) 　　我方已按合同的有关要求,于____年____月____日到货如下,请予以检查和验收。 附:1.到货清单 　　2.相关证明材料   　　　　　　　　　　　　　　　　　　　承建单位(章) 　　　　　　　　　　　　　　　　　　项目经理:_____ 　　　　　　　　　　　　　　　　　　日　　　期:_____

监理单位审核意见: 　　　　监理单位(章) 　　监理工程师:_____ 　　日　　　期:_____	建设单位审核意见: 　　　　建设单位(章) 　　负　责　人:_____ 　　日　　　期:_____

表 A4　复工申请

复工申请

工程名称：　　　　　　　　　　　　　　　　　　　　文档编号：

致:(监理单位)

　　我方承担的_____工程,已完成以下各项工作,具备了复工条件,特请批准复工。
　　复工条件：

　　　　　　　　　　　　　　　　　　承建单位(章)
　　　　　　　　　　　　　　　　　　项目经理：_____
　　　　　　　　　　　　　　　　　　日　　期：_____

监理工程师审查意见：

　　　　　　　　　　　　　　监理单位(章)
　　　　　　　　　　　　　　监理工程师：_____
　　　　　　　　　　　　　　日　　期：_____

建设单位审核意见：

　　　　　　　　　　　　　　监理单位(章)
　　　　　　　　　　　　　　负 责 人：_____
　　　　　　　　　　　　　　日　　期：_____

表 A5 工程变更单

工程变更单

工程名称：　　　　　　　　　　　　　　　　　　文档编号：

致:(建设单位) 　(监理单位) 　　由于＿＿＿＿＿＿＿＿＿＿＿＿＿＿＿＿＿＿＿＿＿＿＿＿＿＿＿＿＿原因,兹提出工程变更,(内容见附件),请予以审批。 　　附:1.工程变更情况说明 　　　　2.相关证明依据 　　　　　　　　　　　　　　　　　　承建单位(章) 　　　　　　　　　　　　　　　　　　项目经理:＿＿＿＿＿＿＿＿＿＿ 　　　　　　　　　　　　　　　　　　日　　期:＿＿＿＿＿＿＿＿＿＿	
监理单位审核意见: 　　　监理单位(章) 　　监理工程师:＿＿＿＿＿＿ 　　日　　期:＿＿＿＿＿＿	建设单位审核意见: 　　　建设单位(章) 　　负　责　人:＿＿＿＿＿＿ 　　日　　期:＿＿＿＿＿＿

表 A6　隐蔽工程验收表

隐蔽工程(随工检查)验收表

系统名称：　　　　　　　　　　　　　　　　　　　　　　　编号：

<table>
<tr><td colspan="2"></td><td>建设单位</td><td>施工单位</td><td colspan="2">监理单位</td></tr>
<tr><td colspan="2"></td><td></td><td></td><td colspan="2"></td></tr>
<tr><td rowspan="8">隐蔽工程(随工检查)内容与检查结果</td><td rowspan="2">检查内容</td><td colspan="4">检查结果</td></tr>
<tr><td>安装质量</td><td colspan="2">楼层(部位)</td><td>图号</td></tr>
<tr><td>主干桥架垂直部分
桥架水平分支部分</td><td></td><td colspan="2"></td><td></td></tr>
<tr><td>薄皮金属管安装敷设
PVC 管安装敷设</td><td></td><td colspan="2"></td><td></td></tr>
<tr><td>5.6 类线缆、电话、闭路
背景音乐线路敷设</td><td></td><td colspan="2"></td><td></td></tr>
<tr><td>验收意见</td><td colspan="4"></td></tr>
<tr><td>建设单位/总包单位</td><td colspan="2">施工单位</td><td colspan="2">监理单位</td></tr>
<tr><td>验收人：
日期：
盖章：</td><td colspan="2">验收人：
日期：
盖章：</td><td colspan="2">验收人：
日期：
盖章：</td></tr>
</table>

注:1. 检查内容包括:①管道排列,走向,弯曲处理,固定方式;②管道连接,管道搭铁,接地;③管口安放护圈标识;④接线盒及桥架盖;⑤线缆对管道及线间绝缘电阻;⑥线缆接头处理等。

2. 检查结果的安装质量栏内,按检查内容序号,合格的打"√",不合格的打"×",并注明对应的楼层(部位)、图号。

3. 综合安装质量的检查结果,在验收栏内填写验收意见并简要说明情况。

表 A7　监理通知回复单

监理通知回复单

工程名称：　　　　　　　　　　　　　　　　　　文档编号：

致:(监理单位)

　　我方接到编号为＿＿＿＿＿＿的监理通知单,已按照要求提出以下整改措施,现上报,请予以审核。

　　详细内容:

承建单位(章)

项目经理:＿＿＿＿＿＿＿＿＿＿

日　　期:＿＿＿＿＿＿＿＿＿＿

监理工程师审查意见:

监理单位(章)

监理工程师:＿＿＿＿＿＿＿＿＿＿

日　　期:＿＿＿＿＿＿＿＿＿＿

表 A8　工程初验报审表

工程初验报审表

工程名称：　　　　　　　　　　　　　　　　　　文档编号：

致:(建设单位) （监理单位） 　　我方已按合同的有关要求,于____年____月____日完成_____ _____工程,经自检合格,请予以初验。 　　附:分项子系统测试方案   　　　　　　　　　　　　　　　　　　　　承建单位(章) 　　　　　　　　　　　　　　　　　　　　项目经理:_____ 　　　　　　　　　　　　　　　　　　　　日　　　期:_____
监理工程师审查意见: 　　　　　　　　　　　　　　　监理单位(章) 　　　　　　　　　　　　　　　监理工程师:_____ 　　　　　　　　　　　　　　　日　　　期:_____
建设单位审核意见: 　　　　　　　　　　　　　　　建设单位(章) 　　　　　　　　　　　　　　　负　责　人:_____ 　　　　　　　　　　　　　　　日　　　期:_____

表 A9　工程终验报审表

工程终验报审表

工程名称：　　　　　　　　　　　　　　　　　　　　文档编号：

致:(建设单位) 　　(监理单位) 　　我方已按国家标准及工程合同有关要求,于 ＿＿ 年 ＿＿ 月 ＿＿ 日完成 ＿＿＿＿＿＿＿＿＿＿＿＿＿＿工程,顺利通过项目初验及系统试运行,请予以终验。 　　附:试运行文档 　　　　竣工报告 　　　　　　　　　　　　　　　　　　　　　　承建单位(章) 　　　　　　　　　　　　　　　　　　　　　　项目经理:＿＿＿＿＿＿＿＿＿＿＿＿＿ 　　　　　　　　　　　　　　　　　　　　　　日　　期:＿＿＿＿＿＿＿＿＿＿＿＿＿
监理单位审核意见: 　　经审查,该工程 　　1. 符合/不符合我国现行法律、法规要求。 　　2. 符合/不符合我国现行工程建设标准。 　　3. 符合/不符合设计方案要求。 　　4. 符合/不符合承建合同要求。 　　综上所述,该工程可以/不可以组织终验。 　　　　　　　　　　　　　　　　　　　　　　监理单位(章) 　　　　　　　　　　　　　　　　　　　　　　监理工程师:＿＿＿＿＿＿＿＿＿＿＿＿＿ 　　　　　　　　　　　　　　　　　　　　　　日　　期:＿＿＿＿＿＿＿＿＿＿＿＿＿
建设单位审核意见: 　　　　　　　　　　　　　　　　　　　　　　建设单位(章) 　　　　　　　　　　　　　　　　　　　　　　负 责 人:＿＿＿＿＿＿＿＿＿＿＿＿＿ 　　　　　　　　　　　　　　　　　　　　　　日　　期:＿＿＿＿＿＿＿＿＿＿＿＿＿

表 A10 付款申请

付款申请

工程名称：   文档编号：

主送:(建设单位)
抄送:(监理单位)

　　我方已完成了＿＿＿＿＿＿＿＿＿＿＿＿＿＿＿＿＿＿＿＿工作,按合同规定,业主单位应支
付该项目工程款(大写)＿＿＿＿＿＿＿＿＿＿＿
　　(小写＿＿＿＿＿＿＿＿＿＿),请予以审查。

　　附:1. 工程量清单
　　　 2. 设备清单
　　　 3. 计算方法

　　　　　　　　　　　　　　　　　　　承建单位(章)
　　　　　　　　　　　　　　　　　　　项目经理:＿＿＿＿＿＿＿＿＿＿
　　　　　　　　　　　　　　　　　　　日　　期:＿＿＿＿＿＿＿＿＿＿

监理单位审核意见:

　　　　　　　　　　　　　　　　　　　监理单位(章)
　　　　　　　　　　　　　　　　　　　监理工程师:＿＿＿＿＿＿＿＿＿＿
　　　　　　　　　　　　　　　　　　　日　　期:＿＿＿＿＿＿＿＿＿＿

建设单位审核意见:

　　　　　　　　　　　　　　　　　　　建设单位(章)
　　　　　　　　　　　　　　　　　　　负 责 人:＿＿＿＿＿＿＿＿＿＿
　　　　　　　　　　　　　　　　　　　日　　期:＿＿＿＿＿＿＿＿＿＿

表 B1　初验监理报告

【主题】
【主送】（建设单位）
【抄送】（承建单位）

　　　　　　＊＊＊＊＊＊＊＊＊＊＊＊＊＊＊＊项目初验监理报告

（建设单位）：

　　　　　　　　　　　　　　　　　　　　　　　　　（公司名称）

　　　　　　　　　　　　　　　　　　　　　　　　　　（日期）

208

表 B2　终验监理报告

【主题】
【主送】（建设单位）
【抄送】（承建单位）

＊＊＊＊＊＊＊＊＊＊＊＊＊＊＊＊＊项目终验监理报告

（建设单位）：

（公司名称）
（日期）

表 B3　开工令

开工令

工程名称：　　　　　　　　　　　　　　　　　　　　文档编号：

致：(建设单位)

　　经审核,我方认为你方已经完成了工程实施前的准备工作,满足了开工条件,同意你方
于____年____月____日起开始实施。

监理单位(章)

总监理工程师：_____

日　　　期：_____

表 B4　停工令

停工令

工程名称：　　　　　　　　　　　　　　　　　　　　文档编号：

致:(建设单位)

　　经查实,我方认为工程实施工程中存在如下问题,影响了工程的正常实施。因此,贵单位务必于____年____月____日起开始停止实施。

　　停工原因:

监理单位(章)

总监理工程师:_____

日　　　　期:_____

表 B5　复工令

复工令

工程名称：　　　　　　　　　　　　　　　　　文档编号：

致：(建设单位)

　　鉴于工程停工令所述工程暂停的因素已经消除,具备了复工条件,请贵单位务必于___年___月___日起恢复施工。

　　　　　　　　　　　　　　　　　监理单位(章)

　　　　　　　　　　　　　　　　　总监理工程师：_____

　　　　　　　　　　　　　　　　　日　　　　期：_____

212

表 B6　监理通知单

监 理 通 知 单

工程名称：　　　　　　　　　　　　　　　　　文档编号：

主送：

抄送：

主题：

内容：

（公司名称）
（日期）

表 B7　监理协调函

监理协调函

工程名称：　　　　　　　　　　　　　　　　　　　　文档编号：

主送：

抄送：

主题：

内容：

　　此致
　　　敬礼

　　　　　　　　　　　　　　　　　　　　　　　　（公司名称）

　　　　　　　　　　　　　　　　　　　　　　　　（日期）

表 B8　监理意见

【工程名称】
【主送】(建设单位)
【抄送】(承建单位)

　　　　关于＊＊＊＊＊＊＊＊＊＊＊＊＊＊＊＊＊的监理意见
(建设单位)：

(正文完)

主题词：
_____

抄送:承建单位
_____

　　　　　　　　　　　　　　　　(公司名称)
　　　　　　　　　　　　　　　　(日　　期)

参 考 文 献

[1] 陶洋,胡敏.网络管理原理与实践[M].北京:科学出版社,1999.
[2] (美)Mark Ciampa.计算机与网络安全[M].陶洋,等译.重庆:重庆大学出版社,2005.
[3] 陶洋.通信信息网[M].北京:人民邮电出版社,2005.
[4] 陶洋.IT项目综合管理[M].重庆:重庆大学出版社,2007.
[5] 陶洋.信息网络组织与体系结构[M].北京:清华大学出版社,2011.
[6] 柳纯录.信息系统监理师教程[M].北京:清华大学出版社,2005.
[7] 田培,胡士菱.信息系统工程监理师实用手册[M].北京:中国铁道出版社,2009.
[8] 雷震甲.网络工程师教程.2版.北京:清华大学出版社,2006.
[9] 顾畹仪,李国瑞.光纤通信系统[M].北京:北京邮电大学出版社,2001.
[10] (美)Kerzner H.项目管理:计划,进度和控制的系统方法[M].杨爱华,杨敏,王丽珍,等译.北京:电子工业出版
     社,2006.
[11] 张友生,吴吉义,殷建民.系统集成项目管理案例分析教程[M].北京:电子工业出版社,2009.
[12] 阎丕涛,于广辉.网络分析与测试[M].大连:大连理工大学出版社,2008.
[13] 刘腾红.计算机操作系统[M].北京:科学出版社,2000.
[14] 颜彬,等.计算机操作系统[M].西安:西安电子科技大学出版社,2001.
[15] 刘化君.网络综合布线[M].北京:电子工业出版社,2006.
[16] 王趾成.综合布线技术[M].西安:西安电子科技大学出版社,2007.
[17] (美)王杰.Compter Network Security[M].北京:高等教育出版社,2008.
[18] 海燕,等.计算机网络安全原理与实现[M].北京:机械工业出版社,2009.
[19] 乔建行,任惠英,王荣娟.软件系统集成[M].北京:科学出版社,2005.
[20] 柳纯录,黄子河,陈渌萍.软件评测师教程[M].北京:清华大学出版社,2005.
[21] 赵斌.软件测试技术经典教程[M].北京:科学出版社,2007.
[22] 李红,赵玉新.软件开发流程实训[M].北京:电子工业出版社,2005.
[23] 中国标准出版社.计算机软件工程规范国家标准汇编:2003[M].北京:中国标准出版社,2003.
[24] (美)琼斯(Jones/C/).软件评估、度量与最佳方法[M].北京:高等教育出版社,2003.
[25] http://www.cqfidk.com.
[26] 武俊,程秀权,等.网络安全防范体系及设计原则.http://com.ccidnet.com/pub/article/c1907_a195051_pl.html.
     2004 - 12 - 24.
[27] 路由器的分类.http://bbs.pcpop.com/061102/755679.html.
[28] 交换机的分类与功能.http://www.enet.com.cn/article/2008/0505/A20080505255911.shtml.
[29] 企业数据存储的三种方式.http://server.chinabyte.com/480/2642480.shtml.
[30] 三种数据存储方式介绍.http://hi.baidu.com/senya/blog/item/5c316fcfb9ef0b38f8dc615e.html.
[31] 中小企业数据备份解决方案.http://publish.it168.com/2004/1025/20041025000701.shtml.
[32] 如何提高信息化建设项目进度控制.http://e.chinabyte.com/301/2246301.shtml.
[33] 中间件技术及其应用.http://tech.ddvip.com/2008 - 09/122052445560449.html.